Wolfgang Christlieb
Der entzauberte Ödipus

Ursprünge und
Wandlungen eines Mythos
Mit 46 Abbildungen

Nymphenburger Verlagshandlung

Satz und Druck: Presse-Druck Augsburg
Bindung: Hans Klotz KG, Augsburg
Printed in Germany
ISBN 3-485-01850-3

Inhalt

Anmerkungen und Glossen

Anhang

Der Verfasser dankt allen, die an der Entstehung dieses Buches helfend, beratend, durch Hinweise, Nachweise, Kritik, Korrektur und Diskussion teilgenommen haben. Ganz besonders gilt mein Dank Herrn Professor Karl Heinz Dallinger in München, Herrn Dr. Erwin und Frau Marlene Arnold in Zellsee, Professor Hans Walter in Salzburg, den Münchner Archäologen Raimund Wünsche, Irmgard Scheible und Friedrich Wilhelm Hamdorf, Herrn Heinz Demisch in Eppstein im Taunus sowie den vielen Ungenannten, die durch Zu- und Widerspruch, vor allem aber durch das Wissen um Zusammenhänge dazu beigetragen haben, das mythische Monster zu bewältigen.

In der Schreibweise wird Ödipus (für Οἰδίπους) der Vorzug gegeben vor der latinisierten Form Oedipus. Der Name seiner Mutter (bei Homer »Epikaste«) wird der Einfachheit halber mit Iokaste wiedergegeben, auch wenn – je nach Zusammenhang und Zeitumständen – ein anderer Name (ihrer epischen Vorgängerin) einzusetzen wäre.
Zitate ohne besonderen Hinweis sind dem Oidípous týrannos des Sophokles entnommen, hier zitiert mit K. Ö. (für König Ödipus), die Übersetzung ist, wenn nicht anders angegeben, die von Ernst Buschor oder, soweit sie von dieser abweicht, eine freie Übertragung des Verfassers. Zitate aus den Dramen des Aischylos richten sich in der Verszählung nach der Ausgabe von Joh. Gustav Droysen, die mit der Mehrzahl der heute gebräuchlichen Ausgaben übereinstimmt. Verfassernamen ohne Angabe eines Titels beziehen sich auf die in der Bibliographie aufgeführte Veröffentlichung.
Arabische Zahlen in runden Klammern ( ) sollen auf die zur betreffenden Textstelle gehörenden Anmerkungen, Zusätze oder Glossen verweisen. Der Verfasser hofft, daß diese Exkurse auch für sich genommen genug Lesenswertes enthalten, um zur Ergänzung oder Weiterführung bestimmter Aspekte des Themas dienen zu können.

Dorothea Federschmidt
gewidmet

μητέρα τ' Οἰδιπόδαο ἴδον, καλὴν Ἐπικάστην,
ἣ μέγα ἔργον ἔρεξεν ἀιδρείῃσι νόοιο
γημαμένη ᾧ υἷι· ὁ δ' ὃν πατέρ' ἐξεναρίξας
γῆμεν· ἄφαρ δ' ἀνάπυστα θεοὶ θέσαν ἀνθρώποισιν.
ἀλλ' ὁ μὲν ἐν Θήβῃ πολυηράτῳ ἄλγεα πάσχων
Καδμείων ἤνασσε θεῶν ὀλοὰς διὰ βουλάς·
ἡ δ' ἔβη εἰς Ἀίδαο πυλάρταο κρατεροῖο,
ἁψαμένη βρόχον αἰπὺν ἀφ' ὑψηλοῖο μελάθρου,
ᾧ ἄχεϊ σχομένη· τῷ δ' ἄλγεα κάλλιπ' ὀπίσσω
πολλὰ μάλ', ὅσσα τε μητρὸς ἐρινύες ἐκτελέουσιν.

Und die Mutter des Ödipus sah ich, die schöne Epikaste, welche die unglaubliche Tat (einst) vollbrachte, im Unverstand ihres Sinnes, sich dem eigenen Sohn zu vermählen. Der aber tat es, nachdem er zuvor seinen Vater erschlagen hatte, und nahm sie zur Frau.
Sogleich aber machten es die Götter den Menschen bekannt.
Doch herrschte er (Ödipus) in der vielgeliebten Stadt Theben (weiterhin) über die Kadmeionen, wie es die Götter zu seinem Unheil beschlossen hatten.
Sie aber ging in das Haus des Hades, des unerbittlichen Torwächters, indem sie einen hoch herabhängenden Strick am Balken ihres Gemaches befestigte, von ihrem Schmerz überwältigt.
Ihm aber ließ sie viele Leiden zurück, soviel eben der Mutter Zorngedanken zu bewirken vermögen.

Homer, ODYSSEE Elfter Gesang, Vers 271 bis 280
(übersetzt in möglichst enger Anlehnung an Wortstellung und Wortbedeutung)

Vorbericht

Ödipus ist der Mann, der seinen Vater tötet und seine Mutter zur Frau nimmt. Er heiratet also, worüber bereits Aristophanes spottet (Frösche, V. 1193), ein »altes Weib«. Gleichwohl hält ihn das Drama kurz vor diesem Zeitpunkt für überaus »glücklich« und nennt ihn den Angesehensten, den Höchstgeachteten unter allen Zeitgenossen (vgl. Anm. 13, Ziff. 6). Auch darüber macht sich Aristophanes, in dem unsagbar komischen Streitgespräch zwischen Aischylos und Euripides, lustig.

Aus der Richtung, aus der Aristophanes seine Pfeile abschießt, möchte man folgern, daß ihm sowohl das »anfängliche Glück« wie auch das namenlose Unglück, dem Ödipus später anheimfällt, nicht ganz geheuer vorkamen, als eine etwas zu dick aufgetragene dramatische Übertreibung, und daß er sicher sein konnte, von den Zeitgenossen in diesem Sinn verstanden zu werden.

Die Tragiker haben also zweifellos an der Figur des Ödipus kräftig herumgeknetet und auch mit Beleuchtungseffekten nicht gespart. Gleichwohl muß Ödipus, bevor er der Tragödie in die Hände fiel, außerordentlich bekannt gewesen sein, eine Standard-Figur der Mythologie, muß aber um etliche Grade nüchterner, realistischer ausgesehen haben als der zwielichtige

Zappelphilipp, als der er dann auf der attischen Bühne erscheint. Er muß sogar, trotz seiner verkorksten Ehegeschichte, eine Art Respektsperson gewesen sein und war jedenfalls für eine Eigenschaft bekannt, die sehr an ihm gerühmt wurde – seine »Weisheit«. »Ödipus der Weise«, das scheint für einen Zeitraum von gut 100 Jahren vor dem ersten Ödipus-Drama (Aischylos, 467 v. Chr.) die gängige, allgemein akzeptierte Vorstellung gewesen zu sein (vgl. dazu S. 58).
Ferner steht fest, daß Ödipus, den wir dank unserer nord-indogermanischen Akzentverschiebung nicht anders als auf der ersten Silbe betonen können, niemals ein »Oédipus«, sondern immer ein »Oidípous« gewesen ist. Ein »Oidípous« ist aber nicht ein Mann »mit geschwollenen Füßen«, wie uns eine ebenfalls unausrottbare Etymologie weismachen will, sondern »ein Mensch, der vieles weiß«, einer, »der sich auskennt«, im speziellen Sinn, da ja die Mutter-Ehe zum Grundbestand der Sage gehört, einer, der »mitmacht«, der nicht wie der keusche Joseph sich dem Heiratsantrag der älteren Dame entzieht und der, dynastisch gesprochen, nicht einmal schlecht dabei fährt: denn daß Ödipus Königssohn war und König wird (und bleibt), gehört ja ebenfalls zum unveränderlichen Grundstock aller Formen der Überlieferung.
Es scheint also, daß die Erklärung des »Oidípous« als eines wegen einer Fußkrankheit so genannten Fremdlings und Landstreichers eine erst später, vermutlich eben auch im Zuge der Dramatisierung ihm aufgedrungene zweite (und unnatürliche) Wortbedeutung war. Dieses Fußkranksein hängt aber wieder mit einem ebenfalls dazuerfundenen Vorgang zusammen, nämlich

mit der Aussetzung des kleinen Ödipus-Kindes mit gefesselten (und »durchbohrten«) Füßen im wilden Gebirge, wo er nach dem Willen seiner Eltern sterben soll. Nun ist jemand, der sich, allen Warnungen zum Trotz, als Ehemann der eigenen Mutter auf den Thron setzt, bestimmt nicht der Schlauesten einer, es sei denn, er habe es aus Berechnung getan, in welchem Fall dann wohl auch die – notwendigerweise vorausgehende – Tötung des Vaters in den Rang einer bewußten Handlung rückt.

Zu einem Mann, »der sich auskennt«, einem »Oidípous« also, würde dann ein weiterer Zug der Sage sehr gut passen, nämlich die Lösung des Rätsels der Sphinx. Seinem Ruhm als »Rätsellöser« entsprang ja gerade seine Reputation als »Weiser«. Hingegen schiene uns ein Elendswurm, der wegen seiner verunstalteten Füße »Oédipus« genannt wird und mit diesem Namen, der eigentlich eine Schmähung ist (so deutlich *K. Ö.*, V. 1035/36), bedenkenlos herumläuft, nicht gerade prädestiniert für die Rolle eines findigen Burschen und mythologischen Quiz-Gewinners.

Wir sind also bei der Wahl, ob wir den sagenhaften Ödipus lieber als einen Unglücksraben, einen Dummkopf oder einen ausgepichten Personenstandsfälscher ansehen wollen, zunächst auf Vermutungen angewiesen. Bevor wir daran gehen, das völlig undurchsichtige mythologische Geflecht zu entwirren, sei die Geschichte in der Form, wie sie allgemein in den Lesebüchern steht, mit kurzen Worten erzählt:

Weil dem regierenden Stadtfürsten von Theben, einem angeblichen »Laios«, prophezeit worden war, er würde, falls er sich unterstehen sollte, Nachkommenschaft in

die Welt zu setzen, von seinem eigenen Sohn erschlagen werden, beschließt er, einen »aus Versehen« (eigtl. »in verliebtem Leichtsinn«, Aischylos, SIEBEN GEGEN THEBEN, V. 732) trotzdem erzeugten Sohn im rauhen Felsgebirge, an den Abhängen des Kithairon, auszusetzen. Damit der Wurm von drei Tagen nicht etwa ausreißt, werden ihm die Füße »durchbohrt« und zusammengeschnürt, eine sichere Methode, rabiate Säuglinge an der Verübung heimtückischer Mordanschläge zu hindern.
Natürlich wird das Kind trotzdem gerettet. Ein Hirte bringt es an einen benachbarten Königshof (Korinth), und der dortige König, der ein Faible für fußverletzte Findlinge zu haben scheint, adoptiert den Knaben. Dieser wächst auf und wird als Prinz erzogen, als wär's der eigene Sohn. Aber hämische Zungen geben keine Ruhe, es wird gemunkelt, daß etwas mit der Abstammung des Prinzen nicht stimme, und dieser beschließt, als er achtzehn ist, das Orakel in Delphi zu befragen. Dort wird dem Ödipus übellaunig bedeutet, er möge sich nur schleunigst aus dem Staube machen, denn es sei ihm »bestimmt«, seinen Vater zu töten und seine Mutter zu heiraten.
Ödipus, nicht gewillt, sich auf solche Fährlichkeiten einzulassen, marschiert stracks in die Richtung von Theben, tötet seinen Vater, den er nicht kennt, wegen einer geringfügigen Vorfahrtsverletzung auf offener Straße, zieht wohlgemut weiter nach Theben, sieht, daß die Stadt von einer »Sphinx« belästigt wird, die große und kleine Kinder frißt, erledigt das Scheusal und erhält dafür zum Lohn, weil er ja nun »weise« und ein Wohltäter ist, die Stadt Theben samt der nun verwitweten Königin Iokaste, die seine Mutter ist, geschenkt.

In dem bis hierher berichteten Abschnitt der Erzählung fallen zwei Momente auf, die offenbar mit dem mythischen Vorgang als solchem nur wenig, oder fast nichts, zu tun haben. Essentiell und unverändert in allen Variationen des Themas sind nur die Tötung des Vaters und der Bund mit der eigenen Mutter. Beiden Taten muß die frühzeitige Entfernung des Ödipus-Kindes von Hause vorausgegangen sein. Hingegen sind die Episode in Korinth und die Befragung des Orakels in Delphi nur Modalitäten, die bald so, bald so erzählt werden und die nur den einen Zweck haben, den Zeitraum zwischen der Aussetzung des unerwünschten Thronerben und dessen Wiederkehr als Unbekannter auszufüllen bzw. zu motivieren. Schließlich dient die Sphinx-Episode offensichtlich dem einzigen Zweck, sein Auftreten als Thronanwärter in der ihm gänzlich fremden Provinzhauptstadt zu rechtfertigen. Wie käme er, der unbekannte Reisende, sonst dazu, sich ein solches Amt anzumaßen? Nun gut: Die Erzählung vollzieht nur holpernd und knarrend, auf psychologisch schlecht gepflasterten Wegen das, was die Sage haben will: daß Ödipus seine Mutter heiratet. Und damit ist die zweite, vom Orakel geweissagte Katastrophe eingetreten. Die Sage ist zu Ende, die Tragödie beginnt.

I

Sage und Dichtung

Die Sage von Ödipus, dem Fremdling, der König in Theben wurde, ist in mehreren Fassungen überliefert, die zum Teil erheblich voneinander abweichen. Die heute fast ausschließlich verbreitete stützt sich auf die beiden Tragödien des Sophokles (Sopho-kles = der durch Weisheit Berühmte), vor allem auf dessen Hauptwerk OIDIPOUS TYRANNOS (OEDIPUS REX). In diesem Stück hat Sophokles einen (bereits für ihn) sehr alten und weit verbreiteten Sagenstoff nicht nur »bearbeitet«, sondern, ihn psychologisierend und motivierend, für seine Zwecke verändert und »zurechtgeknetet«. Sein Ziel war, wie man annehmen darf, die Darstellung des überwältigenden, jede Vorsicht und Voraussicht zermalmenden Geschicks, die Allmacht der von den Göttern verhängten Fügung, vor der das »Gut oder Böse« im Menschen, vor allem aber dessen vermeintliches Wissen über die Wege der Vorsehung, zu Schanden werden und deren tückisches Walten selbst den Ahnungslosen, gutgläubig Handelnden schuldig werden läßt.

Dieser Absicht dient die Handlung ausschließlich, die, wie Freud bemerken konnte, etwas von einer »Analyse« an sich hat; das heißt, sie besteht in einer Schritt für Schritt sich vollziehenden, *gegen* psychische Widerstände geleisteten Aufdeckung verborgener Gedanken, unbewußter Motive und verschütteter Erinnerungen, die geheimnisvoll, wie an unsichtbaren Fäden, aus dem Dunkel hervorgezogen werden. Dabei liegt das eigentlich Faszinierende bei Sophokles darin, daß die simple Verkettung von Schuld und Strafe, das primitive »Vergeltungsgesetz« der archaischen Zeit, zurücktritt gegenüber einer irrationalen Schicksalsverfallenheit, einer Verstrickung, der sowohl Ödipus wie auch Laios und Iokaste erliegen: Sie alle werden vom Schicksal erfaßt, überwältigt und zerschmettert. Vor allem *Ödipus* wird im Grunde für Dinge bestraft, die er gar nicht wissen konnte, und für Taten, die er um jeden Preis vermeiden wollte.

Die verborgene Schuld, das Leiden wegen unwissentlich begangener Handlungen, ist das Leitmotiv beider Tragödien, des ÖIDIPUS TYRANNOS (ca. 427 v. Chr.) wie auch des späteren, 401 posthum aufgeführten ÖIDIPUS AUF KOLONOS.

Schon aus der verfeinerten und differenzierten Thematik beider Dramen ist zu entnehmen, daß die ursprüngliche Sage anders gelautet haben muß. Wie alle griechischen Königssagen, hatte auch die vom KÖNIG ÖDIPUS einen älteren geschichtlichen Kern: eine Chronik der Stadt Theben und ihrer früh-archaischen Nobility; sie war ursprünglich ein »Report«.

Die Sage hat also, bevor sie die abendländischen Nacherzähler und Interpreten erreichte, mindestens *zwei* grundlegende Bearbeitungen erfahren: eine frühere, den historischen Kern einhüllende Mythenbildung, und die zweite, dichterisch extensive, mit Motiven der Individualität befrachtete Darstellung im Drama.

Das heißt: Wir bewegen uns in einer dreifach geschichteten *strata:*
a) Real Geschehenes wurde zuerst berichtmäßig weitergegeben und kolportiert – und als *Bericht* erscheint die Erzählung selbst noch bei *Homer.*
b) An diesem Gerüst einer Handlung setzt die epische Bearbeitung an. Sie befaßt sich nicht nur mit einer legendenhaften Ausschmückung der originalen Züge, sondern es werden auch typische, häufig wiederkehrende Sagen-Elemente (sog. *topoi*) aus anderen Zusammenhängen herbeigeholt und flächenhaft aneinandergeschoben, es entsteht eine »Sagenlandschaft«.
c) Das so entstandene, nun schon reichhaltige und genealogisch beziehungsvolle Sagen-Gebilde unterliegt von einem gewissen Zeitpunkt an der kritischen Interpretation: Das, was in der Sage naiv, teppichhaft nebeneinanderliegt, soll nun in einen folgerichtigen (quasi-logischen) Zusammenhang gebracht werden. Der Mythos wird zum Instrument reflektierender Weltdeutung.
Im Falle der Ödipus-Sage scheint der Zustand (b) ungewöhnlich lange, bis zum Ende des 6. Jahrhunderts, gedauert zu haben. Da erst komplettieren sich die das »mythische Aroma« bestimmenden Züge der Handlung: die rätselstellende »Sphinx«, die »Aussetzung« des Helden in frühester Kindheit, seine Bergung bei den – fast nie fehlenden – »Hirten« der Sage, die Jugend an einem fremden Königshof, das Nicht-Kennen und Nicht-Erkennen der Eltern, das »Orakel« usw.
Die Stufe (c) ist nun die der Tragiker. Vor allem Aischylos hat den Ödipus-Stoff 467 v. Chr. in den Rang der großen Tragödie gehoben (vgl. Zeittafel S. 53).

Aber weder von ihm noch von dem späteren Euripides besitzen wir das »Ödipus« betreffende Mittelstück. Aus diesem zunächst zufällig und rein äußerlich scheinenden Grunde hat die in den Dramen des Sophokles enthaltene Fassung und Gestaltung das ausschließliche *Monopol* für alle späteren Zeiten erlangt. In *seiner* Version also erreichte die Sage die Interpreten und Nacherzähler des 19. Jahrhunderts, vor allem Gustav *Schwab* (1), dessen geglättete und geschönte, logisch unterfütterte und moralisierende Wiedergabe (Stuttgart 1838) der Ausgangspunkt für alle späteren Übersetzer und Erklärer wurde, ganz besonders aber für Sigmund *Freud* (1897).

II

Das »mega ergon« der Iokaste

Was an der Fassung des Sophokles am meisten auffällt und was den besonderen Unterschied seiner Version gegenüber den Epikern des 7. und 6. Jahrhunderts ausmacht, ist die lange Zeitdauer, die zwischen der *Tat* des Ödipus (Tötung des Vaters, Beseitigung der Sphinx, Vermählung mit der Mutter) und der *Entdeckung* der Tat verstreicht. Es sind (in der Auffassung der antiken Mythographen, die über die Sache bereits nachdachten) achtzehn bis zwanzig Jahre. Zwanzig Jahre lang geht es gut, regiert Ödipus als König in Theben, gebiert Iokaste Kinder und gedeihen die Felder. Plötzlich bricht das Verhängnis herein: Die Felder verdorren, das Vieh verschmachtet, es kann kein Halm mehr sprießen, kein Kind kommt mehr zur Welt, die Not »schreit zum Himmel«. Mit der (durch Kreon übermittelten) Forderung des Delphischen Orakels, den »Mörder des Laios« ausfindig zu machen, beginnt die Spielhandlung.

Man nennt dies den »Typus der späten Entdeckung«.

Nicht so bei Homer (Odyssee XI, 271–280): Bei ihm, wie auch bei den anderen Epikern, wird die soeben geschlossene Ehe von Mutter und Sohn »alsbald« (ἄφαρ = schnell, sogleich, auf der Stelle) bekannt gemacht, worauf sich Iokaste (bei Homer »Epikaste«) aus Wut, Scham oder Reue ebenso schnell und heftig im ehelichen Gemach (des Laios) das Leben nimmt, Ödipus aber, wie wohl betrübt und betroffen, aber doch als rechtmäßiger Thronerbe (da ehelicher Sohn des Laios) weiterregiert.

Dies ist nun tatsächlich ein ganz anderer Fall. Beim Typus der »frühen Entdeckung« entfällt vor allem ein Hauptmotiv des Sophokles (das aber, wie wir mit Sicherheit wissen, bereits bei Aischylos vorgegeben war): der zur ehelichen Gewohnheit ausgedehnte *Inzest* von Mutter und Sohn, damit aber auch die (vom Orakel geweissagte) »Nachkommenschaft aus Mutterbett«, der »blutsverwandte Knäuel von Vätern, Brüdern, Töchtern, Frauen« (Buschor, V. 1406). Wir müssen hier schon anmerken, daß aus der Zeit vor den Tragikern, also jedenfalls vor Anfang des 5. Jahrhunderts, *keine* Variante der Erzählung bekannt ist, nach der die Kinder des Ödipus von Iokaste geboren sind (2).

Etwa schon vorhandene Kinder im Falle der »frühen Entdeckung« könnten also nur von *Laios* stammen (wären demnach ganz normale Geschwister des Ödipus), *oder* aber es wurden (was Homer anzunehmen scheint) von Ödipus Kinder mit einer zweiten Gemahlin erzeugt. Manche Quellen nennen sogar den Namen dieser zweiten Frau: Euryganeia (die »Weithinstrahlende«, die »Reichgeschmückte«).

Man kann sich lebhaft vorstellen, mit welcher Anhänglichkeit gerade die Psychoanalyse an der Version der »späten Entdeckung« festhält; denn *sie* vor allem bezeugt und bekräftigt ja die durch keine Macht der Welt aufzuhaltende, zerstörende Gewalt des Unbewußten, das sich weder durch Zeitablauf (zwanzig

Jahre) noch durch äußeres Glück und Wohlergehen beschwichtigen läßt.

Aber noch ein zweiter Hauptgipfel des von Sophokles aufgetürmten Katastrophengebirges gerät bei der »frühen Entdeckung« ins Wanken: die Blendung des Ödipus von eigener Hand, und zwar mit den »goldenen Spangen« vom Gewand der Mutter, von der Psychoanalyse mit unverminderter Beharrlichkeit als »Selbstkastration« des Ödipus (gekoppelt mit einer Geste des »späten Gehorsams«) gedeutet. Auch davon weiß die epische Tradition nichts: ILIAS XXIII, 679, besagt im Gegenteil, daß Ödipus (nach langer Regierungszeit) »durchs Schwert« umgekommen (d. h. im Kampf gefallen) sei und daß in Theben »Leichenspiele« stattfanden, zu denen die Crème der hellenischen Gesellschaft anreiste.

Man muß also feststellen, daß auch dieser wichtige Zug, die Blindheit des alten Ödipus und seine Verbannung, eine Erfindung wenn nicht des Sophokles, so doch jedenfalls des 5. Jahrhunderts ist.

Es bedarf keiner Darlegung, daß selbstverständlich der ganze zweite Teil – ÖDIPUS AUF KOLONOS – eine freie dichterische Fortführung der Sage ist, die Sophokles, wie höchstwahrscheinlich vor ihm schon Aischylos, einer uns unbekannten Vorlage entnommen und für seine Zwecke weiter gestaltet hat (3). Übrigens wurde Sophokles um 496 auf Kolonos, einem nördlichen Vorort von Athen, geboren. Erst mit dem am Ende des Dramas anhebenden Bruderkrieg um Theben schwenkt die Erzählung wieder auf das vorher schon bekannte Muster (SIEBEN GEGEN THEBEN) ein.

Wie bereits angedeutet, besteht die Handlung der ersten Tragödie (K. Ö.) in einem fortgesetzten Verhör, vergleichbar einer Gerichtsverhandlung mit Zeugenvernehmung, wobei Ödipus gemäß der von Kreon ausgegebenen Losung (»Sucht und bestraft den Mörder des Laios«) zuerst als Untersuchungsführer und Richter auftritt, der aber durch seine eigenen Fragen immer mehr in die Rolle des Betroffenen, dann des Verdächtigten, Beschuldigten und Angeklagten hineingedrängt wird, bis er zum Schluß als Schuldiger, als Verbrecher und Ausgestoßener dasteht. Ihren dramatischen Impetus erhält die Vernehmung dadurch, daß Ödipus, anfangs schon Feuer und Flamme für die Aufdeckung des Verbrechens (als ob es ihm jetzt, nach zwanzig Jahren, erst einfiele zu fragen: ›Ach so, – da war doch so ein König vor mir – wie hieß er nur? – Ja, Laios . . . richtig! Ich habe davon gehört‹ – Vers 105 und 735), auch dann, als sich die Zeichen schon bedenklich gegen ihn wenden, mit immer erneuter Wut das (für ihn verderbliche) Verhör weiterführt.

Ganz anders Iokaste.

Ihr Verhalten ist sehr merkwürdig. Solange sich das Verhör nur um den *ersten* Punkt, die Ermordung des Laios, dreht (V. 749–849), bleibt sie ziemlich kühl; ihre Haltung ist zwar gelangweilt-abwehrend (»Wozu das ewige Palaver?«), aber nicht gerade aufgeregt. Ihre Antworten bewegen sich auf der Linie: »Laß' das Gefrage, es kommt doch nichts heraus – und wozu noch diesen Zeugen anhören? Er hat ja längst öffentlich ausgesagt, also kann er heute unmöglich etwas anderes behaupten« (V. 838–861).

Sogar wo Ödipus selbst schon Verdacht schöpft, er könne damals (»aus Versehen«) den König Laios er-

schlagen haben, beruhigt sie den Sohn-Gatten mit einer ausholenden Rede, deren (nicht ausgesprochene) Moral ungefähr lautet: ›Nun ja, – man erschlägt eben manchmal Leute (Kutscher, Passanten) auf der Straße, das kommt vor – aber glaube doch nur nicht, daß das mit *Laios* etwas zu tun hat! – Aber bitte, wenn du meinst, dann holen wir den Zeugen . . .‹ (V. 848–861).
Diese Situation wird zunächst durch das zweite Standlied des Chores unterbrochen (V. 862 ff.). Erst als durch das Auftreten und das Geschwätz des Boten aus Korinth die Rede auf Ödipus' Abstammung kommt (V. 1016: »Du bist mit Polybos nicht stammverwandt«), gerät Iokaste in Panik und helle Aufregung. Ihre Worte werden jetzt hastig und steigern sich wie Hammerschläge (V. 1058–1068) mit Ausdrücken wie: »Achte nicht darauf . . .« (sc. was der Zeuge jetzt sagen wird), »Wenn dir dein Leben lieb ist, *frage nicht!*«, »Laß die Hand davon!«, bis zum verzweifelten »Erfahre niemals, wer du bist!« (V. 1068), und erreichen, noch bevor der zweite Zeuge ein Wort äußern konnte, die Klimax mit ihrem Entschluß zum Selbstmord (V. 1071), mit dessen düsterer Ankündigung sie die Szene verläßt.
Wenn man hinzunimmt, daß *zwei* Personen, nämlich Teiresias und der alte Hirte (der von den Feldern geholt werden muß), ohnehin wissen, daß Ödipus der Mörder und zugleich der Sohn von Iokaste ist, wenn man ferner bedenkt, daß Ödipus (»Schwellfuß«) nach seinen Narben an den Fußgelenken benannt ist, daß er das weiß und als den »alten Makel seiner Geburt« empfindet (V. 1032-36), dann bedarf es keiner großen Kombination mehr, um zu sagen: Iokaste war von An-

fang an im Bilde – sie wußte immer schon, wer Ödipus in Wirklichkeit ist.

Allerdings, Sophokles spricht das nicht aus, er will den Gedanken an vorsätzlichen Inzest bei Iokaste nicht gerade aufdrängen: Er läßt es in der Schwebe, gibt aber durch das Verhalten der Iokaste einen untrüglichen Hinweis auf ihr Tatbewußtsein. Klarheit schafft in diesem Punkt wieder einmal Homer. Bei ihm heißt es wörtlich: ». . . die schöne Epikaste, die das ungeheure Werk vollbrachte, wiewohl verblendeten Sinnes, sich dem eigenen Sohne zu vermählen; der aber nahm sie, nachdem er erst den Vater umgebracht (eigtl. ›aus der Rüstung gezogen‹) hatte . . .« (ODYSSEE XI, 271–275). Und damit ist eigentlich alles gesagt. Die schöne Epikaste wird hier mit homerischer Gelassenheit auseinandergenommen. Der Wortlaut »méga érgon érexen« kann nur stehen für eine vorsätzlich, das heißt willentlich und wissentlich vollbrachte Tat; die beiden Wortstämme von »érgon« (Werk) und »rhézo« (bewirken, ausrichten) sind sogar identisch (*F*εϱγ), so daß man pleonastisch, die Wortbedeutung häufend, übersetzen könnte: »das Werk bewirkte«, was nur heißen kann, daß auch *vorher* alles Nötige bedacht und berechnet war, einschließlich der dem Ödipus zufallende Teil des »Werkes«, nämlich der Tötung des Laios (4).

Von da aus fällt auch ein Licht auf die zwei Zeilen später gebrauchte Wendung »áphar d' anápysta theoì thésan anthropoísin« – die Götter gaben es »den Menschen«, das heißt *allgemein* (»männiglich«), bekannt. Nicht *ihr* also, denn sie wußte es schon, sondern den *anderen*, was peinlich war. Es gab einen Skandal, und dieser Skandal – nicht die Tat selbst, die sie ja wollte – ist der Anlaß für den überstürzten Selbstmord der Iokaste.

Das also, die wissentliche Tat (der Iokaste) und die schnelle Entdeckung, sind die Merkmale der Sage, wie Homer sie kennt und wie sie bis Anfang des 6. Jahrhunderts verbreitet war. Und jetzt erkennt man, was die späteren Bearbeiter (und Hinzu-Erfinder) für eine Mühe des Umstellens, des Retuschierens und Veränderns zu bewältigen hatten, um den Typus der »späten Entdeckung« glaubhaft zu machen. Und doch kommt, wie wir sahen, selbst bei Sophokles die Schuld der Iokaste, das heißt ihr Tat-Vorsatz, noch deutlich genug zum Vorschein.

Zugleich wird ersichtlich, daß die Sage in ihrer früheren Form nicht etwa nur eine Lesart darstellt, eine beliebige Variante. Sie ist vielmehr die *eigentliche*, die Urform der Erzählung: Mit ihr betritt man eine andere Landschaft, ein frisches Quellgebiet, ein kräftigeres Klima.

Um das zu verstehen, müssen wir zunächst die Situation einer hochmykenischen Iokaste im Fall der »frühen Entdeckung« gründlich untersuchen.

III

Das Bewusstsein der Iokaste

Wir stellen uns eine solche Iokaste vor als eine Dame von großer Entschlußkraft und einer rüstig-aktiven Gesamtverfassung.

Sicher hatte sie, in Erinnerung an nicht allzu fern liegende mutterrechtliche Usancen, eine realistische Vorstellung davon, was einem regierenden Sippenkönig alles zustoßen kann, wenn er nicht den Erwartungen seiner »Lady« entspricht.

Daß Iokaste nicht gewußt hätte, wo sich ihr erstgeborenes Söhnchen befand, ist absurd anzunehmen. Sicher ist allerdings, daß sie kein Interesse hatte, den wahren Sachverhalt bekannter zu machen, als er es ohnehin war: »Zu schweigen hatt' ich gelernt!« konnte sie mit Isolde sagen. Ihre Devise: abwarten, den Mund halten, das Nötige vorbereiten und auf den großen Moment gefaßt sein.

Inzwischen wächst Jung-Ödipus heran. Und man kann sich denken, daß Nachrichten zwischen Theben und Korinth hin- und herflogen so wie zwischen Mykene und Phokis, als Elektra auf Orest wartete, der ja auch ein »Ersehnter« war, einer, der heimkehren würde, um blutiges Unrecht »gut« zu machen.

Was und wieviel Ödipus nun wirklich von den thebanischen Hintergründen wissen sollte oder durfte, ist eine andere Frage.

Es ist die echte, wirkliche *Ödipus*-Frage, wie wir noch sehen werden.

Im übrigen braucht man sich aber das Bewußtsein dieses korinthischen »Prinzen« nicht allzu klar und geordnet vorzustellen. Vor allem: Iokaste hatte keinen Anlaß, den Abenteurer *vor* seinem Eintreffen in Theben durch allzu detaillierte Aufklärung in seinem jugendlich-naiven Elan zu lähmen. Skepsis (von σκέπτομαι = prüfen, sorgen, überlegen) taugt nicht für den, der handeln und – wenn's darauf ankommt – auch morden muß. Waren erst einmal die unumgänglichen »Bereinigungen« erfolgt, so konnte ja geopfert und »gesühnt« werden.

Inzwischen braut sich über Theben die Unheilswolke zusammen, die unter dem Namen »Sphinx« bekannt wurde: rätselhafte Heimsuchungen, diskret von unsichtbarer Hand gesteuert. Nur einmal fällt es wie ein Blitz über die Szene, als Haimon (der »Blutige«) – als Sohn des Kreon und Neffe des Laios kostbares Pfand im thebanischen Sippenstreit – in den Sog der »Sphinx« gerät. Er wird von den Anhängern der Iokaste-Partei nun tatsächlich »blutig« gemacht, das heißt beseitigt. Und in der Tat: Dieser »Haimon« konnte, als vorgeschobener Laios-Nachfolger, unmöglich bei der Ankunft des wirklichen Thronerben (Ödipus) noch am Leben sein. Die Sphinx besorgte das, lautlos und effektiv, wie alles, was im Dienste der Legalität zu geschehen hatte.

In diesem Augenblick betritt der unbekannte Wanderer aus Korinth den Schauplatz: das ist sein Augenblick, sein Auftritt, seine Szene. Selbstverständlich – man bedenke! – ist dies alles kein Kinderspiel. Hier

wird um den Lohn der Angst gepokert. Auch von Ödipus kann man sagen: »méga érgon érexen.«
Aber um ihn nach dem Tod des Laios nun wirklich zum König zu machen, wo Schwager *Kreon* und der »Clan« mitzureden hatten, bedurfte es einer einfachen, sinnfälligen Formel: Iokaste wählte die von der »hilflosen Witwe« und dem »strahlenden Prinz-Befreier«: es mußte geheiratet werden.
Und da wären wir am Abend der Hochzeit angelangt: Der große Moment ist da, das »méga érgon« so gut wie vollendet – da passiert eben das Malheur, und wie haargenau paßt nun das homerische »áphar d' anápysta theoì thésan« – mit schrecklicher Eile verbreitet sich die Kunde dessen, was fast alle schon wissen ...
Das ist das Fazit der »frühen Entdeckung«: Das *Hauptziel* ist erreicht, Ödipus ist (und bleibt) König, aber für Iokaste ist der Spaß verdorben: mit der Hochzeit hat es nicht geklappt – und dabei hatte man das halbe Hellas eingeladen.
Es mag nun sein, daß Iokaste – und wahrhaftig, was für ein Abgang, wieviel Trotz und wütende Energie liegt in ihrer Geste, in diesem Wegrauschen – in das eheliche Gemach (des Laios!) eilt (wohin auch? Das Haus ist voller Gäste, wo soll man hin zum Selbstsich-Morden?) und sich aufhängt, wie die Epiker es haben wollen.
Diese Reaktion wäre denkbar bei einer Vierzigjährigen, als welche Iokaste (Epikaste) bei Homer erscheint, und hier sogar sehr adäquat und charaktervoll; sie ist hingegen *nicht* vorstellbar und auch unpassend bei einer über sechzigjährigen Matrone, die sie bei Sophokles sein müßte (die Rechnung ist einfach: erstes Kind frü-

hestens mit 21, da lange »kinderlos«, dann die zwanzig Jahre, bis Ödipus heranwächst, Iokaste = 41, dann weitere zwanzig, die sie *mit* Ödipus in »blutschänderischem Eh'bund« verbringt, Iokaste = 61, schon die Altersarithmetik erweist die brüchige, frühere Vorlagen gewaltsam zurechtbiegende Konstruktion der »späten Entdeckung«) (5).

Und doch – *notwendig* wäre diese jähe Selbstentleibung auch mit Vierzig nicht. Wozu denn? Kreon, der liebe Bruder, ist überrumpelt, Haimon ist tot, und die Priester hat man doch wohl in der Hand. Aber als Ausdruckshandlung ist der Iokaste-Selbstmord unersetzlich: Er gibt erst die vollendete Charakteristik.

Lesen wir also, wie Homer das Iokaste-Ende schildert: »Sie aber durchschritt des Hades fest schließende Pforten, indem sie einen hoch herabhängenden Strick (βρόχον αἰπύν) an der Decke des Gemaches befestigte, von ihrem Schmerz überwältigt« (ᾧ ἄχεϊ σχομένη).

Dann aber folgt der Satz: »Ihm aber [d. h. Ödipus] ließ sie gar viele Schmerzen zurück, so viele eben der Mutter Rachegeister auszurichten vermögen« (μητρὸς ἐρινύες ἐκτελέουσιν). Und wie übersetzt der so redliche, verständige Johann Heinrich Voß? »... und ließ unnennbares Elend jenem zurück, den Fluch der blutgeschändeten Mutter.« Aber von »blutgeschändet« steht gar nichts da – so gewaltig schaut also des Sophokles' Schatten selbst dem gewissenhaften Voß über die Schulter. Wolfgang Schadewaldt, kühler, wörtlicher, übersetzt einfach, wie's dasteht: »der Mutter Rachegeister« usw. (Odyssee XI, 280).

Und doch ist das Wort »erinýes« (Plural von erinýs = Rachegeist, Fluch, Verwünschung, schlechtes Gewissen) nicht adäquat wiedergegeben. Eri-nýs (eri-nous) ist im Grunde das »mit sich im Streit liegende Gewissen«, der verstörte und aufgestörte Sinn. »Rachegeist« ist hier völlig verfehlt, denn Ödipus hatte ja nichts getan, was Iokaste nicht verlangt hätte, im Gegenteil: war er nicht überhaupt ihr Werkzeug, ein Mittel für das »méga érgon« der Iokaste?

Und hier fällt plötzlich ein Licht in den ganzen komplizierten, dunkel verworrenen Seelensachverhalt: Natürlich sind die »erinýes« hier die widerstreitenden Gedanken, die Zorngedanken des Gewissens, die den jungen, noch lange lebenden König von nun an nicht mehr loslassen, die sein Leben einfärben und verdunkeln; und in diesem Sinnen, Grübeln, Denken ist auch das andere enthalten, das Fragen und hirnzerstörende Bohren über den großen Mord, den er zu begehen hatte für sein Entrée, sein »come-back« in Theben: der Mord an Laios, den er vielleicht jetzt erst als Mord am *Vater* realisiert.

So also verhält sich's, jetzt stimmen die Vokabeln, die Bedeutungen, die Akzente und Nuancen und auch die versteckten Auslassungen: Denn nirgends steht ja, daß die »erinýes«, die Rachegeister des erschlagenen Vaters, sich gemeldet hätten (was im Falle des von »Erinnyen«, von wirklichen Rachegeistern, verfolgten Orest zutrifft).

Und wirklich: Ein Mutter-Sohn-Komplott gegen das Leben des Vaters – liegt das so außer aller Welt und Wahrscheinlichkeit?

Es gibt ein Gedicht aus dem Schottischen, eine Ballade: Herder hat sie übersetzt. Es handelt sich um einen »Edward«, den seine Mutter ins Verhör nimmt: »Ed-

ward, warum ist dein Schwert so rot?« Jung-Edward versucht es zuerst mit Ausflüchten: Ja, seinen »Geier« habe er erschlagen, nein, sein Pferd, und erst auf drittes Mahnen und Pochen der Mutter (die hier die Fragen stellt) bequemt sich Edward-Ödipus zu dem Geständnis: »Ich hab' geschlagen meinen *Vater tot* – oh!«
Die Mutter: »Und was soll werden aus Hof und Hall?«
»Ach, immer steh's und sink' und fall!«
»Und was soll deine Mutter tun? Edward, Edward! Und was soll deine Mutter tun?«
»Der Fluch der Hölle soll auf Euch ruh'n – denn *Ihr*, *Ihr* rietet es mir – oh!«
Die Ballade vom schottischen Edward ist tatsächlich ein Grundriß: der Iokaste-Ödipus-Stoff auf den Kern reduziert. Alles Mythische, Nebensächliche ist da weggelassen: es gibt kein Korinth, kein Delphi, keine prophetischen Greise, auch keine »Sphinx«, keine »Plagen«, außer denen, die sich Mutter, Vater, Sohn selbst bereiten. Es gibt nur ein einfaches, kleines Komplott in engstem Familienkreis und allerdings (die Ballade beweist es mit ihren furchtbar gestöhnten »oh«s) »erinýes« in großer Menge, *klassische* »erinýes« sogar, schnell und radikal wirkende; *beide* Täter sind bereits mit Schopf und Kragen in den Klauen der »erinýes«; man denkt an häuslichen Zusammenbruch, an Exil und »unnennbares Elend«.
Ob da Inzest in Frage kam – wer will es wissen? Es ist nicht interessant in dieser Ballade, ist im Grunde so unwichtig, wie es bei der Original-Iokaste gewesen sein mag.
Man sieht aber auch, und das ist das Lehrreiche solcher

Modellvorlagen, wie alles weitere, alles poetisierende, dramatisierende Beiwerk sich mühelos hinzufügen läßt, man möchte beinahe sagen »anschrauben« wie Teile bei einem Modellbaukasten: die frühe Aussetzung (oder Verbannung) des Sohnes, Ehekram, besserwissende Seher, Wahrsager, Hirten, dann die Rückkehr, die »Orestie«, das Nicht-Erkennen, das Nicht-Kennen des Heimkehrenden.

Daraus wieder die Mutterlist: Der Ehemann ist längst schon lästig, der Junge wäre ideal, einen Hauskönig von *ihren* Gnaden will sie haben, daß es der Sohn ist, zum Teufel, wen geht das an (insgeheim: »man wird ja wohl seinen eigenen Sohn zurückhaben dürfen«), und außerdem kennt ihn ja keiner. Hier übrigens die Funktion des von Homer eingeschobenen »aidreiesi nóoio« (ἀιδρείῃσι νόοιο); man übersetzt »verblendeten Sinnes«, das heißt nicht etwa »in Unkenntnis der Sachlage«, sondern »uneinsichtig«, »hirnverbrannt«, nämlich in der an Wahnsinn grenzenden Annahme, das von ihr Erstrebte könne »gutgehen«.

Das also ist das originale Seelenkostüm der Iokaste. Und man sieht, wie die Hauptfigur dieser wichtigen Sage im Verlauf von ca. 3000 Jahren, auf ihrem Weg von Mykene bis Wien, psychologisch in ihr Gegenteil verdreht wurde und wie aus einer böotischen Lady, einer Grande Dame der mykenischen Hochkultur, das geduldige, gesichtslose, sexuell indifferente Musterwesen gemacht wurde, als welches Iokaste heute durch die Lesebücher geistert: eine edle Dulderin, die soviel Schande einfach nicht überleben kann.

Das Fazit dieser Iokaste-Bearbeitung ist, analytisch gesprochen, eine Verlagerung von seelischer Energie vom *Bewußtsein* der Mutter auf das Unbewußte des *Sohnes.* Alles, was ursprünglich Vorsatz, Imagination, List und Lebenswille der Iokaste war, wird jetzt Schuld und latentes Vernichtungsstreben des Ödipus. Sophokles hat hier ganz offenbar die schon bei Aischylos vorgezeichnete Tendenz (des 5. Jahrhunderts) übernommen. Was aber bei ihm noch vorhanden ist an dramatischem Impuls und zäher Seinsbehauptung der Iokaste, das wurde von seinen Epigonen vollends wegretuschiert. Der »Widerstand«, den gerade die Iokaste im Stück des Sophokles in so auffallender, leidenschaftlicher Weise gegen die »Entdeckung« leistet, hätte allein schon bei den Psychoanalytikern Alarm auslösen müssen: Hätten sie genauer hingesehen, sie hätten statt eines »Ödipus-Komplexes«, der selten vorkommt, ein »Iokaste-Syndrom« entdeckt, von dem die Welt voll ist.

IV

Die Verhältnisse der Sphinx

Wir müssen uns jetzt mit den Verhältnissen der Sphinx befassen, denn gerade dieses Tier liefert ganz unerwartete Aufschlüsse.

Für das heutige Bewußtsein ist die Sphinx untrennbar mit Ödipus verbunden, sie gehört zu ihm wie der Lindwurm zu Siegfried, wie der Minotauros zu Theseus, wie die Gorgo zu Perseus. Außerdem ist in der Vorstellung der meisten die thebanische Sphinx mit der ägyptischen zu einer undeutlichen Einheit verschmolzen, und jenes Steinbild verleiht der Sage einen Nimbus des Uralt-Ehrwürdigen und daher Tiefsinnigen.

Beides trifft jedoch nicht zu, wie wir sogleich sehen werden. Weder ist die Sphinx – in ihrer Verbindung mit dem Wanderer Ödipus – sehr alt, noch ist sie in dieser Rolle besonders tiefsinnig. Sie ist vielmehr die letzte und daher jüngste Schöpfung der griechischen Sagendichtung; und ihr Rätsel ist nicht einmal mythologisch relevant: Es ist ein Kindervers.

Dies ist leicht einzusehen. Homer kennt die Sphinx weder der Person noch dem Namen nach. *Hesiod* (Ἡσίοδος = der die Gesänge Fortschickende) fabelt zwar an einer seitdem oft zitierten Stelle seiner Theogonie (V. 326) von einem schrecklichen Ungeheuer »Phix« (Φίξ), das »den Kadmeionen tödliches Verderben gebracht habe« (6), beweist aber damit nur, daß zu *seiner* Zeit (ca. 680 v. Chr.) von einem dieses Ungeheuer besiegenden *Helden* (7), der die »Kadmeionen« vor dem Untergang bewahrt hätte, noch nichts bekannt war – sonst könnte er an dieser Stelle nicht übergangen sein (8).

Weiter läßt sich zeigen, daß die Hesiodsche »Phix«, die ihrer Abstammung von der Echidna und dem zweiköpfigen Höllenhund Orthros entsprechend ein *Monster* hätte sein müssen, und zwar eine Bastardschwester der ebenfalls grausigen Chimaira, nichts zu tun hat mit der späteren, elegant und modisch wirkenden *Sphinx.*

Damit ist aber erwiesen, daß die letztere, das heißt die rätselstellende und insofern dem Humanbereich angenäherte Sphinx-Turandot der Ödipus-Sage, dem 8. und 7. Jahrhundert noch fremd war. Sie ist später entstanden. Da sie andererseits gegen 530 v. Chr. zum erstenmal auf einem Vasenbild erscheint (vgl. S. 56 u. Abb. 24), dürfte ihr Debüt als Wissensquälerin nicht allzu lange vor dieser Zeitmarke gelegen haben.

Man kann aber die Modalitäten ihres Auftretens noch genauer angeben. Die Lösung liegt allerdings nicht in Böotien und bei der dort hausenden »Phix« Hesiods, sondern in der Entwicklungsgeschichte der griechischen Sphinx allgemein. Die Sphinx kommt, wie die »Löwen«, die Sirenen und Greife, aus dem Osten und ist zunächst ein dekoratives Mischwesen – ein *Fabeltier.* Zahlenmäßig wird sie zu Beginn des 7. Jahrhunderts von den Sirenen und Greifen noch übertroffen, gewinnt aber um die Wende zum 6. Jahrhundert zunehmend an Beliebtheit und selbständiger Bedeutung – an Individualität. Gleichzeitig werden die Sphingen nach Größe, Wichtigkeit und mythologischer Rolle bedeutsam ausdifferenziert: Ein Teil von ihnen tummelt sich noch ganz vergnügt eine Zeitlang im Naturpark der zahmen und wilden Tiere, von denen es auf dem Vasendekor wimmelt; andere Exemplare nehmen (eingedenk der im Orient ihnen zukommenden Wächter- und Kontrollfunktion) ein ernsteres Gehaben an: sie werden mythologische Assistenzfiguren, die Vorgänge von mythischer Bedeutung begleiten, bewachen und beschützen.

a) Für die erstere, die »verspielte Sphinx«, gibt es in jeder antiken Vasensammlung entzückende Beispiele. Besonders putzig ist es, wenn zwei spiegelbildlich gegenüberhockende Sphingen irgendein ahnungsloses Tierchen, etwa eine Gans, einen Schwan oder dergleichen, zwischen sich in die Mitte genommen haben und sich an dem verdutzten und ratlosen Ausdruck des Spielzeugs weiden.

b) Die älteren, sozusagen »berufstätigen« Sphingen entwickeln sich zu einer Art olympischer Garde: dämonische Wächter, die den ungestörten Ablauf einer mythischen Handlung bewachen, vor allem störende Gegenkräfte abwehren. Als Beispiel für viele diene hier die kostbare Glaukytes-Archikles-Schale (München Nr. 2243, s. Abb. 27), die auf zwei Seiten je eine mythologische Kampfszene zeigt: die Erlegung des kalydonischen Ebers und die Tötung des kretischen Minotauros durch Theseus. Jedes der beiden Aktionsfelder wird durch zwei nach außen schreitende Sphingen abgeschirmt, die aber die Köpfe zur Kampfszene zurückdrehen und ihre Anteilnahme durch Zurufe bekunden, nämlich »chaire«, »ela« und »häde«, das heißt

(sinngemäß): ›Recht so, nur feste drauf, gebt's ihnen!‹
c) Den höchsten Ausdruck hat die Wächter- und Beschützerfunktion der ausgereiften Sphingen in der Großplastik des 6. Jahrhunderts gefunden, wovon die gewaltige »Sphinx der Naxier« in Delphi noch erhalten ist. Sie ist ein mit den Augen ablesbarer »Mythos ohne Worte«.
d) Vor dieser Wächter-Sphinx (die an Größe und Majestät von der äginetischen vielleicht noch übertroffen wurde) wird auch deutlich, wie es zur Vorstellung einer *»sprechenden Sphinx«* kommen konnte: Die Wächterin sitzt an der Schwelle zwischen »hier« und »drüben«, dem Reich der Lebendigen und der Toten. Sie bewacht den Übergang und fordert vom Eintretenden die »Losung«, die Parole. Und damit ist die Situation der Befragung und der »Rätselstellung« bereits gegeben (9).
Wenn die äginetische Sphinx um 580 entstanden ist und die Sphinx der Naxier um 560, so bezeichnet dies zugleich die Zeitspanne, innerhalb derer die attische Gräbersphinx auf den Höhepunkt ihrer Beliebtheit und Verbreitung gelangt. Auch sie sitzt an der Schwelle zum Totenreich, auch sie stellt den Hinterbliebenen (oder dem Wanderer) die Frage nach dem Sinn des »hier« und »drüben«.
e) Nimmt man hinzu, daß um 540 v. Chr., erst zögernd und dann mit zunehmender Häufigkeit, die Darstellungen mit »Ödipus und der Sphinx« einsetzen, so liegt es nahe, die endgültige Verbindung der Sagenhandlung mit dem Motiv der »Rätselsphinx« in die Zeit unmittelbar davor, also etwa die Jahre 560 bis 540 v. Chr., zu setzen. Dabei sei keineswegs ausge-

schlossen, daß dieser Verlötung ein langes Suchen und Tasten nach einer geeigneten »Heldentat« des Ödipus vorangegangen war. Denn mit einem (noch dazu ungesühnten) Vatermord allein konnte Ödipus unmöglich Anspruch auf den Status eines Heroen erheben. Es mußte eine wirkliche »Tat«, eine Leistung im mythischen Sinne, dazukommen. Als solche bot sich, wie immer, als einfachste Lösung die Tötung eines Ungeheuers an. Bloß welches?

Das war für die spät gekommenen Mythographen der böotischen Provinz natürlich ein Problem, denn alle prominenten Ungeheuer der mykenischen Bronzezeit waren bereits erledigt; um 1200 v. Chr. gab es in Hellas keinen Drachen von Bedeutung mehr. Es war also sicher ein pfiffiger Einfall, der aber die volle Ausbildung der »sprechenden« Sphinx voraussetzte, das edle Wächtertier mit einem ahnungslos daherstolpernden Ödipus in Verbindung zu bringen.

f) Das geschah, und zwar, wie wir annehmen müssen, in einer attischen Schreibstube. *Literarisch* gesehen war die damit geschaffene Verbindung ein »Hit«. Den Typus der Sphinx in der *bildlichen* Darstellung konnte die neue Version jedoch nicht mehr beeinflussen oder aus dem Geleis bringen: die griechische Sphinx war eben nie ein »Monster«; sie blieb in allen Perioden ihrer Entwicklung dem humanen Bereich näher als dem chaotischen, was nichts daran ändert, daß ihr Aufträge von schicksalhafter Art übertragen wurden.

Besonders im 6. und 5. Jahrhundert scheint sie häufig als Botin oder Vollzieherin olympischer Beschlüsse unterwegs zu sein. Gerade dies aber unterscheidet sie grundlegend von den flegelhaften, jeder Domestizierung spottenden »Sauviechern«, den Drachen, Wildschweinen und feuerschnaubenden Bastarden der heroischen Zeit (10).

Es ist übrigens reizvoll, zu beobachten, daß die Sphinx im 5. Jahrhundert einen noch menschennäheren, d. h. bestienferneren Habitus annimmt: Der Gesichtsausdruck bekommt etwas Spitzbübisch-Schelmisches, einen Ausdruck von abwartender Neugier und zugleich von amüsierter Gelassenheit. Der Abstand von jenen Bestien, mit denen es die Helden der kretisch-mykenischen Epoche zu tun hatten, kann nicht größer sein. Selbst wer den bildlichen Zeugnissen aber nicht trauen möchte, wird vollends überzeugt, wenn er sich der einzigen Äußerung zuwendet, die von einer Sphinx überliefert wurde: dem Rätsel.

V

Das Rätsel der Sphinx

Wenn es in deutscher Fassung vorgelegt wird (»Welches Wesen hat am Morgen vier Beine, am Mittag zwei, am Abend drei« usw.), ist das Rätsel der Sphinx tatsächlich sehr schwierig, wenn nicht unlösbar (es fehlt uns Heutigen die Anschauung, z. B. »Dreibein« = jemand, der am Stock geht). In der griechischen Diktion hört sich das aber ganz anders an. Die Frage lautet dort: »Was ist vierfüßig am Morgen, zweifüßig am Mittag, dreifüßig am Abend?«

Wenn man die entsprechenden griechischen Wörter in ihrer Betonung auf der vorletzten Silbe (tetrápous, dípous, trípous) hört und berücksichtigt, daß der Name Ödipus – den wir infolge unseres eingeborenen unüberwindlichen Hanges zur Akzentvorverlegung auf der ersten Silbe betonen – in Wirklichkeit mit scharfem Akzent auf der zweiten Silbe »Oidípous« gesprochen wurde, so erhellt mit einem Schlag, daß das ganze Rätsel nichts anderes ist als ein auf den Namen Oidípous (= *Wissensmann)* gemünztes Wortspiel: Der »Weiß-es-Fuß« weiß das Rätsel vom Vierfuß, Zweifuß und Dreifuß (11).

Es kommt aber dazu, daß das Rätsel auch auf die äußeren Umstände der Ödipus-Situation anspielt. »Tripous« ist zugleich die Bezeichnung für das pythische Orakel, von dem Ödipus gerade kommt, »tetrápous«

(vierfüßig) ist die Sphinx selbst, und »dípous« ist der Zweibeiner, der Mensch, nach dem im Rätsel gefragt ist.

»Tetrápous« ist, nebenbei, auch die Bezeichnung für das »vierfüßige Möbel«, die »(te-)trápeza«, also Tisch und später auch die Bank. Wir sagen »Tisch-bein«, der Grieche sagt »Tisch-fuß«. Ein häufiger griechischer Name war »Melámpus«, der Schwarzfuß. Die Athener bezeichneten damit in ihrer schnippisch-frechen Art die Ägypter (Afrikaner), so wie heute noch die Franzosen ihre aus Algier zurückkehrenden Landsleute herablassend »pied noir« (Schwarzfuß) nennen. Wir können solche Ausdrücke übersetzen, aber wir empfinden nicht die unmittelbare Signifikanz, die ein Wort wie »dípous« für das griechische Ohr hatte.

Ein Rätsel wie das der »Sphinx« konnte also jeder Grieche lösen, und jeder hätte gelacht, wenn man ihm gesagt hätte, es sei etwas besonders Tiefsinniges damit verbunden. Daß ein am Boden krabbelndes Kind ein »tetrápous« sei, wußte jeder. Für unseren Zusammenhang ist entscheidend, daß das ganze »Rätsel« und damit die rätselstellende Sphinx selbst etwas später Hinzukommendes ist, eine an den bereits vorhandenen Ödipus-Stoff angeklebte Märchenfigur, die also mit dem originalen Mythos nichts zu tun hat (12).

Wer dies einmal richtig eingesehen hat und sich damit von der seltsamen Faszination, die von der Sage als Ganzem ausgeht, für einen Augenblick befreit, erkennt auch sofort, woher *die eigentümliche Zwiespältigkeit,* die der Erscheinung der Sphinx immer anhaftet, im Grunde herrührt.

Ihr unmotiviertes Auftreten zwischen Laios-Mord und

Mutterehe wie auch das »Rätsel« selbst (über welches übrigens nur Ödipus Auskunft geben konnte – die anderen Bewerber nahmen ja die Rätselfrage mit ins Grab), hat etwas Willkürliches und Kindisches zugleich. Es fehlt ihrem Auftreten das Lapidar-Überzeugende, womit die Monstren der hellenischen Sagen einfach »da« sind. Bei jenen fragt niemand nach einer Motivierung – bei der Sphinx will jeder wissen, woher sie kommt. Schon Carl Robert (1915) hat dies bemerkt, wenn auch nicht beantwortet. Nun gut, wir können es sagen: Sie kommt nicht aus der Sage, sondern aus dem Bildungsstoff des 6. Jahrhunderts (13).
Andererseits spürt jeder, daß in der Begegnung und der Rätsel-Situation ein Moment von unvergänglicher Aktualität gegeben ist. Von ihr wird immer der Eindruck von etwas Bedeutendem, Gewichtigem, Vielsagendem ausgehen. Die Sphinx ist ja tatsächlich eine Weltfigur geworden, die zweieinhalb Jahrtausende überdauert und bis ins 20. Jahrhundert hinein zu Bildungen und Deutungen Anlaß gegeben hat. Dies also verdankt sie nicht der Sage, in der sie ja nur eine schlecht verkittete Episode bildet, sondern ihrem eigenen Schwergewicht. In ihr gipfelt wie in einem Symbol die Frage nach Leben und Tod, wie sie vom hohen Hellenentum gestellt wurde. Von ihr aus strahlt es bis in die fernsten Bereiche der Symbolik und Ikonographie, bis zu den geflügelten Genien und »Cherubin« der byzantinischen Malerei, zu den in unendlicher Anzahl auftretenden Sphingen der skythischen Goldschmiede und zu den zahllosen Flügelwesen der abendländisch-christlichen Kunst. (14)

VI

DIE ANTINOMIEN DES DRAMAS

Erst die genaue, im Vorstehenden ausgeführte Analyse der mythologischen Entwicklung gestattet es jetzt, einige Widersprüche und Eigentümlichkeiten der Ödipus-Sage aufzuklären, die samt und sonders daher rühren, daß mehrere ursprünglich nicht zusammengehörige Teilstücke aufeinandergepfropft wurden.

1. Hier ist zunächst die *»Plage«* zu nennen, die das Treiben der Sphinx dem Volk von Theben verursacht und von der Ödipus die Stadt »erlöst«. Auffallend und bezeichnend ist dabei, daß weder die Tragiker noch ihre Erklärer den eigentlichen Charakter dieser Belästigung so recht angeben können. Bei den klassischen Ungeheuern war dies niemals ein Problem, im Gegenteil, sie wurden durch die Art ihrer Verwüstungen geradezu definiert. Hingegen konnte man der Sphinx, die ja bekannt und *a priori* unbescholten war, nichts Konkretes nachsagen. Das Resultat: die nebulosen, völlig unbestimmten und zum Teil lächerlichen Wendungen, mit denen auf ihr Treiben Bezug genommen wird, wie »böse Sängerin« (K. Ö. Vers 35), »rätselsingende Sphinx« (V. 130), »hündische Sängerin« (V. 391), »geflügelte Kore, die einstmals auf ihn (Ödipus) losging« (V. 506) und dergleichen. Mit anderen Worten: Man wußte nichts Rechtes. Im einzelnen ist folgendes zu bemerken:

a) Daß die Sphinx eine »Harpaxandra« sei, ein männerraffendes Ungetüm (Aischylos, SIEBEN GEGEN THEBEN, vierte Chorstrophe, V. 776), stimmt natürlich (im Endeffekt) und trifft in gewissem Sinn auch schon auf ihre assyrischen und phönizischen Vorformen zu. Bloß – sie war es nicht auf eigene Faust. Ihr Wesen war fatal, unheilbringend, aber nicht unheilstiftend. Sie erschien, »wem es bestimmt war«, so wie die nordischen Valkyries oder die homerischen Todesbotinnen, die *Keren*, denen erschienen, denen »kein Gott mehr helfen konnte«, denen es bestimmt war, zu sterben. Gerade so, und infolgedessen mythologisch ganz korrekt, schildert Pausanias die Sphingen, die am Throne des Zeus zu Olympia »junge Thebaner« (παῖδές τε Θηβαίων) ergriffen, um sie wegzuraffen. Die Stelle ist völlig beweisend im obigen Sinne: Es wäre undenkbar, am Throne des Zeus Untiere angebracht zu sehen, die ohne oder gegen den Willen des Olympiers über Menschen herfallen (15).

Die mythologische Linie ist also von Byblos und Ugarit bis Naxos und Korinth durchaus klar und unverrückt: die Sphinx als Vollzieherin von Herrschergewalt bzw. Götterwillen.

Trotzdem muß man sehen, daß die Wendung zu einer unfugtreibenden, also willkürlich hausenden Mördersphinx für einen versierten Mythographen des 6. Jahrhunderts natürlich eine Kleinigkeit war. Die von ihr hinweggerafften Jünglinge brauchten ja bloß »herausgepickt« zu sein, Leute, denen es bestimmt war, für irgendeinen »Fluch« oder eine Kollektivsünde einzustehen, zu »büßen«.

b) Ferner: In dem »Wegholen« von Jünglingen (oder

Knaben) aus der Stadt (es kommt ja bei Euripides so weit, daß die Sphinx Menschen vom Marktplatz holt) liegt auch eine Reminiszenz an die »Opferleistungen« oder »Tribute«, die eine Stadt zur *Abwendung* solcher Kollektiv-Übel (oder Heimsuchungen) leisten muß. Auch diese Figur gehört zum täglichen Brot der Mythenbildung. Die bekannteste ist die jährliche Opferung von sieben Jünglingen und sieben Jungfrauen aus Athen als Tribut an das kretische Monster.

Für Theben gab es ein ähnliches Beispiel ganz in der Nähe: Die Stadt Thespiai mußte jährlich einen Knaben aus guter Familie opfern, um einen in der Nähe »hausenden« Drachen zu besänftigen. Man sieht: Das Material, aus dem die thebanische »Sphinx-Plage« gewoben ist, lag vor der Haustür (16).

c) Zugleich sieht man auch, zu welchem näheren Zweck die »Plage« in den Ödipus-Stoff hineinkommt: So, wie Theseus die Stadt und Bürger von Athen »erlöst« hatte, so sollte nun Ödipus zum Erlöser seiner Vaterstadt Theben aufrücken. Man sieht genau, nach welchen Vorbildern das Muster geschneidert ist, man sieht aber auch, was alles im Eifer des Hinzuerfindens vergessen wurde: die Charakteristik der Plage ist *unklar und verschwommen*, und diese Leerstelle bildet nun den Ansatz für die weitere Konstruktion: Dadurch, daß Sophokles (und wahrscheinlich vor ihm schon Aischylos) eine *zweite Plage*, nämlich die durch die Schuld des Ödipus verursachte, geschickt werden läßt, gewinnt er die tragische Antithese, die seinem Stück zugrunde liegt: Derselbe Mann, der die Stadt einst von einer Plage befreite, ist selbst der Anlaß für eine zweite, die nun *ihn*, den einstigen Retter, als Opfer verlangt. Aber der Charakter, die eigentliche Natur dieser zweiten Heimsuchung bleibt ebenfalls sehr unbestimmt – etwas, was der alten Sage *nie* passiert: Der echte Mythos ist immer simpel, »matter of fact«, und von einer trockenen Direktheit.

Alles übrige ist nun sonnenklar und kann mit der größten Leichtigkeit aufgeklärt werden. Da ist vor allem

2. die Zeitbestimmung *Wann,* in welchem Zeitraum ist das Auftreten der Sphinx zwischen Laios-Mord und Machtergreifung des Ödipus einzusetzen? Man wird natürlich sagen: dazwischen. Aber in einem Zeitraum von wenigen Tagen kann eine »Plage« weder entstehen noch solche Ausmaße annehmen, daß Land und Volk nach dem Retter (sotér) lechzen. Eine Plage ist immer die Angelegenheit von Wochen oder Jahren, darin sind sich Altes Testament und griechische Sage einig. Was wurde nicht alles ersonnen und erfunden, um die offenbare Unvereinbarkeit eines rasch nach Theben eilenden Ödipus und einer »seit alters« das Land verwüstenden Sphinx auf einen mythologischen Nenner zu bringen – vergebens!

Das Problem ist nicht zu lösen, weil es keines ist: Die beiden Vorgänge spielen sich in verschiedenen mythischen Räumen ab – eine brutale Edward-Ödipus-Story aus dem 14. Jahrhundert und eine mythologische Hilfskonstruktion aus dem 6. Jahrhundert können natürlich nicht zur Deckung gebracht werden. Man muß die Begebenheit so ablesen, wie sie entstanden ist: als ein ideelles Übereinanderblenden von zwei verschiedenen Vorgängen, die dennoch eine poetische Einheit ergeben.

3. Die dritte Antinomie ist vielleicht die unbegreiflich-

ste von allen: der Tod des Laios. Da wird (man möchte, mit Pausanias, dazusetzen: »wer es glauben mag«) ein regierender Stadtfürst mit kleinem Gefolge auf einem vielbefahrenen Pilgerweg, einer »route nationale«, am hellen Tag erschlagen, Leichen, Muli und Wagen bleiben liegen, wie sie liegen, der Mörder zieht fröhlich weiter, wird an Stelle des Erschlagenen König, während es dem anbetroffenen Gaufürsten (»Damasistratos«) von Phokis überlassen bleibt, die Leichen ohne Protokoll und die sonst üblichen Leichenspiele zu verscharren (17). Kein Finger rührt sich, das Verbrechen aufzuklären, geschweige denn zu verfolgen, keine »erinýes« werden in Marsch gesetzt, den Herrn Mörder ein bißchen zu zwacken, kurzum, es ist, als ob ein »Nichts« gestorben wäre.

Doch nicht genug: Als wolle er das Unglaubhafte selbst ad absurdum führen, läßt Sophokles im Gefolge des Laios auch den »Keryx« sein, den königlichen Herold, dessen Amt ihm und seinen Begleitern absolute Unverletzlichkeit garantierte; und auf die (naheliegende) Frage des Ödipus, ob man denn nicht seinerzeit schon nach dem verschwundenen Laios geforscht habe (K. Ö., V. 129: ». . . was lähmte euren Arm, ließ einen Königmord so unerforscht?«), läßt Sophokles die unsagbar törichte Antwort erteilen: »Die Sphinx mit ihren Rätseln . . .« (sc. verhinderte, daß man sich darum kümmerte). Hier haben wir die Stelle, wo die durch die Legendenbildung des 5. Jahrhunderts eifrig verklebte ursprüngliche Edward-Ödipus-Sage unvermutet zum Vorschein kommt: In der alten Version folgten Vatermord und Mutterehe so rasch und notwendig aufeinander wie Blitz und Donner; eine gesonderte Laios-

Sühne war gar nicht möglich, denn die Ausführung und rasche Aufdeckung der Mutterehe machten den Komplex zu einem einzigen Vorgang. Da gab es kein langes Zaudern und Überlegen; die sogleich losgeschickten »erinýes« konnten im Schnellverfahren beide Delikte aufs Korn nehmen, es bestand kein Bedürfnis und kein Platz für eine gesonderte Vatermord-Sühne.

Nun wird aber bei den Tragikern der Grundvorgang durch die »späte Entdeckung« zeitlich auseinandergezogen, und der noch ungebüßte Laios-Mord blieb unbesehen im Leeren hängen. Es war auch dramaturgisch leichter und bequemer, die verjährte (und im Drama weit zurückliegende) Schuld mit Wischiwaschi zu übertünchen, statt langatmig, und den Gang der Handlung unterbrechend, darauf einzugehen. So sind also die unsäglich linkischen Fragen des Ödipus (Vers 558 ff.: »Donnerwetter, was war nur los mit eurem alten König?« usw.) zu verstehen: Theatertünche über eine alte Mauerfuge, die zum neuen Grundriß nicht mehr paßt.

Natürlich müßte jetzt Protest einsetzen: Sophokles habe den Totschlag an vier Personen, darunter einem an seinem Heroldsstab erkenntlichen Keryx, nur deshalb als »Notwehr-Exzeß« (heute § 53 Abs. III RStrGB) heruntergespielt, um dann das Gewicht eines darunter verborgenen Königs- und Vatermordes um so zermalmender auf das Haupt des Schuldigen donnern zu lassen – aber dieser Einwand gehört bereits in das Kapitel »Die Schuld des Ödipus« (Darüber unten Kap. X.)

Auffallend ist ferner:

1. ein Widerspruch im Text, der seit langem bekannt ist und von der Fachwissenschaft bis zur Erschöpfung erörtert wurde. Wahrlich, Generationen von Philolo-

genhäuptern haben sich über jene Stelle gebeugt (K. Ö., V. 735–761), wo Ödipus seine Mutter ausquetscht, um zu erfahren, was er doch längst weiß, nämlich wie und wann die Kunde von des Laios Hingang bis zur Hauptstadt gedungen sei. Auf die haarsträubende Frage des Ödipus, wieviel Zeit zwischen dem Tod des Laios und seiner eigenen Ankunft in Theben verstrichen sei (V. 735), antwortet Iokaste zunächst in trotziger Unschuld: »Ganz kurz, bevor du uns als Herrscher in diesem Land erschienst« (V. 737). Diese Antwort ist ungeheuerlich; denn mit ihr wird das »Ankommen« und das »Herrschen« des Ödipus als identisch bezeichnet.
Jedoch Ödipus, durch soviel Zynismus noch nicht bedient, will weiter wissen, *wer* denn die Botschaft damals in die Hauptstadt gebracht habe, und erhält die sphinxhafte Antwort (V. 756): »Ein Diener, der allein gerettet, wiederkam« (sc. in die Stadt). Allein, dieser eine, der nun wiederum identisch ist mit dem fatalen Hirten, der einst den Auftrag hatte, das Ödipus-Kind im Gebirge auszusetzen, wie sich aus V. 859–1117 unzweifelhaft ergibt, befindet sich jetzt nicht mehr in Theben; denn als er (V. 758) *heimkam* und Ödipus »im Besitz der Herrschaft sah«, da flehte er inständig auf den Knien, man möge ihn aufs Feld hinaus zu den Herden senden.
Die Stelle sieht nun auf den ersten Blick tatsächlich sehr verzwickt und beinahe absurd aus. Wörtlich genommen hätte nämlich Ödipus (nach der letzten Stelle) die Herrschaft bereits ergriffen, bevor ein Mensch in Theben wissen konnte, daß Laios, der König, tot sei. Und so wird das Zitat (Vers 758/59) auch regelmäßig gelesen. Außerdem besteht dann noch ein irritierender

Widerspruch zu der Aussage in Vers 737, wo immerhin eine kleine Zeitspanne zwischen dem Bekanntwerden der Todesnachricht und der Machtergreifung des Ödipus eingeräumt wird (18).

Aber genau besehen muß Vers 758, also die *zweite* Antwort, nicht unbedingt als Paradox aufgefaßt werden. Die Aussage kann nämlich, kongruent mit der ersten, so verstanden werden: ›Ja, sicher war der alte Schafhirte, den du glücklicherweise hattest laufen lassen, der erste, der uns die sichere Nachricht überbrachte (. . . wie ich aufgeatmet habe, lieber Ödipus, so war also das erledigt, und wir brauchten nicht mehr um den Ausgang der Sache zu zittern . . .).

Ich behielt ihn nun ein paar Tage bei mir und trichterte ihm die Sache mit der »Räuberbande« ein, was auch vorzüglich geklappt hat – die ganze Stadt nahm den Bericht mit Erschütterung auf (Vers 850), nun gab es für den alten Schafskopf kein Zurück mehr, er konnte ja unmöglich wieder anders aussagen (V. 849). Aber als du nach ein paar Tagen *wirklich erschienst* und wir dich zum ersten Mal als neuen König (. . . und an meiner Seite!!) vorstellten, verlor er doch die Nerven, und ich war heilfroh, den alten Trottel aufs Land abschieben zu können. Dort lebt er ja nun glücklich, und ich bitte dich nur – *laß* ihn dort! Es heißt nicht umsonst: Quieta non movere – man soll die alten Dinge ruhen lassen!‹

Man braucht dem Text also gar keinen Zwang anzutun und lediglich das »kai« in Vers 758 etwas extensiver auszulegen – »nachdem er also zurückgekommen war *und* (ein paar Tage später) realisierte, daß *du* jetzt König warst . . .«, so ist die Übereinstimmung mit Vers

737 deutlich hergestellt und der Logik Genüge getan (19).

Doch mögen die Philologen über jener Stelle weiterhin den Kopf schütteln. Ihr achselzuckend beteuertes »non liquet« ist ja in Wahrheit nur ein »non liquet« ihrer Psychologie. Denn was Iokaste da an »Gedächtnishilfe« produziert, ist in Wirklichkeit der höchste, blühende »cant«, den Sophokles ihr zu singen gibt. Und nur so versteht man auch die kaltschnäuzige Frechheit, mit der sie Ödipus durchweg als den »bereits Herrschenden« anspricht (Sophokles verwendet beide Male das definitive »échein«, nämlich ἀρχὴν ἔχων in V. 737 und κράτη ἔχοντα in V. 758), das heißt: über die Vorgeschichte der Besitzergreifung gibt es für Iokaste kein Wort zu verlieren – für sie war Ödipus *selbstredend* im Besitz der Macht.

VII

Die Chalkidische Amphora

Wir haben uns mit diesen Widersprüchen oder »Antinomien« des Dramas etwas länger aufgehalten, weil sie die Fugen, Versetzungen und Verwerfungen des Stoffs am deutlichsten aufzeigen. Einen weiteren Aufschluß liefern uns die bildnerischen Dokumente, in Korrespondenz gesetzt zu den literarischen Äußerungen. Hier treffen wir äußerst merkwürdige Verhältnisse an.

Zunächst eine Liste der wichtigsten Aufführungsdaten, soweit sie für unser Thema von Bedeutung sind:

- 468 Sophokles erringt als 28jähriger den ersten Preis vor Aischylos
- 467 Thebanische Trilogie des Aischylos, mit den drei Stücken Laios, Ödipus, Sieben gegen Theben, von denen nur das letzte erhalten ist
- 462 Die Schutzflehenden des Aischylos
- 457 Der gefesselte Prometheus von Aischylos (evtl. erst um 450 posthum aufgeführt)
- 442 Antigone von Sophokles
- 427 Oidipous Tyrannos von Sophokles
- 420 Elektra von Sophokles
- 416 Elektra des Euripides
- 409 Phoinissen des Euripides
- 401 Ödipus auf Kolonos von Sophokles, nach dessen Tod (406) posthum aufgeführt.

Mit dem letztgenannten Werk, dem »opus mysticum« des Sophokles, scheint das schöpferische Interesse an dem Ödipus-Stoff im wesentlichen erloschen zu sein. Eine größere Wirkung ging nach ihm nur noch von einem *Epos* aus, der THEBAIS des Antimachos von Kolophon (um 370).
Die vorstehende Übersicht macht deutlich, daß die große dramatische Entwicklung sich hauptsächlich in den sechs Jahrzehnten von 470 bis etwa 410 v. Chr. vollzogen hat. Hingegen zeigt die Häufigkeitsverteilung in der bildlichen Darstellung einen anderen Verlauf. Die wichtigsten Bildzeugnisse einer Ödipus-Sphinx-Begegnung eilen den dramatischen Aufführungen um mindestens 50 bis 70 Jahre voraus.
Das volkstümliche, aus der frühen Rätselpoesie und aus der Figur der »Wissenswette« entspringende Interesse, das seinen Niederschlag in der Vasenmalerei gefunden hat, war jedenfalls während der spätarchaischen Epoche schon vorhanden und muß bestimmend gewesen sein für den Bildtypus des sitzenden Ödipus (und das heißt: des *Weisen*) vor der Sphinxsäule, den wir im letzten Drittel des 6. Jahrhunderts bereits antreffen.
Diese Phase einer naiv-populären Interpretation war aber im ersten Jahrzehnt des 5. Jahrhunderts bereits im Abklingen. Jedenfalls deutet die kostbare rotfigurige Darstellung in Paris (Abb. 29), wo eine kleine Sphinx wie eine Katze vor ihrer Säule hinuntergreift, um einen vergeßlichen Schüler beim Schopf zu packen, darauf hin, daß die Sphinx nun schon zum mythologischen Haustier geworden war, vergleichbar etwa unserem »Nikolaus« oder »Knecht Ruprecht«, vor dem

die Kinder Respekt haben – die Erwachsenen wohl nicht. Aber der innere Zusammenhang mit der alten »Rätselsphinx« – und damit der »Wissensprobe« mit möglicherweise fatalem Ausgang – ist immer noch erkennbar.

Sicher ist nun, daß die Aischylos-Aufführungen des Jahres 467 einen »zweiten Schub« von Ödipus-Sphinx-Darstellungen ausgelöst haben. Dies ist heute weitgehend anerkannt (vgl. Ulrich Hausmann, der von einer »Wirkung auf die Töpferquartiere Athens« spricht, S. 13). Auffallend ist dabei, daß sich gerade in den 60er und 50er Jahren des 5. Jahrhunderts der Typus des »Versammlungsbildes« (die Sphinx im Gespräch mit mehreren Bürgern, und zwar in der Stadt, also keine eigentliche Ödipus-Situation) einer besonderen Beliebtheit erfreut. Der Bildtypus eines »Sphinx-Colloquiums« hatte sich sozusagen selbständig gemacht.

Es ist seitdem nichts Neues mehr dazugekommen. Im Gegenteil: die berühmte Henkelvase im Stil des Meidias-Malers (London E 696, vgl. Abb. 36), die kurz nach 420 zu datieren ist, bezeichnete bereits einen Verfall und Zerfall der Auffassung, eine absolute Auflösung, die anzeigt, daß der Stoff inzwischen inhaltsleer geworden war. Man kann die Londoner Darstellung ruhig als ein »mythologisch-allegorisches Potpourri« bezeichnen: die bereits schwer getroffene Sphinx, die den Kopf schützend unter dem Arm zu bergen versucht (meines Wissens die erste Wiedergabe einer körperlich verletzten Sphinx überhaupt), ist vor Ödipus zu Boden gestürzt; dieser schwebt als olympischer Heros schräg über ihr, um sie unter wohlwollender Assistenz von Pallas Athene (links) und Apollon (rechts von der Säule, vgl. Abb. 38) mit einem Speerwurf vollends zu töten.

Eine solche Verallgemeinerung und Banalisierung ist nur denkbar in einer Zeit, in der das amüsante Gift des Aristophanes bereits zu wirken begonnen hatte und jeder mythenbildende Impuls erloschen war.

Blicken wir von hier aus zurück auf den Beginn der Reihe bildlicher Darstellungen, so begegnen wir einem überaus merkwürdigen Gefäß, das erst seit wenigen Jahren in den Kreis der Betrachtung gezogen wurde: es ist die von Ulrich Hausmann erstmals publizierte Chalkidische Amphora (Stuttgart, s. Abb. 24), die deswegen von höchstem Interesse ist, weil sie zwei Hauptargumente der Spinxbegegnung, nämlich a) die Gesprächssituation und b) die Rolle des Weisen als Retter und Erlöser seiner Polis, gleichzeitig zum Ausdruck bringt.

Die prachtvolle, gedrängte und konzentrierte Symbolkraft dieser Darstellung beweist, daß sie nicht die erste ihrer Art gewesen sein kann. Wenn sie um 530 entstanden ist, so dürften Vasenzeichnungen mit der »fragenden Sphinx« kurz vorausgegangen sein, so daß die Spanne von etwa 540 bis 490 als die eigentlich kreative Epoche für den Bildtypus der »Begegnung mit der Rätselsphinx« zu gelten hat.

Zugleich bezeugt aber der gewichtige, um Ausdruck und Konzentration bemühte, keinesfalls routinierte, sondern eher sachlich-ernste Vortrag der Stuttgarter Amphora, daß das Thema gegen 550/40 v. Chr. noch relativ neu war, was mit unserer obigen Datierung (Kapitel IV) glänzend übereinstimmt und zu der Aussage berechtigt, daß die Ödipus-Sphinx-Episode, von der Konzeption und ersten Darstellung bis zur Meisterschaft (um 460) und dann bis zum Ausklang im Spätwerk des Sophokles (wo sie nur noch ein Zitat bildet, eine ferne »Erinnerung«), mithin das gesamte Entstehen, Reifen und Vollenden eines dichterischen Entwurfs bis zu seinem Verblassen und seiner Auflösung in Trivialität, ein Vorgang der 120 Jahre von etwa 540 bis 420 v. Chr. gewesen ist (20).

VIII

Ödipus der Weise

Parallel zu dieser eigenartigen Entwicklung eines Sagenstoffs »aus dem Nichts« bis zur höchsten Form der dramatischen Verwirklichung in kürzester Zeit, auf die ein ebenso schnelles Absinken und Zerfließen erfolgt, geht eine merkwürdige Metamorphose der Hauptfiguren.

So, wie die Figur der Iokaste einen Wandel durchmacht von der resoluten Regentin, die im Sinne des Familienerbes und der Thronfolge ein »méga érgon« riskiert, bis zur ahnungslos überwältigten Laios-Witwe und Sohn-Gemahlin, so rückt Ödipus in entsprechender Gegenbewegung auf zum fröhlichen Wandersmann, zu einem, der auszog, »das Fürchten zu lernen«, dann zum tapferen Schneiderlein, der als einziger das große Rätsel löst, die Hand der Königin (eigentlich der schönen Prinzessin) gewinnt und damit das Volk von Theben von einer »großen Plage« befreit.

Mit anderen Worten: Die Mythenbearbeitung erreicht, daß aus einem Tolpatsch und Totschläger der alten Sage ein »Weiser« und dann ein »Heros« wird, ein Land- und Leutebeglücker, ein σωτής (Retter, Erlöser).

Und jetzt verstehen wir (was andernfalls nicht zu verstehen wäre), warum auf den Gefäßen, den Vasenbildern, immer nur der »weise« Ödipus, der Rätsellöser, erscheint: Das eben war das Neue, das »Aktuelle« an der Figur, zugleich aber das Witzige (»dípous«, »trípous«), was den Käufern jetzt plötzlich gefiel, was die alte, dumpfe Totschlag-Fabel zu einem Thema machte, zu einem Denkspiel, und aus dem Sohn-Gatten einen akzeptablen Vertreter der Bürgerschaft, einen Demokraten, mit dem zusammen man sich am Marktplatz sehen lassen konnte. Die *alte* Geschichte hatte offenbar keinen Töpfer dazu gereizt, sie seinen Kunden anzubieten.

Diese neue Auffassung – und *nur* sie – erklärt auch die Beliebtheit der oben erwähnten »Versammlungsbilder«, besonders gegen Mitte des 5. Jahrhunderts, auf denen Ödipus in Gesellschaft mehrerer ernst und würdig aussehender Männer, wahrer »Denkspezialisten«, vor der »Sphinxsäule« auf der Agora erscheint.

Zugleich sei daran erinnert, daß die Ideenverbindung »Lösung des Rätsels – Klugheit – Bewährung vor der Bürgerschaft« das *einzige* Thema geblieben ist, mit dem sich die Zeichner beschäftigten; nichts anderes interessierte sie – auch die Tragödie mit ihrer Hervorhebung der »Mörder-Sphinx« war ihnen höchst gleichgültig – und es muß schließlich doch auffallen, daß in den Bildern *niemals* die anderen Hauptpersonen der Tragödie erscheinen – *nie* eine Laios-Begegnung, *nie* eine Iokaste-Situation –, obwohl doch Aischylos ein eigenes Stück LAIOS hatte aufführen lassen!

Man denke – als größten Gegensatz hierzu – an die zahlreichen Herakles-Darstellungen und den unendlichen Reichtum ihrer Motive. Fast drängt sich der Gedanke auf, ob nicht mit Ödipus, der doch wie Herakles ein Thebaner war, eine Art Gegen-Heros aufgebaut werden sollte – eine feine bürgerliche Kritik an dem unerträglichen Kraftprotzen und Totschläger Herakles, der vielleicht schon Mitte des 6. Jahrhunderts mit seiner lauten, polternden Art manchen ruhigeren Naturen auf die Nerven ging (21).

IX

Die Teile der Erzählung

Aber nicht genug der Metamorphosen am Stamm der Sage – es wurden auch andere mythische Quellen angezapft und abgeleitet, um das ursprünglich dürre Schema der Ödipus-Sage mit mehr Leben zu erfüllen. Man sieht erst bei näherer Betrachtung die künstliche Machart, das durch und durch Artifizielle der Erzählung, zum Teil sogar (was die von Delphi inspirierten Einsprengsel betrifft) die moralisierende Absicht (22). Folgende Teile sind »aneinandergeklebt«:

1. Die Aussetzung des Ödipus-Kindes im Kithairon-Gebirge. Diese Figur ist entlehnt aus der Vorgeschichte des Trojanischen Krieges. Der trojanische Prinz *Paris*, Sohn des Priamos und der Hekabe, wird ganz auf die gleiche Weise im Ida-Gebirge ausgesetzt (und dann natürlich prompt von Hirten gefunden, die ihn aufziehen), wie Ödipus auf dem Kithairon. Auch der Anlaß ist der gleiche: Mutter Hekabe hatte noch vor ihrer Niederkunft einen ominösen Traum, wonach der unterwegs befindliche Knabe den »Fall Trojas«, d. h. die Zerstörung der Polis, verursachen werde. Natürlich tritt dann das Befürchtete trotzdem (oder »erst recht«) ein, genau wie im thebanischen Märchen. Die Geschichte ist also kopiert; die Übereinstimmung ging, wenn man Carl Robert und Ernst Buschor glauben darf, im Stück des Aischylos sogar noch weiter: Bei

diesem soll Ödipus, wie Paris, bei den Hirten geblieben sein und in der Wildnis aufgewachsen, während Sophokles ihn, zwecks besserer Erziehung, nach Korinth bringen läßt.

2. Der *Vatermord* gehört zum ältesten Stamm der Sage; er ist das Wurzelholz, mit dem der Mythos auf der frühgeschichtlichen Urbegebenheit aufsitzt. Die rituelle Tötung des »Jahreskönigs« und die Vermählung des neuen mit der Königin-Mutter – oder »Mutter-Königin« – könnte der Ausgangspunkt dieses Teiles der Erzählung gewesen sein (23).

In dieser Grundfigur ist aber die spätere »Mutterehe« bereits präformiert; denn im Matriarchat hatte der junge, neue Jahreskönig ohnehin Sohn-Status. Das Anstößige bei Iokaste scheint gewesen zu sein, daß sie die alte Vorstellung etwas zu wörtlich nahm, und vor allem, daß ihre Zeit (1320 angenommen als Jahr der Ödipus-Hochzeit) vielleicht doch schon zu weit vorgeschritten war. Die äolischen Stammeshäupter waren wohl nicht mehr geneigt, jede Lizenz von seiten mutterrechtlich inspirierter Damen zu akzeptieren.

3. Die Tötung der Sphinx. Hier ist das Vorbild die wunderschöne Geschichte von Bellerophontes, der die Chimaira, auf dem ausgeliehenen Pegasos reitend, besiegt. Die Erwähnung bei Homer (ILIAS VI, 173) beweist, daß die Bellerophontes-Sage längst bekannt war, bevor Hesiod sein böotisches Lokalgespenst, die »Phix«, mit dem Stammbaum der Chimaira und dadurch mit der kleinasiatischen Monster-Familie verknüpfte.

Nach der älteren Sage soll der aus Korinth stammende Sisyphos-Enkel Bellerophon erst den Belleros und

dann seinen eigenen Bruder (!) erschlagen haben. Später überwand er die aus Löwe, Geiß und Schlange gebildete Chimaira, eine Züchtung der scheußlichsten Art; dieser Sieg erscheint übrigens als eine der ersten Heroen-Taten in der griechischen Kunst auf einem kykladischen Teller um 660 v. Chr. (vgl. Schefold, Die Griechen und ihre Nachbarn, Abb. 175).
Dieser Bellerophontes-Stoff hat nun mit der späteren Ödipus-Sage auffallende Parallelen. Auch Bellerophontes betritt die Bühne als strahlender Held, der erst einen Verwandten und dann ein gefährliches Scheusal tötet und sich später in mannigfachen Kriegszügen (wie Ödipus im Krieg gegen Orchomenos) bewährt. Beide leiden unter einer Frauen-Affäre: Ödipus hat es mit der eigenen Mutter zu tun, Bellerophon soll von seiner Adoptivmutter Anteia in Tiryns verführt werden. Beide erben jedoch nach vielfachen Verwicklungen einen Thron, beide werden eines Tages unvermutet aus ihrem Glück herausgerissen (Ödipus durch Aufdeckung einer »Schuld«, Bellerophon durch Übermut: Er will auf dem Pegasos über den Olymp reiten), beide verlieren ihre Herrschaft und irren als blinde (!) Flüchtlinge bettelnd über die Erde, einsam und verflucht, bis der Tod sie endlich »erlöst«.
So viele Übereinstimmungen können wohl nicht zufällig sein. Wir folgern vielmehr: Als die anonymen Epiker des 6. Jahrhunderts daran gingen, die bis dahin reichlich schmucklose Ödipus-Sage im Stil der bekannten und erfolgreichen Heroen-Balladen aufzupolieren, scheint sich die Bellerophontes-Sage als passendes Vorbild angeboten zu haben. Der (Stief-)Mutterkonflikt war beiden Stoffen gemeinsam, jedoch war bei Ödipus

noch ein Ungeheuer zu erfinden. Wenn Bellerophon die *Chimaira* erledigt hatte, so konnte man Ödipus ein anderes Exemplar der Echidna-Schlangenbrut zuweisen – ob der von Hesiod erwähnte Lokaldrachen *»Phix«* damit gemeint war oder nicht, kann in unserem Zusammenhang unerörtert bleiben. Wichtig ist an dieser Stelle nur, daß das Anlöten der Sphinx-Episode erst in nach-hesiodischer Zeit erfolgte.

Bezeichnend ist ferner, daß Bellerophon seine Heldentaten im Lande des lykischen Königs *Iobates* (vgl. *Iokaste),* also in Südwestanatolien, vollbringt. Hesiod hatte, wie Homer, seinen Stoff in der Sagenküche Vorderasiens aufgelesen. Er lokalisiert demzufolge wie Homer den ganzen Chimaira-Monster-Clan in Lykien und läßt nur die »verderbenbringende ›Phik‹« (mit seinen Eltern, die aus Kleinasien kamen) nach Böotien auswandern. Früher als er kann sie also dort nicht »gehaust« haben.

4. Die Mutterehe. Eines steht außer Zweifel: die Tat der Epikaste (bei Homer) und späteren Io-kaste war ein »skándalon«, eine allgemein als solche qualifizierte Greueltat. Nur das absolut Verpönte ihrer Handlung erklärt den katastrophalen Ausgang durch Selbstmord. Nun ist a priori nicht klar, welches Argument im Bewußtsein der Zeitgenossen besonders schwerwiegend erschien. War der Grund der Ablehnung mehr ein politischer, oder gab es ein familiäres bzw. ein persönliches Motiv?

a) In Frage kommt die Wiederverheiratung einer prominenten Witwe in so früher Zeit. Gorgophone, die Tochter des Perseus und der Andromeda und daher zwei bis drei Generationen jünger als Epikaste, soll

die erste Witwe gewesen sein, die sich wieder verheiratete, statt ihrem Gatten (Perieres) in den Tod zu folgen. War das in der Generation der Epikaste vielleicht noch unerhört?
b) Ein mögliches Moment ist auch die (versuchte) Täuschung des Familienclans in Fragen der Sukzession, sozusagen Personenstandsfälschung, was zu (a) erschwerend hinzutreten mochte.
c) Jetzt aber die erotische Frage: War Iokaste »enamorata«, »ravished«, »taken off her feet«? Oder, um mit Hesekiel zu reden (Hes. 23): War sie »entbrannt« gegen Ödipus?
Wir hatten die Frage bei der Erörterung der Iokaste-Schuld zunächst offengelassen. Wir sahen: Eine Edward-Ödipus-Story mit Iokaste als treibender Kraft, aber ohne erotische Implikation, ist *denkbar* und nicht einmal ganz unwahrscheinlich. Jedoch – *möglich* ist auch das andere. Vor allem: Die Erwähnung in der Nekyia (ODYSSEE XI, 271 ff.), wo Iokaste als vierte von vierzehn namentlich genannten Frauen und Töchtern der Heroen« auftritt, die alle wegen amouröser Abenteuer berühmt wurden – erfreulicher sowohl wie tragischer –, macht es schon sehr wahrscheinlich, daß Iokaste, nach Tyro, Antiope und Alkmene, eben *auch* wegen ihrer Liebesbeziehung in diesem Frauen-Katalog erscheint.
Dies würde aber den oben hervorgehobenen Merkmalen des »méga érgon« und des »aïdreíesi nóoio« noch *einen besonders markanten, den Vorsatz hervorhebenden Sinn* geben, nämlich: Iokaste wußte, was sie wollte, und sie wollte es so stark und leidenschaftlich, daß ihr – »aïdreíesi nóoio« – alles andere gleichgültig war.

Nun ist es gar nicht gesagt, daß Ödipus im Urzustand der Sage wirklich der Sohn der Epikaste, Astymedusa, Euryganeia, Eurykleia, Ganymede oder wie Iokaste immer geheißen haben mag (C. Robert I, S. 111), gewesen ist. Im Gegenteil, dies ist im höchsten Grade unwahrscheinlich, und zwar aus folgendem Grund: Ein ehelicher Sohn wäre den Hausgenossen a priori bekannt. Hingegen ist ein beginnendes Liebesverhältnis mit einem Stiefsohn, einem Gastfreund, einem Gastfreund-Sohn oder einem Adoptivsohn sehr gut denkbar und ließe sich auch viel längere Zeit geheimhalten. Wenn wir also diese Variante in Betracht ziehen, wird die Geschichte plötzlich sehr farbig, anschaulich und lebendig. Wir befinden uns dann nämlich im Bereich der »Frau-des-Potiphar«-Geschichten, für die es nicht nur in Ägypten, sondern besonders im griechischen Mythos auffallende Parallelen gibt (24).
Gemeinsam ist all diesen Sagen, die über Ägypten, Kreta, Israel und den Ägäischen Raum verstreut sind und alle im 14. und 13. Jahrhundert spielen, die gehobene gesellschaftliche Position der »Dame« und der nicht unbeträchtliche Altersunterschied. Dies erzeugt die spezifische »Potiphar-Situation« (dieses Bürschchen, Früchtchen – er könnte ja mein *Sohn* sein – und überhaupt, *ich* als Dame des Palastes, – froh sollte er sein – wozu *hat* man eigentlich Dienstboten, Gäste, Neffen, junges Volk . . .).
Kurzum, eine Stiefsohn-Story könnte sehr wohl am Anfang der Iokaste-Geschichte gestanden haben. Das Besondere und Einmalige wäre dann erstens gewesen, daß sich mit dem Liebesantrag zugleich eine dynastische Manipulation verband, d. h. der Mord an dem

regierenden Hausvater gleich eingeplant war, und zweitens, daß der Begünstigte kein »Joseph« war, sondern auf den Plan einging.

Wie gesagt, dies ist eine Hypothese für die *Entstehung* des »plots«. Daß Iokaste dann in der ersten Überlieferung bereits als die leibliche Mutter des Ödipus erscheint, ist sicher. Dies setzt freilich eine weitere Bearbeitung voraus, da nun erklärt werden muß, warum Ödipus vom Hof entfernt wurde, um später als Unbekannter wieder auftauchen zu können.

Bemerkenswert ist schließlich der sowohl bei Homer wie bei den Tragikern so auffallend betonte Selbstmord durch »Erhängen im eigenen Gemach« mit den Hervorhebungen »jäh«, »steil«, »hoch herab«, was eine mythische Formel für »Freitod aus Liebeskummer« zu sein scheint.

Kurzum, es besteht ein weiter Spielraum der Motive. Wie ein Hohn auf das Minimum des Vorstellbaren wirkt es allerdings, wenn die hohe Philologie (F. Dirlmeier, S. 25) dekretiert: »Die Mutterehe schließt *jeden Gedanken* an Wissentlichkeit aus« – in Übereinstimmung mit Christian Morgenstern daran festhaltend, daß »nicht sein kann, was nicht sein darf«.

d) Eine andere Frage ist es freilich, wie ein Mutter-Sohn-Inzest zu Zeiten der Iokaste *allgemein* beurteilt wurde. Im allgemeinen kann man sagen, daß, wie »locker« auch die Sitten sonst sein mochten, speziell die Mutter-Sohn-Verbindung doch weitgehend auf Ablehnung stieß. In Babylon galt nach Hammurabis fürchterlichem Codex: »Wenn ein Bürger nach dem Tod seines Vaters im Schoße seiner Mutter schläft, so verbrennt man alle beide«, Art. 157; die Vorschrift (ca. 1700 v. Chr., also lange vor Iokaste) wurde zwar sicher nicht praktiziert, gibt aber doch eine »offizielle Stellungnahme« wieder.

Genauso patzig sind die mosaischen Sittenwächter: 3. Mose 18, 7 f. verhängt kurzerhand die Todesstrafe und 5. Mose 27, 20 bekräftigt ausdrücklich den »Fluch« über beide Täter.

Es bleibt insgesamt der Eindruck, daß gerade in der »mythischen Zeit«, nämlich von 1500 bis 1200 v. Chr., die Mutter-Sohn-Verbindung doch ziemlich verpönt war – wenn auch offenbar dauernd Übertretungen vorkamen, denn sonst hätte sich nicht Paulus (1. Kor. 5, 1) noch mit diesem Delikt herumärgern müssen.

Was nun Iokaste betrifft, so scheint sie, ihrer gehobenen Stellung entsprechend, einige Freiheiten in Anspruch genommen zu haben, wobei sie sich vielleicht auf die etwas laxeren Sitten in den lykisch-phrygisch untermischten Territorien berufen konnte. Ihr einziger Fehler war vermutlich, daß ihre Uhr ein paar Minuten nachging – von Homer mit dem unnachahmlichen »aïdreíesi nóoio (ἀϊδρείεσι νόοιο) ausgedrückt. Dabei hatte zunächst alles wunderbar geklappt, und auch der Gattenmord war, dank Edward-Ödipus, tadellos bewerkstelligt. Doch da kommt – zu dumm – dieses »áphar d' anápysta theoí thésan«, und die Chronik hakt den Vorgang unter »schief ging ferner ...« ab.

X

Die Schuld des Ödipus

Nach allem Gesagten dürfte klar sein, daß eine »Schuld« des Ödipus nur diskutiert werden kann, wenn zuvor der literarische Umkreis abgesteckt ist. Bei Homer ist die Sache eindeutig: Ödipus ist Täter und Komplice mit vollem Tatbewußtsein. Der Sachverhalt wird durch das nachdrücklich wiederholte »γῆμεν« (gämen; d. h. *sie* wollte ihn zum Mann, er aber tat's und heiratete sie) mit mathematischer Sicherheit festgestellt.
Wie spiegelt sich nun die Wendung zum tragischen Ödipus, zum Schmerzensmann und Märtyrer (K. Ö., V. 1032) und schließlich zum Heiland seiner Stadt, im Bewußtsein des Ödipus?
So wenig wir auch über das Ödipus-Drama des Aischylos wissen – eines ist mit Sicherheit aus Sieben gegen Theben (V. 715–764) zu entnehmen, nämlich daß Aischylos bereits auf dem Standpunkt der »späten Entdeckung« steht, da ja sonst keine erwachsenen Söhne vorhanden sein könnten, denen Ödipus den »Fluch der alten Schuld« vererbt, und der Chor nicht wehmütig des »alten Glücks« gedenken könnte, als Ödipus noch »hochgeachtet von Göttern und Menschen« das Land von dem männerraffenden Verhängnis (der »Ker«) befreite.
Die Metamorphose im Bewußtsein des Ödipus fällt also – wie bei Iokaste – zusammen mit der dramati-

schen Bearbeitung des Stoffs, und das heißt: mit der Ausdehnung des Grundvorgangs auf die »lange Sündenzeit« im Falle der »späten Entdeckung«.

Das psychologische Gewebe in K. Ö. weist nun einige Stellen von verräterischer Doppeldeutigkeit auf, die das frühere Tatbewußtsein durchschimmern lassen. Da ist das schon erwähnte »Sich-dumm-Stellen« des Ödipus gleich am Anfang, wo zum erstenmal von Laios die Rede ist (V. 93–125), etwa: ›Ja Kinder, sagt mal – gab es tatsächlich schon einen König *vor* meiner Zeit? Was? Wie? Tot soll er sein, na, denke mal!‹

Dann das Hineinplumpsen in die erste Ausrede (vor sich selbst): »Wenn es Räuber waren, dann waren sie *aus der Stadt* bezahlt« (V. 124) – stimmt heimlich-hintersinnig, sofern der »Täter« (Ödipus) seinen Lohn nicht nur »aus der Stadt«, sondern »in Form der Stadt« erhielt. Schließlich der erste wahrhaft formidable Lapsus (V. 437): »*Wen* meinst du? Bleibe! *Wer* hat mich erzeugt?« – gesagt an einer Stelle, an der eine Frage der Abstammung noch gar nicht zur Debatte steht. Ihr Gewicht als ein »Aufschlucken« des Unterbewußten erhält diese Stelle aber durch die triumphierende Gewißheit, mit der Ödipus später (V. 964 ff.) seinen Glauben an die Vaterschaft des Polybos hinaustrompetet. Warum also vorher der Zweifel?

Die zusammenfassende Klammer all dieser versteckten Anspielungen bildet aber die emphatische Selbstverfluchung, die in der Strafandrohung gegen den (noch unbekannten) Täter (V. 185 ff.) enthalten ist – so, als ob es eine bemerkenswerte Ausnahme wäre, wenn in Theben mal ein Mörder am Kragen gepackt wird, etwas ganz *Unübliches*, Sensationelles!

Ganz richtig wird diese Stelle (V. 250/51) später von dem »Diener« (V. 1291) als »bedingte Selbstverfluchung« gedeutet – dies übrigens eine dem alten Recht sehr geläufige Rechtsfigur, die aber nur dann in Frage kommt, wenn der Schwörende sich gegen einen *Vorwurf* verteidigen muß. Aber an jener frühen Stelle (V. 185 ff.) hat noch kein Mensch einen Verdacht gegen Ödipus geäußert (sein Gewissen klagt ihn an). Anders bei *Kreon,* der sich (V. 644/45) ganz korrekt »bedingt verflucht«, da Ödipus ihn unmittelbar zuvor des Hochverrats bezichtigt hat.

Wenn diese und andere Stellen von den Philologen als Musterbeispiele der sogenannten »tragischen Ironie« gepriesen werden, so ist das natürlich richtig – bloß, es ist *zu wenig* gesagt. Denn Sophokles verwendet dieses Instrument, 2300 Jahre vor Freud, tatsächlich als »Fehlleistung« im technischen Sinne, nämlich als Äußerungen des Unbewußten, die sich in die Rede des Tagesbewußtseins hineindrängen und genau *das* ausdrücken, was der Sprechende eigentlich verheimlichen oder verhindern wollte.

Es ist im Prinzip ganz ähnlich wie in der ausgedehnten Szene zwischen Mime und seinem Zögling Siegfried (Richard Wagner, SIEGFRIED, zweiter Aufzug), wenn der Zwerg Mime in seinem verfrühten Siegestaumel just das ausplappert und hervorstammelt, was er doch sorgfältig verbergen müßte.

Das Drama will also, wie im Fall der Iokaste, sagen: Ödipus hat die alte, mit vollem Bewußtsein begangene Schuld so lange und so erfolgreich verdrängt, daß sie nun wie ein schlafender Drache unter der Bewußtseinsdecke schlummert, aber doch so leicht, daß schon das

geringste Wort, die kleinste Andeutung einen Sturm von Abwehr-Reaktionen entfesselt und augenblicklich den Ablauf von übertriebenen Rechtfertigungsmechanismen in Gang setzt.
Nur ist dieses Aufbrechen einer »subconscious layer«, einer längst vergessenen Schuld, bei Ödipus noch viel dramatischer und quälender, weil er, als gehorsamer Sohn und Nachvollzieher mütterlicher Weisungen, *damals* tatsächlich eine geringere Voltstärke der Reueströme verarbeiten (und verdrängen) mußte, ja, bei eingetretenem Erfolg sich sogar sagen konnte, die Sache sei nun prinzipiell in Ordnung (wie denn Erfolg allgemein sehr beruhigt), während bei *ihr*, der Heroine, die nur durch äußere Sicherheit suspendierte Sündenlast schon bei flüchtiger Berührung der Kontakte ins Rutschen kommt und den Strom der Selbstvorwürfe in ganzer Stärke durchschlagen läßt.
Man sieht also, daß Sophokles bei diesem schrittweisen Erkennen und Zu-sich-Kommen der Hauptpersonen sehr sorgfältig zwischen Ödipus und Iokaste differenziert – eine erstaunliche Leistung des Dramas.
Fassen wir also zusammen, wie die »Schuld« des Ödipus bei Sophokles definiert wird: Ödipus hat Thron und Herrschaft durch einen »Coup«, durch eine ihm aufsuggerierte Tat, erlangt und durch die gelungene Verschleierung des Geschehenen eine Art Sicherheitsbewußtsein aufgebaut. Währenddessen wächst aber die (jetzt im Unterbewußtsein weiterbohrende) Schuld zu solcher Stärke an, daß sie sich, allen erkennbar, dem Gemeinwesen als eine allgemeine »Plage« manifestiert.

XI

Die Krankheit des Ödipus

Erst die Interpretation der »zweiten Plage« als ein psychisches Gebilde, als die aufgetürmte Sündenlast des Ödipus, macht überhaupt den Beginn des Stücks mit der Begegnung »Ödipus und die Hilfeflehenden« verständlich. Was Ödipus in dieser Szene erlebt, ist nichts anderes als das »Gewahrwerden« einer seit Jahren wachsenden und nunmehr akuten inneren Beunruhigung, die jetzt, da sie *öffentlich* geworden ist, nicht mehr verdrängt werden kann.

Der Sinn dieser Szene ist also viel dringender und gefährlicher, viel direkter auf die Hauptperson bezogen, als es das klassizistische Erscheinungsbild – Kinder, Jünglinge und Greise erflehen Hilfe von ihrem guten alten König – zunächst ahnen läßt. Es ist ja geradewegs so, daß dem König an dieser Stelle der »schwarze Peter« zugeschoben wird. Die Rede des Priesters (V. 14–57) lautet nämlich in ihrer tieferen Absicht und Bedeutung: ›Diese Heimsuchung wird uns langsam unerträglich, Herr Ödipus. Wir (im Zeustempel) haben ja wahrhaftig alles getan, die verborgene Ursache dieses Viehsterbens ausfindig zu machen. Wäre es nicht an der Zeit, daß *Sie,* Herr Tyrann, mal selbst in Ihren unerledigten Akten nachsehen?‹

Und siehe da, Herr Ödipus *hat* nachgesehen. Er begnügt sich keineswegs mit dem – von der Situation her – gebotenen ›Scheußlich, scheußlich, Leute, was machen wir bloß!‹ Nein, er hat auf Abhilfe gesonnen – er ganz allein! Er hat seinen eigenen Schwager nach Delphi geschickt; und überdies platzt er (V. 58 ff.) mit einer an dieser Stelle noch gar nicht geforderten Enthüllung heraus. Er sagt nämlich zu der Abordnung: ›Ich sehe ja, wie krank ihr seid, meine lieben Kinder. Aber glaubt mir, noch kränker als irgendeiner von euch bin *ich* – ja, ich selbst bin der *Kränkste* von allen!‹ (V. 60/61)

Ödipus krank – Ödipus ein Patient!! Das klingt nun ganz anders, moderner, analytischer – »Freudian science come true . . .«

Wenn wir realisieren, daß Ödipus äußerlich wohlauf ist – die Pest macht offenbar einen weiten Bogen um die Königsburg –, dann bleibt wahrhaftig nur die *Psyche*, die krank sein kann, und wörtlich steht es so bei Sophokles: ἡ δ᾽ἐμὴ ψυχὴ πόλιν τε κἀμὲ καὶ σ᾽ὁμοῦ στένει (»meine *Seele* beklagt die Stadt und mich und euch zugleich«; V. 63 f.).

Kurzum: »Krank sein« (noseín) und »in der Seele beklagen« (eigtl. »eng werden«, »ächzen«) sind die Worte, die Sophokles – noch *vor* Aufdeckung der verjährten Schuld! – für den Zustand des Ödipus findet. Aber wo ist da die Brücke von einem Tragiker des 5. Jahrhunderts zur Psychoanalyse, zur Lehre von Freud und seiner Nachfolger?

Sigmund Freud ist Arzt. Er sieht den Vorgang, das »Kranksein«, vom einzelnen, vom Patienten her. Und er erkennt im Eindringen in die Mechanik des Krank-Werdens und -Gewordenseins, daß Spannungen, die der einzelne gegenüber der Gesamtheit nicht austragen konnte, sich in einem psychischen Reservoir anlagern, aufstauen, dort eine eigene Dynamik gewinnen und (wenn ihre Zeit gekommen ist) in Form von Neurosen aufbrechen, und zwar zwanghaft, unwiderstehlich, jeder Belehrung oder Korrektur des Bewußtseins spottend.

Sophokles hingegen ist ein Mann der Öffentlichkeit. Er spricht zur Menge, er benützt diejenigen Bilder, die jedermann geläufig und verständlich sind. Und das hier verwendete ist eben das der »Plage«. Wie eine »Plage« funktioniert, sieht jeder ein. Am Anfang steht immer eine Missetat, ein *»Greuel«*, ein Verstoß gegen überindividuelle Normen: ein Vertragsbruch, eine grobe Beleidigung, ein Inzest (sehr häufig!), ein Überhandnehmen von »Gruppensex«.

Es gibt nun Fälle, wo das Greuel sofort offenbar wird (»áphar d'anápysta theoí thésan . . .«); dann gibt es ein Strafgericht, sofort und auf der Stelle. Der »Zorn Gottes« schlägt zu, und die Sache hat sich. *Oder* aber – und hier beginnt nun der tiefere Sinn der »späten Entdeckung« zu dämmern –, oder aber, die Sache geht *zunächst* einmal (scheinbar) gut. Man hat erfolgreich gemordet, geschändet, gelästert, gefrevelt, Verträge gebrochen (siehe nochmals 2. Sam. 21), Kinder zerstückelt und sie den Eltern als Metzelsuppe vorgesetzt, gehurt, Baal gedient oder was einer so treibt, wenn er sich stark fühlt.

Aber – Gottes Mühlen mahlen langsam, mahlen fein. Eines Tages bricht das Greuel in Symptomen aus, und zwar an einer völlig unerwarteten Stelle, in einer frappanten, unerklärlichen Weise – und das ist dann die »Plage«: Ob Dürre, Hungersnot, Teuerung, Pest,

Viehsterben, Unfruchtbarkeit – immer ist es ein *allgemeines* Übel, ein *öffentlicher Notstand*, der das Ganze trifft. Und jetzt geht's los. Was war?

Ja, *war was?* Tiefes Nachdenken setzt ein, Grübeln, ein Abtasten möglicher Faulstellen, Lebensläufe werden repetiert, Stammbäume nachgesehen. Und wenn nicht »der Engel des Herrn« erscheint oder der König einen »Traum« hat, dann muß eben der Oberpriester geholt werden. Der erscheint und macht eine Analyse, die meistens unfehlbar ist, und damit beginnt der dritte Akt: die »Sühnung« oder »Reinigung«.

Entscheidend für *unser* Thema ist allemal, daß hier ein Zusammenhang, eine unsichtbare Verbindung hergestellt wird zwischen Individuum und Gruppenseele, dem Über-Ich, und weiter, daß es ein *langer*, im Unbewußten verlaufender Prozeß ist, der schließlich auf rätselhafte Weise manifest wird.

Bei Freud ist es das »Krankheitsbild«, das »in Erscheinung« tritt. Für den antiken Therapeuten erkrankt die *Gruppe selbst*, das »Öffentlichwerden« der Heimsuchung ist das Alarmsignal, das Symptom, das Maßnahmen herausfordert.

Die Therapie beginnt bei Freud mit einem Aufdecken, einem Rückerinnern, Sich-Besinnen, Freilegen und Bewußtmachen der einstigen Konfliktstellen, der Reibungen und Zwänge, die das übermächtige Gemeinwesen der Individualpsyche angetan hat.

Auch für den antiken »Seher« dreht es sich um ein Erinnern und Besinnen, um die Suche nach einem Zusammenhang, der eine alte Schuld mit dem jetzigen Elend verbindet. Aber seine Suche endet bei einem einzelnen, dem »Sündenbock« (»scapegoat«), der einmal ins Fett-

näpfchen höherer Interessen getreten ist. Der Terminus hierfür ist die »Befleckung«, die »Verunreinigung des Landes«, siehe 5. Mose 24,4: »... denn solches ist ein *Greuel* vor dem *Herrn,* auf daß du das *Land* nicht zur Sünde machest.«
Das *ganze Land* wird »befleckt«, das ist das spezifisch Orientalisch-Antike. Und das ist selbst bei Aischylos-Sophokles noch das tragende Motiv: Die »Plage« zeigt an, daß nicht »irgendwas« verpatzt wurde, sondern etwas Prinzipielles aus den Fugen geriet, daß die »Psyche« krank ist und der Fluch wie eine Depression auf dem *Land* lastet (25).
Man findet übrigens bei Sophokles alle drei Begriffe, auf die es ankommt, in einer einzigen Zeile. Es ist da, wo Teiresias in der ruppigen Art dieser frommen Eiferer Ödipus die Diagnose stellt (Vers 353): *»Du* bist der *Greuel,* der das *Land befleckt«* (ὡς ὄντι γῆς τῆσδ᾽ ἀνοσίῳ μιάστορι), wobei das hier gebrauchte »miástor« ein besonders unflätiger Ausdruck ist (ein »Verschmutzer«) und γῆ (Erde) noch deutlicher als »chora« (Bezirk, abgesteckter Raum) auf die materielle Substanz des »Bodens« deutet: Die Erde selbst, auf der man wandelt, ist besudelt.

Hierzu einige Nachsätze. Es bildet nämlich dieses »Beflecken« und wieder »Reinigen-Müssen« des Landes das genaue Korrelat zu der (dem modernen Menschen mit seinem abstrakten Gott-Begriff nicht mehr verständlichen) *personalen* Anwesenheit, z. T. sogar Gebundenheit der Gottheit an bestimmte Bezirke, Plätze oder Landesteile.
Die katholische Kirche im Süden, aber noch viel mehr

die im orthodoxen Glauben weiterlebende *griechische Frömmigkeit* lassen solche Orts- und Bodengebundenheit noch ahnen.

Ferner ist diese territoriale Beschränkung auch ein Kennzeichen der Monstren und Ungeheuer: Sie wären ja andernfalls, wenn sie laufen könnten, wohin sie wollten, »Weltplagen« und schlechthin unausrottbar. Aber nein, sie hausen bezirksamtsweise, werden an ihren Brutstätten sogar »genährt« – wie der nemeische Löwe von *Hera* (!) oder die Chimaira (rätselhafterweise) von einem gewissen *Amisodaros* in Lykien (ILIAS XVI, 328) – und warten, bei aller Unverschämtheit ihres Betragens, doch geduldig, bis der Heros kommt, der sie erschlägt.

Im Vergleich *dazu* ist die Freizügigkeit der *olympischen* Götter (und ihrer Sendboten) bereits etwas Modernes, Fortschrittliches im Sinne Marconis oder Lilienthals. Apollo »fliegt« vom Olymp zum Ida-Gebirge, um von dort den Kampf vor Troja zu beobachten. Athena gehört zum olympischen Jet-Set par excellence. Sie ist direkt »zappelig« im Vergleich zu den Götzen und beräucherten Stadtgöttern des Orients. Hier übrigens ein neues Seitenlicht auf die Natur der orientalischen Flügeldämonen: Sie werden eben *wegen der relativen Immobilität* ihrer erhabenen Tempelhocker benötigt. Die Flügel bedeuten Unabhängigkeit und Allgegenwart, das Adlerauge den spähenden, untrüglichen Blick, dem nichts verborgen bleibt, die Löwenpranken die Schnelligkeit und Stärke dieser Baals-Inspekteure.

Sie sind die Attribute der vollkommenen Herrschaft, Wunschtraum des Satrapen. Der *Greif*, als Hornisse

des Herrscherthrons, ist der Prototyp, die Sphinx das bereits griechisch-anverwandelte, humanere Derivat. Der Greif ist sozusagen der blinde Roboter, der »gryps« (eigtl. »Krummacher«, Greifer), der dressierte Bluthund, vor dem es kein Pardon gibt. Die Sphinx hingegen, im selben Auftrag tätig, ist auch »Vollzugstier«, aber doch mit menschlichen Zügen, und – echt griechisch –: »Ein paar Worte wird man ja miteinander reden dürfen.«
Wir sehen bei dieser Gelegenheit nochmals, und jetzt noch besser, wie die Sphinx, zum mindesten zwischen 700 und 400 v. Chr. in einer ständigen Metamorphose und Mutation begriffen ist und wie aus der statuarisch in sich ruhenden Symbolfigur des 7. Jahrhunderts die aktive Märchendame des 5. Jahrhunderts wird – manchmal würdevoll, manchmal verspielt, manchmal drohend, manchmal katzbalgend –, bis dann um 420 v. Chr. eine allgemeine Aufweichung der Begriffe die letzten Reste von typologischer Konsequenz beseitigt (26).

XII
Ödipus der Erlöser

Wir haben im Vorstehenden die mythische Figur der *»Plage«* als Folge einer »Befleckung« und »Verunreinigung« als das beherrschende Motiv der dramatischen Ödipus-Bearbeitung erkannt, als die aufgezogene Uhrfeder, die das Räderwerk der Selbstentlarvung in Gang setzt. Sie ist das eigentlich Neue und »Hinzukommende« der Tragödie überhaupt, zugleich aber dasjenige Motiv, von dem die bildende Kunst keinerlei Notiz nimmt, woraus sich der paradoxe Zustand ergibt, daß spätestens ab 480 v. Chr., wahrscheinlich aber schon früher, *zwei* Ödipus-Auffassungen nebeneinander herlaufen: die der *Tragiker* und die völlig verschiedene, undramatische Darstellung der *Vasenmaler,* die unbekümmert das »Dialog- und Rätselmotiv« des späten 6. Jahrhunderts weiter abhandeln.

Wir haben ferner den sehr merkwürdigen Zustand beleuchtet, daß das Drama mit »zwei Plagen« arbeiten muß, die durch die Figur der »späten Entdeckung« zeitlich auseinandergerückt sind: die erste Plage (die eben dazu erklärt wird) ist die »Heimsuchung« durch die Sphinx, die zweite aber die eigentliche, durch die Tat des Ödipus verursachte, also auf einem »Greuel« beruhende wirkliche Pest und Drangsal, mit der das Drama anhebt (27).

Wir sahen auch (s. S. 46), wie sich das nachträglich

Abb. 1: *Achilleus kämpft mit Hektor um den Leichnam des Troilos, darüber zwei schreitende Sphingen in antithetischer Stellung; attische Amphora, um 570 v. Chr. München.*

Abb. 2: *Sphinx in sprungbereiter Stellung; auf einem attischen Skyphos-Krater, um 630 v. Chr. Athen, Kerameikos. Bemerkenswert ist die sorgfältig wiedergegebene Haartracht dieser früharchaischen Sphinx mit Haarband, Stirnlocke, das Haar nach Art einer Etagenperücke herabflutend, wie es z. B. noch der nebenstehende Kouros trägt.*

Abb. 3: *Der »Kouros von Tenea«; um 560/550 v. Chr. München.*

Abb. 4: *Zwei Paare antithetischer Sphingen mit einem Wasservogel zwischen sich; auf einer korinthischen Kanne, um 630/620 v. Chr. Leningrad.*

Abb. 5: *Die zwei Boreaden, Söhne des Windgottes Boreas, verfolgen die Harpyien, am Boden liegend eine Beschützer-Sphinx; Innenbild einer Schale, 570/560 v. Chr. Rom.*

Abb. 6: *Sphingen und Tierfries; von einer protokorinthischen Kanne, um 620 v. Chr. Syrakus.*

Abb. 7: *Bekrönende Sphinx auf der »Geschwister-Grabstele«; um 540 v. Chr. New York, Metropolitan Museum of Art. Modisch herausgeputzte Sphinx mit Haarlocken, Diadem und langen Zöpfen.*

Abb. 17: *Sphinx raubt junge Männer; attisch, um 550 v. Chr.*

Abb. 18: *Zwei Sphingen über gefallenen Kriegern;* von *einer attischen Schale, ca. 540 v. Chr.*

Abb. 19: *Sphingen-Paar mit einem gestürzten Mann; attische Scherbe, 540 v. Chr.*

Abb. 20: *Hermes mit Keryxstab zwischen zwei Sphingen; attische Olpe (Weinkrug) aus Nola, 580 v. Chr. London.*

Angeheftete der zweiten Plage in der ganz verschiedenen »Unschärfe-Relation« der ersten und zweiten Plage ausdrückt. Die erste Heimsuchung wird einfach als dramaturgisches Requisit aus dem älteren Epos übernommen und braucht daher nicht weiter erklärt zu werden; sie bleibt blaß und farblos, ein ominöses »blabla«. Die zweite hingegen mußte definiert werden, denn sie ist der eigentliche Gegenstand des Dramas, das Rückgrat der Tragödie; sie ist in Wahrheit die ins Bild gesetzte, objektivierte Schuld des Ödipus.

In ganzer Konsequenz sieht man das allerdings erst im zweiten Drama, im Ödipus auf Kolonos. Es bildet mit dem ersten eine dramaturgische Einheit: Das zentrale Thema ist nun die *»Reinigung«* und *Sühne* des Ödipus, in zweiter Linie das Schicksal der von seiner Gegenwart befreiten Heimat. Inhaltlich hingegen wird das Drama nun mit völlig neuen Motiven und Argumenten angefüllt. Auch die Figur des Ödipus erfährt jetzt neue Metamorphosen. Im ersten Stück war aus dem jugendlichen Raufbold und Totschläger zunächst ein »Weiser« geworden, ein Wohltäter seiner Polis, dann König und Respektperson – ὁ πᾶσι κλεινὸς Οἰδίπους καλούμενος – der allbekannte, hochberühmte Ödipus (V. 8).

Jetzt macht ihn das Drama zum blinden Bettler, Märtyrer, dann Hilfesuchenden in Attika, der aber unversehens aufsteigt (man kann sagen »transzendiert«) zum Propheten, Heiland und Erlöser. Zuletzt geschieht an ihm ein Wunder, nämlich eine Transfiguration, indem er, unter dumpfem Grollen der Erdmächte, aber »sanft, ganz ohne Qual, wie nie zuvor ein Mensch«, das Körperliche abstreift und ins Nichts eingeht.

Dieses »Entrücktwerden« ist aber mit einem zuvor nie geschilderten Martyrium erkauft. Denn das νοσεῖν, das Kranksein, hat sich beim zweiten Ödipus zu unausdenkbarem Leid gesteigert – ein Superlativ, der dann erst nach 400 weiteren Jahren für Jesus beansprucht wird. Ödipus ist nur noch Leid und wild lodernder Existenzschmerz, Amfortas-ähnlich, und wie für Amfortas gibt es für ihn nur eine einzige Erlösung: die völlige Aufhebung der Existenz. Das heißt aber: Ödipus ist mit seiner Sünde identisch geworden. Er ist Sünde und Plage zugleich, die nur mit ihm zusammen aufgehoben werden können (28).

Zugleich – und das ist das Ungeheure dieser alten Stoffe – bringt es Ödipus noch fertig, »mit sich handeln zu lassen«; er diskutiert mit Kreon und mit Theseus über sein letztes *Asyl*, denn er weiß, daß diese Stätte ein großes Heiligtum sein wird, das dem Lande, in dem es liegt, *Segen* bringt: er »verkauft« sich sozusagen an seinen letzten Wohltäter. Oder, wie es später heißen wird: »Er bringt sich dar.«

Diese letzte Wendung im ÖDIPUS AUF KOLONOS – eine Reinigung durch Sühneleistung (κάθαρσις) bis zur schmerz- und wunschlosen Aufhebung des Seins nach langer, bußfertig ertragener Leidenszeit – ist etwas ganz und gar Neues, Einmaliges im griechischen 5. Jahrhundert und selbst im Werk des Sophokles. Ungefähr 120 Jahre zuvor hatte »der Buddha« (der Erleuchtete) im Gazellenhain bei Benares seine erste, Weltzeit begründende Predigt gehalten.

Zugleich aber ist in Sophokles' Drama (wie vorher schon in ANTIGONE) soviel von Nazareth, von Gethsemane und Golgatha vorweggenommen, daß eine Exegese dieses »zweiten Ödipus« aus dem Literarischen allein nicht möglich ist. Wir wollen hier lediglich andeuten, welche Plastizität und Wandlungsfähigkeit dem Ödipus-Stoff von seiner Ausgestaltung im 6. Jahrhundert bis zum Abschluß durch Sophokles innewohnt. Eine statische Betrachtung wäre, wie bei der Sphinx und bei Iokaste, ganz unstatthaft.

Wir wollen aber, uns auf den »ersten Ödipus« beschränkend, noch versuchen, eine letzte psychologische Frage zu lösen, eine sehr schwierige: Wollte Sophokles wirklich allen Ernstes andeuten und insinuieren, daß Iokaste, von der ja eine lange und mit Kindern »gesegnete« Ehe mit Ödipus behauptet wird, wissentlich so lange Zeit mit dem eigenen Sohn gelebt habe? Denn daß sie »wissend« war, haben wir unzweifelhaft als Anschauung auch des Dichters (s. Kapitel II) herausgefunden, und nur ein victorianischer Philologe kann dieses Faktum leugnen. Zugleich ist klar, daß dieses ihr Wissen im Drama sorgfältig abgedeckt und »abgeblendet« wird. Der Grund *dafür* ist ja naheliegend: Es wäre degoutant und abstoßend, eine derartige Inzest-Ehe einer Lady auch nur für kurze Zeit zu statuieren. Zumindest für den Zuschauer und beim ersten Anhören mußte Iokaste als nichtwissend und unschuldigbetroffen betrachtet werden können.

Wie ist nun dieser offenbare Widerspruch zu lösen?

Nun, eben gar nicht. Es ist ganz so, wie oben bei dem Auftreten der Sphinx als einer »Plage« demonstriert: Hier ist einfach die praktische Dramaturgie am Werke. Eine Plage wird gebraucht, nun gut, so läßt man eben die Sphinx eine sein, ohne viel Federlesens, ob das in den paar Tagen, die zur Verfügung stehen – und

Sophokles definiert ja diese Zeit ausdrücklich (V. 736) als »kurz« –, möglich ist oder nicht.

Ebenso verhält es sich bei Iokaste: Natürlich wußte sie alles, natürlich hat sie's verdrängt und abgeschoben, aber ebenso natürlich kann das auf der Bühne nicht hinausposaunt werden. Die Zuschauer sollen ja nicht schon nach der dritten Szene auf die Bühne rennen und alles kaputtschlagen.

Und schließlich: Bei einem allzu schnellen Begreifen (der Iokaste) und Entdecken (des Ödipus) wäre die ganze Spannung weg und das Stück in dieser Form nicht möglich. Was Sophokles die beiden Hauptfiguren in den ersten Dialogszenen produzieren läßt, ist in Wirklichkeit »doublethink«, »cant« – stillschweigende Übereinkunft falscher Rede. Das heißt aber: Sophokles selbst betrachtet Iokaste als schuldig und Ödipus als ihren wissentlichen Mittäter – *auch* hinsichtlich der ehelichen Vereinigung.

XIII

Der untadelige Seher

Es läßt sich nicht leugnen, daß wir mit unserer Untersuchung an einem Punkt angelangt sind, der unseren früheren Ansichten geradewegs entgegengesetzt ist. Wir waren davon ausgegangen, daß Iokaste sowohl wie Ödipus nichtsahnend und ohne sich zu kennen eine politische Ehe geschlossen hatten und somit guten Glaubens und quasi »schuldlos« in die von der Sage geschilderte Situation hineingeraten sind.

Die ganze Teilnahme, die wir den Hauptpersonen entgegenbrachten, entsprang eben jenem Gefühl eines übermächtigen Geschicks, dem *beide* Ehepartner zum Opfer fallen. Und das Drama tut ein Übriges, wenn es uns beide Gestalten gerade am Anfang in einer sympathischen Beleuchtung vorführt: Ödipus als den ruhigen, verständigen, »allseits berühmten« Stadtkönig, dem es sehr zu Herzen geht, wenn das Volk leidet, Iokaste als die vornehme, distanzierte Dame, die ihrem Gemahl unnötigen Ärger ersparen möchte, die das ganze Gefrage für überflüssig hält, aber trotzdem zur Verfügung steht, wenn sie gebraucht wird (›bitte, bitte, – forscht nur schön‹), die Ödipus vor dem Chor entschuldigt, wenn er mal aufbrausend gewesen ist (V. 914–916: ›Er ist nun mal ein Nervenbündel – es braucht ihm bloß jemand Angst zu machen, dann sieht er gleich Gespenster‹).

Gleichwohl mußten wir bei näherer Betrachtung des Dialogs feststellen, daß beide Personen Äußerungen tun und ein Verhalten zeigen, wie es nur bei schlechtestem Gewissen möglich und denkbar ist. Und wir kamen Schritt für Schritt zu der Ansicht, daß Sophokles seine Io-kaste im Augenblick der »Entdeckung«, und kurz vorher, genau *das* sein läßt, was die Epi-kaste bei Homer ohne Zweifel war: die ertappte Täterin, die, bevor noch das letzte Wort gesprochen ist, dem Fürchterlichen ausweicht, den Schauplatz in *Panik* verläßt und, ohne weiter zu fragen, die Konsequenzen zieht.
Und wir kommen jetzt zu dem Schluß, daß der Vorgang des Dramas kein Prozeß des »Erkennens« und »Wiederfindens« ist, sondern vielmehr ein Prozeß der »Aufdeckung«, der »Enthüllung«, des Offenbarmachens und Publikwerdens von Tatsachen, die im Grunde allen Beteiligten längst bekannt waren: ein Tatbestand, mit dem man so »dahingelebt hatte«, ohne sich viel Gedanken zu machen, wie es weitergehen, wie es enden solle. Dieser dahingeschleppte Zustand von Unwahrheit ist es im Grunde genommen, der Ödipus krank macht und der sich zu der – dann manifesten, allgemeinen – »Plage« auftürmt.
Die einzelnen Tatsachen und Überlegungen, die uns dahin führten, können wir nicht widerrufen, sie scheinen uns fest und wohlbegründet. Ebensowenig können wir aber das Einleuchtende, Überzeugende des ersten Eindrucks (s. Kapitel I) leugnen oder widerrufen. Wir haben uns nicht »getäuscht«, unser Eindruck war nicht oberflächlich, und er würde bei wiederholtem Ansehen des Stückes immer wieder der gleiche sein. Es bestünde auch kein Anlaß, keine Möglichkeit, etwa die ersten

Seiten unserer Abhandlung »umzuschreiben«, sie auf eine bessere Einsicht hin umzuredigieren. Wir mußten vielmehr so beginnen und können hier nur bestätigen, daß es ganz offenbar die Absicht des Verfassers (Sophokles) war, den so erzeugten und beschriebenen Eindruck *herbeizuführen.* Ödipus und Iokaste schuldlos – das soll zunächst geglaubt, das soll als Realität der Handlung akzeptiert werden.

Gleichzeitig sagt uns aber die simple Logik, daß nur *eines* von beiden wirklich Platz haben kann. Unmöglich kann eine von Anbeginn an vorsätzlich, das heißt »konspirativ« handelnde Iokaste durch noch so langen Zeitablauf wieder »gutgläubig« geworden sein, unmöglich könnte aber andererseits eine schuldlos-nichtsahnende Laios-Witwe *so* reden und handeln, wie sie es im Stück des Sophokles tut. Was wollte Sophokles also wirklich darstellen und in Wahrheit sagen?

Wir erinnern uns an die auffälligen »Antinomien« des Stückes, von denen wir (s. Kapitel VI) schon einige behandelt haben und die, wie wir sahen, zum großen Teil mit der merkwürdigen »Ausdehnung« des Grundvorgangs (der Mutterehe) auf die »lange Sündenzeit«, mit daraus hervorgehendem Nachwuchs, zusammenhängen. Dadurch nämlich, daß diese »Ausdehnung« nur die Haupttatsachen der Erzählung ergreift, nicht aber die tausend damit verbundenen kleinen und kleinsten Begleitumstände (was auszuführen höchstens dem Epos, niemals aber dem kurzgefaßten Drama gelingen könnte), entsteht die eigenartige Verschiebung der Perspektive und der Motivierungen, die sich – wie sonst in *keinem* Drama der Weltliteratur – als »Reibungen« oder innere Widersprüche bemerkbar machen.

Diese »Antinomien« werden zwar (für den Theaterbesucher) durch den flotten Gang der Handlung und die auf das Schicksalswalten gerichtete Aufmerksamkeit so gradehin überspielt, bleiben aber, für sich betrachtet, befremdliche, nicht aufgehende Reste der Erzählung. *Nicht so*, wenn wir die richtigstellende Reduktion des Grundvorgangs auf den Typus der »schnellen Entdeckung« und die dann ganz anders gelagerte psychische Situation in Anschlag bringen. Wir hatten bereits in einigen Fällen gesehen, wie sich dann manche der seltsamen »Antinomien« des Schauspiels als Scheinprobleme von selbst auflösen. Wir wollen daraufhin noch einen anderen Widerspruch betrachten, der allerdings bisher noch keine Denkerstirn beunruhigt hat, nämlich den Auftritt des Teiresias (V. 300–462). (29)
Es war dem spöttischen Scharfsinn des Carl Robert vorbehalten, zu bemerken, daß der ehrbare Teiresias (Odyssee XI, 99: der »untadelige Seher«, μάντις ἀμύμων) bei Sophokles etwas schief in den Angeln hängt. Er steht, als Seher-Kapazität, wie eine »Doublette« neben dem Orakel von Delphi, zu welchem der Clan offenbar mehr Zutrauen hat (vgl. Anm. 22). Daraus ergibt sich zunächst der (als solcher nicht schwerwiegende) Widerspruch, daß bei Ausbrechen der »zweiten Plage« nicht sofort und zuerst der am Ort wohnende Fachmann befragt wird, der Seher »um die Ecke«, bevor man Herrn *Kreon* den beschwerlichen Weg nach Delphi zumutet.
Aber – dieser kleine Schönheitsfehler wiegt gar nichts gegen die dahinter verborgene, geradezu ungeheuerliche Tatsache, daß Teiresias, bei Zugrundelegung der »späten Entdeckung«, nicht *längst* schon zum Prophe-

tenstab gegriffen hat, daß er die ganze lange Sündenzeit in größter Gelassenheit zusieht, wie im Palast nebenan gefrevelt und gesündigt wird, ohne ein einziges Mal versucht zu haben, warnend einzuschreiten (wie es ein Seher der ILIAS ohne Wimpernzucken getan hätte). Denn daß *er*, Teiresias, von *Anfang* an im Bilde war und nicht erst aus Anlaß der »zweiten Plage«, steht außer Zweifel: Erstens wird es im Text gesagt (V. 316 bis 318) und zweitens müßte sich Teiresias im anderen Falle Ödipus gegenüber ganz anders ausdrücken, denn Teiresias wirft dem König eben *das* vor, was *lange* zurückliegt und was *er* (der blinde Seher) schon lange weiß – und was Ödipus, der Sehende, nicht wahrhaben will.

Jedoch – indem wir so argumentieren, sind wir schon wieder der eigentümlichen Sophokles-Faszination in die Falle gegangen. Natürlich ist der Vorgang *irreal;* denn bei der »schnellen Entdeckung«, die hier durchschimmert, gab es noch keinen Teiresias und kein Rätselraten um die möglichen Ursachen einer Volksseuche.

Nun aber wird die rasche Folge Vatermord – Mutterehe – Aufdeckung der Tat zu einer Endlosigkeit zerwalzt, und der Dichter muß nolens volens die unmögliche Situation in Kauf nehmen, daß ein Prophetengreis, der jahrelang zusieht, wie Sohn und Mutter sich in Blutschande wälzen, grausige Bastarde erzeugen und, in offenem Hohn, den Zorn der Götter auf Theben herabbeschwören.

Aber wir sehen jetzt: Die ganze Situation ist *unwirklich,* sie ist *irreal* und nur für den Zweck der dramatischen Konfrontation erfunden – so, wie die ganze Version der »späten Entdeckung« überhaupt.

Und damit haben wir nun zum ersten Mal in das dramaturgische Räderwerk des Sophokles hineingeschaut. Wir haben sozusagen den Deckel vom Gehäuse abgehoben und wollen zusehen, was darunter steckt.

XIV

Die Formel des Sophokles

Wir können jetzt die Grundformel des Dramas folgendermaßen angeben:

In der Handlung überschneiden und überlagern sich zwei Bestandsgruppen:

a) die von der »harten«, älteren Sage her stehengebliebenen Fakten, nämlich: Vorsatz der Iokaste – Mittäterschaft und Gehorsam des Sohnes – schnelle Entdeckung – Selbstmord der Mutter – Überleben und »álgea pollá« (vielfache Schmerzen) des weiter regierenden Sohnes; und

b) die durch die hypothetische Ausdehnung des Grundvorgangs auf die »lange Sündenzeit« sich ergebende »irreale Situation«: Vertuschung des Komplotts (»was lähmte euren Arm, ließ einen Königsmord so unerforscht?«, vgl. oben Seite 48) – die »zweite Plage« – das »noseín« (Kranksein) des Ödipus – Befragung der Seher – Entdeckung und Katastrophe – Selbstmord der Iokaste – Überleben und Selbstbestrafung des Sohnes.

Entscheidend für das Ineinandergreifen der beiden Abläufe ist, daß die Struktur a) weiterhin als die eigentlich bestimmende Realität erhalten bleibt und vor allem das psychische Geschehen bestimmt (Iokaste und Ödipus *sind Täter* mit vollem Bewußtsein), daß dieser Handlungskomplex aber eingehüllt, verdeckt und überblendet wird durch den Handlungsablauf b) (Unschuld, Nicht-Wissen und Nicht-Erinnern der Haupttäter).

Es sind also *zwei* Modelle in- und übereinandergeschoben, von denen das erste der überlieferte (und noch in Geltung befindliche) Sagenbestand ist, das zweite hingegen eine experimentelle, hypothetische Erweiterung des umschaffenden Dramatikers.

Simplifiziert könnte man dieses Überlagern und Überblenden durch eine zweite, imaginierte Realität folgendermaßen kennzeichnen: Im Fall der alten Sage, also der »schnellen Entdeckung«, strebt Iokaste zwar die Ehe mit Ödipus an, erreicht aber dieses Ziel nicht. Sie wird schon für den Vorsatz bestraft, der Sohn-Gatte kommt mit »álgea pollá« und der Belästigung durch die »erinýes« davon. Im zweiten Fall (b) *erreicht* Iokaste ihr Ziel, die *lange Ehezeit* wird ›unterstellt‹, und nun operiert der Autor mit dem, was *wäre* – was eintreten *würde*, wenn der Iokaste-Vorsatz zur Ausführung gekommen *wäre*.

Dies ist nun tatsächlich die Grundformel, aus der sich alles Weitere bis ins Einzelne der Handlung ableiten und erklären läßt, einschließlich der vermeintlichen »Antinomien« und logischen Unebenheiten, die nun keine mehr sind. Aus dem Über- und Untereinanderschieben von zwei Bewußtseinsebenen erklärt sich aber auch die dichterische Eigenart, das absolut Einmalige und Besondere des Stückes: vor allem das geisterhaft Vieldeutige, das Fluktuierend-Ungewisse der ganzen Situation, dieser ständige Wechsel der Beleuchtungen und Akzente, je nachdem, ob die eine oder andere Schicht hervorgehoben, angestrahlt und ins Relief gesetzt wird.

Jedoch – in der Sache selbst, nämlich in der *Schuldfrage,* verläuft das Drama ganz im Sinn der alten Sage: Sowohl die Blutschuld des Ödipus wie die konspirative Mitschuld der Iokaste stehen außer Frage. Wir haben das bisher mühsam an einzelnen Stücken der Handlung nachgewiesen – jetzt können wir es als tragendes Prinzip der dichterischen Anlage mit größter Sicherheit behaupten.

Die dem Betrachter als erstes sich aufdrängende *Oberfläche* des Bildes – mit der scheinbaren Unschuld und Unwissenheit der Haupttäter – ist, wie wir jetzt erkennen, künstlich und kunstvoll inszeniert, ein *Scheingebilde,* das dazu dienen muß, die sukzessive Zerstörung einer Illusion glaubhaft und theatermäßig wirksam vorzuführen.

Mit dieser Grundeinsicht ist aber noch ein Weiteres erklärt, das mit der ästhetisch-poetischen Wirkung des Dramas eng zusammenhängt: Es tritt eine äußerst merkwürdige, ja, man kann sagen singuläre Umkehrung und Verschränkung der Ebenen ein. Das Hypothetische und mithin *Irreale* der Handlung (b) ist dasjenige, was der Betrachter *unmittelbar* wahrnimmt, *die szenische Erscheinung,* mithin *das,* was er *glauben* muß. Aber gerade *dies* ist das Unwirkliche, das Trügerische, Fiktive der Handlung.

Darunter aber, und zunächst nicht sichtbar, liegt das eigentlich *Reale* (a), der fürchterliche Kern von Vorsatz, Schuld und Strafgericht. Es ist das Psychisch-Reale, und das Spiel beweist, daß es das Stärkere ist: die Macht, die das Geschehen lenkt – das Unbewußte.

XV

Aischylos

Wir wollen aber, um ganz sicher zu gehen, noch eine Gegenprobe anstellen.

Nehmen wir an, das Gegenteil wäre wahr. Das Drama würde bieder und simpel den Fall behandeln, daß ein Stolperer und Unglücksrabe, dem ein paar vorwitzige Reden (in Korinth) und ein unverschämter Orakelspruch (in Delphi) das Zuhause verleidet haben, sich »par hasard« an einen fremden Königssitz begäbe, ganz ahnungslos und minniglich die dort soeben verwitwete Königin zu heiraten bekäme und daß diese, ebenso ahnungslos wie unbedarft, ohne Zögern darauf einginge. Ferner, daß man nun, Kinder zeugend, viele Jahre zusammenleben und (Kreon unterstreicht gerade diesen Punkt) in holder Eintracht miteinander *regieren* würde. Daß ferner keiner der beiden Ehepartner jemals darauf käme, sich dem anderen anzuvertrauen, sich Geschichten zu erzählen oder sich über das, was vorher war, zu unterhalten.

Und nun würde eines Tages behauptet, die beiden wären in Wirklichkeit Mutter und Sohn.

Wir wollen also die Situation imaginieren, die eintreten müßte, wenn die Fabel wirklich so einschichtig und platt auf Sophokles gekommen und von ihm im gleichen treuherzigen Sinne verwendet worden wäre.

Was müßte dann eigentlich im Augenblick der Entdek-

kung erfolgen? Ich glaube, ein ungläubiges Staunen und vielleicht ein schallendes Gelächter wären die passende Reaktion. Und man könnte sich höchstens noch ausmalen, wie Ödipus galant zu Iokaste sagen würde: »Sorry, mother, I really didn't imagine that it could happen to us!«, und sie vielleicht erwiderte: »Never mind, dear Oedipus, – we have had a wonderful time together anyway – don't be sorry about it!« (30)
Kurzum, die Situation ist absurd, selbst in der Vorstellung – sie ist »unimaginable«, nicht vorstellbar. Sie wäre nicht einmal – oder schon gar nicht – als *»Märchen«* denkbar, denn das Mädchen ist vielleicht »schlicht«, aber niemals *dumm.* Mit anderen Worten: Eine Version der Sage, die simpel und platt nur einen Hergang vom Typus (b) der obigen Unterscheidung behandeln würde und sonst nichts, wäre unannehmbar, aus vielen anderen Gründen, die wir bereits dargelegt haben, besonders aber aus dem, daß das Drama eben nicht platt *ist.*
Der Eindruck des Vieldeutigen, Schillernden, des Doppelsinnigen und Hintergründigen, ja selbst eines impressionistischen Flimmerns und Flirrens wäre gar nicht möglich ohne die fortgesetzte Spannung und Interferenz zweier divergierender Bedeutungsfelder.
Jedoch, wir sind nicht auf den guten Willen des Ungläubigen angewiesen. Was hier gesagt wurde, läßt sich *beweisen,* und wir haben uns das betreffende Zeugnis nur deswegen aufgespart, weil es an einer früheren Stelle nicht hätte verstanden werden können.
Es ist nämlich so, daß sowohl Sophokles wie vor ihm schon Aischylos den direkten Vorsatz und die volle, bewußte Schuld sowohl von Ödipus wie der Iokaste

ausdrücklich zu erkennen geben. In der »Schlußszene« des TYRANNOS (V. 1369 ff.) beklagt Ödipus die »Werke«, die er »früher schon« (auf dem Weg nach Theben) getan hatte (oi érga drásas . . . deur' ion) und die er, *in* Theben, weiterhin verübte (éprasson). Und hier kommen nun, bei den verschiedenen Interpreten, ganz merkwürdige Wendungen (und »Windungen«) zum Vorschein:

Buschor übersetzt (V. 1403 f.): »Ein Ehebett, das mich erzeugte, zeugte wiederum aus meinem Samen. Blutsverwandter Knäul . . .« Wolfgang Schadewaldt will haben: »– O Ehen! Ehen! – Ihr brachtet uns hervor, und als ihr uns hervorgebracht, da ließet ihr denselben Samen aufgehen abermals.« Bei Roman Woerner liest man: »O Ehebett, das mich erzeugte – dem Erzeugten wiederum aus gleichem Schoße Kinder gab, blutschänderisch alles vermengend . . .«

Zugrunde liegt dem Ausruf »O Ehen, Ehen!« der Wortlaut »o gámoi, gámoi!« – Nun ist es wohl klar, daß Ödipus hier nicht das *Institut* der Ehe beklagen will, sondern die »eheliche Vereinigung« (was »gámos« wörtlich meint), und zwar eine solche, die *verboten* ist – so, wie es (nach der Sage des 5. Jahrhunderts, die Aischylos verwendet) in der Ehe des *Laios* keine Vereinigung hätte geben dürfen (der *Grund* dieses seltsamen, aber mehrfach bestätigten Verbots braucht uns hier nicht zu beschäftigen).

Der Sinn der Stelle bei Sophokles (V. 1403) ist also ganz unzweifelhaft: Der blinde Ödipus beklagt rückblickend, daß er schuldhaft (und demnach wissend) eine eheliche *Vereinigung* vollzogen hat, die nicht hätte sein dürfen. Unser braves Wort »Ehe« lenkt von der Sache

ab: Gemeint ist, dem Wortsinn von »gámos« entsprechend, die körperliche Vereinigung, und daher übersetzt, durchaus korrekt und den Sinn genau treffend, Gilbert Murray (London 1912) mit »O flesh, *horror of flesh!«* (etwa: »unselige Lust der Sinne«).
Es wird also das Motiv der sinnlichen Begierde, das wir schon bei Iokaste vermutet hatten (s. Seite 65), ausdrücklich auch auf Ödipus bezogen: Seine Begierde – nicht Ignoranz – war das Motiv, warum das Verbot der inzestuösen Vereinigung übertreten wurde. Und wer es nicht glauben will, der findet es bei Aischylos noch deutlicher ausgedrückt. Bei ihm heißt es an einer sinngemäß identischen Stelle (Sieben gegen Theben, V. 733, dritte Chorstrophe): »Wahnsinn der Leidenschaft führte die verblendeten Gatten zusammen.« (31)
Deutlicher kann es nicht gesagt werden. Denn daß der Chor des Aischylos *daran* Anstoß nähme, daß zwei Ehegatten die Ehe »mit Leidenschaft« vollziehen – wenn sonst alles stimmt –, *das* anzunehmen wäre wohl absurd. Der Wahnsinn (»paránoia«) kann sich vielmehr, genau wie das oben besprochene »aidreíesi nóoio« (S. 33) des Homer, nur *darauf* beziehen, daß einer verbotenen – und als verboten erkannten – Liebesbeziehung, *allen Bedenken zum Trotz,* gefrönt wurde.

Es gibt aber noch einen weiteren, unmittelbar einsehbaren Beweis für das von Sophokles (wie von Aischylos) als selbstverständlich vorausgesetzte Schuldbewußtsein beider Gatten: Es ist die überaus genaue, kräftig markierte Verschiedenheit im Betragen des Ödipus gegenüber dem Verhalten der Iokaste: Dies war uns (vor aller Detailkenntnis) in Kapitel II schon aufgefallen. Was aber könnte eine so klare Unterscheidung hervorrufen, wenn nicht die ganz verschiedene Charakteristik der Ehepartner – die aber nur ihrer konträren Ausgangsstellung und der individuell ganz verschiedenen Motivierung entspringen kann, mit der der Dichter sie auf die Bühne schickt.

Denn ein ahnungslos übertölpeltes Ehepaar, das vorher gar nichts wußte, müßte (abgesehen vom Alters- und Temperamentsunterschied) *gleichartig* reagieren: Beide wären ja a priori »unschuldig« und würden mit derselben »Entdeckung« konfrontiert. Die langsam dämmernde neue Bewußtheit müßte notwendig einen allgemeinen amorphen Brei der Verwunderung erzeugen, dieses läppische »O weh, was muß ich hören – ist's möglich – bei den Göttern, nein!«, wie es ja unweigerlich in allen Nachdichtungen und verwandten Schauertragödien zum eisernen Bestand der auf der Bühne zur Einsicht dessen, was der Zuschauer längst weiß, gelangenden tragischen Dickhäuter gehört. Wie unendlich verschieden davon ist doch die knappe, fast distanziert sachliche Bemerkung des Sophokleischen Ödipus (V. 1182): ἰοὺ ἰού · τὰ πάντ᾽ ἂν ἐξήκοι σαφῆ (›auweh, jetzt ist's heraus!‹).

XVI

Ödipus und die Psychoanalyse

Als Geburtsurkunde des »Ödipus-Komplexes« wird allgemein der Brief von Sigmund Freud an den Berliner Arzt und Biologen Wilhelm Fließ vom 15. Oktober 1897 angesehen. Zum erstenmal wird darin auf den antiken Stoff hingedeutet und die Vermutung geäußert, daß »die griechische Sage hier einen Zwang aufgreift, den *jeder* anerkennt, weil er dessen Existenz in *sich* verspürt hat. *Jeder* Hörer war einmal im Keime und in der Phantasie ein solcher Ödipus, und vor der hier *in die Realität* gezogenen Traumerfüllung schaudert jeder zurück mit dem ganzen Betrag der Verdrängung, der seinen infantilen Zustand von seinem heutigen trennt.«

Wenn hier gesagt wird, daß im Drama eine Traumerfüllung (d. h. eine im Traum erlebte Wunsch-Erfüllung) »in die Realität gezogen« werde, so berührt sich das ganz nahe mit der von uns in Kapitel XV behaupteten »hypothetischen Natur« der Bühnenhandlung. Freud erkennt und bezeichnet genau den von uns aus anderen Erwägungen gefundenen »fiktiven Charakter« der im Drama als »Realität« vorgeführten Bühnenhandlung: das, was Schiller als »gleichsam nur eine tragische Analysis« bezeichnet hat.

Wenn man weiter bedenkt, daß Freud als Triebfeder der Handlung die (im Kind erwachende) sexuelle Re-

gung annimmt und wir andererseits gefunden haben, daß auch bei den Tragikern des 5. Jahrhunderts eine – nur mit Rücksicht auf die szenische Darstellung zurückgedrängte und verdeckte – erotische Beziehung unterstellt wird und daß sie es ist, die zu der Übertretung des Inzest-Verbotes und damit zur Katastrophe führt, so scheinen sich die beiden Standpunkte verblüffend nahe zu kommen, wenn nicht überhaupt zu decken.
Dies ist nun aber ganz und gar nicht der Fall. Wir müssen vielmehr gerade an dieser Stelle auf einer möglichst genauen Differenzierung beharren.
Freud hat, wie sich aus der zitierten Briefstelle und ebenso aus allen späteren Ausführungen (in TRAUMDEUTUNG, 1900, sodann in den VORLESUNGEN, Teil 3: NEUROSENLEHRE, 1917) ergibt, den auf eine Vereinigung mit der Mutter zielenden, »inzestuösen Wunsch« stets als eine echte, allgemeine, reale und keimhaft in jedem Individuum angelegte Triebkomponente betrachtet und interpretiert, als eine der »realen Mächte des Seelenlebens«.
Daraus eben erklärt sich – nach seiner Theorie – die Allgegenwärtigkeit und jedermann unmittelbar einsehbare Bedrohlichkeit dessen, was Ödipus im Drama widerfährt.
Hingegen hat *uns* die Analyse des Dramas gelehrt, daß das »Liebesmotiv« im Laufe der Sagenentwicklung eine bedeutende Umwandlung und Metamorphose erfahren hat. Die »Liebesvereinigung wider besseres Wissen«, begangen aus Leidenschaft – im »Sinnestaumel« (»o flesh, horror of flesh«) –, erscheint uns, gesehen aus der Perspektive des Ödipus-Knaben, als ein literarisches Motiv des 5. Jahrhunderts, das der Handlung

aufgepfropft wurde, eine romanhafte Übertreibung, die der ursprünglichen Sage fremd war. Und eben das Untypische des Vorgangs, das ganz und gar Ungewöhnliche, »Unerhörte« der Erzählung, das war nun für die Tragiker das *Bemerkenswerte* an ihr.

Das bedeutet aber, daß sich die Psychoanalyse gerade *die* Version zum Muster und Gleichnis nimmt, die, wie wir gesehen haben, eine künstliche, späte, dem Urvorgang gar nicht entsprechende, rein hypothetische Form ist, etwas Artifizielles und von Sophokles als durchscheinende Hülle über den psychisch realen Kern Gestülptes.

Das, was also wirklich gar nicht *war* und was der Mythos nie gemeint hatte, *das* wird nun als Grundvorgang und Modell adoptiert – so, als ob »*jeder* einmal in seinem Leben ein solcher Ödipus gewesen wäre«.

Bei dieser Kritik dürfen wir allerdings nicht vergessen, daß es für Freud noch keinen Anlaß geben konnte, sich über die Herkunft und die Verwandlung der Sage Gedanken zu machen. Für ihn war der Stoff eben »uralt« und schien daher einer allgemein menschlichen Konfliktsituation zu entsprechen: als das ideale Modell für die geheimen Wünsche und schlimmen Absichten aller »Söhne«; und Sophokles war nun gewissermaßen der »Bürge« für die innere Wahrheit der – mit dem Drama selbstverständlich als identisch gedachten – Sage.

Es muß daher nochmals daran erinnert werden, daß die in den humanistischen Übersetzungen (Freud benützte die von J. J. C. Donner) herausdestillierte Verfassung der Hauptpersonen – eben ihr absolutes Nichtwissen und Nichterkennen – die Grundbedingung jeder Freudschen Prämisse ist. Wird an ihr gerüttelt, so verliert sie für das psychoanalytische Verständnis jeden Wert.

Nun haben wir aber an dem Status der Unschuld ganz entschieden gerüttelt und haben ihn für die vor-tragische Behandlung des Stoffs gänzlich in Abrede gestellt, im Drama selbst aber eine nur scheinbare, sehr flüchtige und nicht einmal ganz überzeugende Zurücknahme des Schuldvorwurfs gegenüber Ödipus und Iokaste gefunden.

Es frägt sich daher, ob die psychoanalytische Theorie überhaupt imstande ist, zur psychologischen Aufhellung des im Drama aufgezeichneten Konflikts beizutragen.

Dies ist nun, entgegen aller Voraussicht und in der überraschendsten Weise, tatsächlich doch der Fall. Überraschend insofern, als die praktizierende Psychotherapie unserer Tage vom »Ödipus-Schema« alten Stils längst Abschied genommen hat und den Vorgang sachlich und nüchtern in die Kategorie der »Dreipersonenkonflikte« einordnet.

Aber – durch das 70 Jahre währende Umgraben und Wühlen ist nun doch eine bisher verborgene Ideenkette zum Vorschein gekommen, die von der Literaturwissenschaft noch nie bemerkt wurde: ein »Aspekt«, der plötzlich wie ein »Sesam öffne dich« einen geheimen, sehr merkwürdigen Seitenstrang der Mutter-Sohn-Beziehung (im Drama) aufdeckt: eine Nebenlinie zwar, aber keine nebensächliche. Und diese Einsicht ist so unerwartet und verblüffend, daß sie ohne die Seziermethode der neueren Psychoanalyse nicht leicht hätte gefunden werden können.

XVII

Der Sohn, der seine Mutter tötet

Zum näheren Verständnis dieser Dinge müssen wir daran erinnern, an welcher Stelle Sigmund Freud die Ödipus-Thematik in den systematischen Zusammenhang einführt. Es geschieht dies im fünften Kapitel der Traumdeutung (1900), überschrieben: »Das Traummaterial und die Traumquellen«, und zwar im Abschnitt »Typische Träume«, das heißt solche, die sich aus dem individuellen Erinnerungsmaterial der Träumenden allein nicht auflösen lassen. Freud vermutete daher, daß vor-individuelles, auf ältestes Erfahrungsgut der »Menschenhorde« zurückgehendes, sozusagen »atavistisches« Traummaterial in die Traumgedanken eingeht, und behandelte in diesem Sinne – unter anderem – »Vorwürfe und feindliche Gefühle gegen nahestehende Personen« und speziell »die Quellen des Todeswunsches gegen die Eltern« (32).
Die Fragestellung, zu der S. Freud gelangte, war: Wie kommt es, daß ein Mensch – wie die Traumanalyse erweist – feindliche Gefühle gegen die nächsten Angehörigen, gegen Eltern oder Geschwister, ja sogar Todeswünsche gegen sie unterhält und verarbeiten muß, während er (im Tagleben) überzeugt ist, diesen Personen gegenüber Liebe und Hochachtung zu empfinden?
Das Phänomen als solches ist nicht neu: Feindliche Gefühle, die sich unter dem Schein besonderer Ergeben-

heit verbergen, gehören zum bekannten Material der täglichen Beobachtung, sie bilden eine häufige Erfahrung des »Alltagslebens«. Hier aber handelt es sich doch um mehr, um etwas Heikles und ganz Besonderes: Kritik des Kindes an der Mutter.

Studiert man daraufhin das psychologische Material, das sich in der Ödipus-Rolle des Schauspiels vorfindet, so wird man zwar keine Andeutungen eines Vorwurfs oder Tadels gegenüber Iokaste ausgesprochen finden. Aber schon diese eisige Ruhe und Zurückhaltung hat – bedenkt man die maßlosen, ans Pathologische grenzenden Ausbrüche des Ödipus gegen Teiresias und gegen Kreon – etwas Befremdliches, Alarmierendes. Sophokles zeichnet hier mit sicherer Meisterschaft einen absolut abnormalen, beklemmenden Zustand: Dieser König und »týrannos« verhält sich gegenüber der eigenen Gemahlin nicht wie ein Ehemann, sondern wie ein *Sohn* – und zwar wie ein in Gehorsam gebundener Sohn.

Das ist der erste Befund.

Jedoch, das Drama schildert unter dem Schleier dieser Gehorsams-Ruhe einen zweiten Vorgang: Es ist eine Auflehnung im Gange, eine geheime Rebellion. Ödipus ist zum erstenmal in dieser Handlung nicht mehr »gehorsam«: Er tut etwas, wogegen Iokaste sich aufbäumt, wovor ihr schaudert. Er forscht, er will die Wahrheit wissen, er insistiert auf dem Verhör und er verbohrt sich nur noch immer verbissener, wo er schon sehen muß, daß Iokaste sich in Qualen windet. Ödipus »ermittelt« – das ist die Situation, das Klima und die Essenz der ganzen Verhörszenen.

Aber er ermittelt nicht nur – unwissend, wie ihn die Kommentare haben wollen – gegen sich selbst, sondern wissend und höchst unbarmherzig gegen seine Eltern – Ödipus ist grausam. Ödipus forscht und findet seine Eltern schuldig.

Das ist der Kern des Dramas. Es geht nicht mehr um seine Person – das hat Ödipus schon am Anfang öffentlich ausgesprochen; ja, er hat die Konsequenzen des Verhörs schon gleich vorweg auf sich genommen – die bedingte »Selbstverfluchung«, die wir oben erwähnten (Kapitel X, zu Vers 185 ff. des Dramas), gehört hierher.

Während also noch – vermeintlich – über den »Mörder des Laios« verhandelt wird, ist Ödipus schon bei einem anderen Thema – er will jetzt alles wissen: die Wahrheit über den Vater, über die Schuld des Vaters, über die Schuld der Mutter, die Schuld der Eltern, der »Erzeuger« (ital. »genitori«) – *seiner* Erzeuger.

Und jetzt sind wir an dem Punkt, wo die Literaturgeschichte, die fromme, Texte lesende, offenbar nicht weiter konnte. Denn das, was sich hier in dem besessenen »Forschen« des Ödipus offenbart, ist allerdings nicht mehr beim kleinteiligen Wort-für-Wort-Lesen erkennbar; es offenbart sich in den großen, weitgespannten Beziehungsbögen, die über die einzelnen Auftritte und Dialogstellen hinüberspringen und gelegentlich sogar auf das letzte Opus, den KOLONOS, übergreifen.

Ödipus hat seinen Vater erschlagen, ja, das weiß man, das weiß er selbst – aber der Vater war schuldig, er hat einst dem Kinde nach dem Leben getrachtet, er war ein Mörder in Gedanken.

Ödipus kann es nicht fassen und forscht genauer – auf keinen Umstand verwendet Sophokles soviel Mühe des

Details: Was war, wie ging es zu, wer hat das Kind dem Tod ausgeliefert? Die Füße, die geschundenen, durchbohrt (V. 1034: »diatórous ton podoín ákmas«), gefesselt wurden sie und dann noch »eingeschnürt« (V. 718f.) und so das Kind den »fremden Händen übergeben«.

In »fremde Hände«, während die Mutter dabeisteht – das ist ungeheuerlich, aber nur die erste Stufe der Entsetzlichkeiten; die Untersuchung geht weiter, und siehe da, die Mutter war mit im Komplott, sie wußte, was gespielt wird, sie selbst – hier stockt das Wort, und Ödipus verschlägt es den Atem – sie selbst hat das Kind dem Henkersgehilfen übergeben, ausgeliefert.

Zwar stehen die Zeilen, in denen das gesagt wird, im Sog des letzten großen Kataraktes (V. 1167–1186), in dem die Rede pfeilschnell auf die Entdeckung der »Mutterehe« zustürzt, und das andere, die Schuld der Mutter, wird so im großen Strudel mitgerissen; aber man sage nicht, das sei nur Beiwerk und Füllsel, denn Sophokles läßt den Gedanken noch reflektieren: Da, wo Ödipus den alten Hirten frägt: »Und warum gabst du es (das Kind) dem alten Mann (d. h. seinem »Kollegen« aus Korinth)?« (V. 1177), da bekommt er die Antwort: »Aus Mitleid.«

Aus Mitleid wagt es der einfache Hirte, den Todesbefehl zu mißachten – die Mutter zögerte nicht einmal, ihn zu befolgen (vgl. dazu die katastrophale Stelle V. 718, wo Iokaste selbst auf kaltschnäuzige Art das später Gesagte im voraus bestätigt).

Wir können jetzt das »Verhör« abschließen. Die psychologische Konstruktion des Dramas liegt offen vor

Augen, und die Psychoanalyse hatte recht, wenn sie Ödipus mit dem Patienten vergleicht, dessen »feindliche Gefühle gegen nahestehende Personen« im Gang der Analyse aufgedeckt werden. Damit ist aber auch die Psychologie der Iokaste ein für allemal geklärt, und jede Stelle des Textes findet lückenlos die schlüssige Interpretation. Ja, selbst die Stellen, die – eine Verlegenheit den Übersetzern – in einer Art linkischen Unbestimmtheit zu bleiben schienen, werden auf einen Schlag sinnvoll und voller Relief.

Wir wollen einige dieser von jeher etwas »dunklen« Verse zitieren, müssen aber vorab das wichtigste Ergebnis herausstellen, das entscheidende Faktum, das alle mühsamen Einzelüberlegungen erst rechtfertigt. Es ist tatsächlich so, wie wir anfangs schon vermuteten und wie es sich (»Die Formel des Sophokles«, Kapitel XIV) analytisch herausstellte, jetzt aber auch sinnlich und in voller Lebenswirklichkeit begriffen werden kann: daß Ödipus und Iokaste auf verschiedenen Polen der dramatischen Exposition stehen.

Sie sind nicht »gleichwertig« und, unschuldig-ahnungslos, Opfer des gleichen, ach so bedauerlichen »Irrtums«. Nein, sie sind, jeder auf seine Weise, »betroffen« und involviert: Ödipus durch sein bisheriges sträfliches »Mitmachen« und Versinken in Lethargie, Iokaste, bis an den Hals vollgestopft mit Fluch und Sünde, durch ihr böses Wissen. Im Augenblick, da die Handlung beginnt, überwerfen sich die beiden Lebenslinien, sie werden sozusagen »umgepolt«: Ödipus, durch die zweite »Plage« und das eigene »nosein«, das Kranksein, endlich aufgeschreckt, faßt seinen Entschluß, den Knoten durchzuhauen, die Lebenslüge zu entlarven. Von jetzt an übernimmt *er* die Führung, er treibt die Handlung voran; hingegen verliert Iokaste, bis dahin die Führende, Herrschende, Bestimmende, anfangs noch munter, fast »aufgekratzt«, mit spitzen Redensarten flink zur Stelle, zusehends die Zügel aus der Hand, wird in die Enge getrieben und steht plötzlich mit dem Rücken an der Wand – wie eine Schachfigur, die keinen Zug mehr machen kann.

Das ist ihr Ende.

Wir sehen aber jetzt noch genauer: Die Standpunkte von Ödipus und Iokaste sind nicht nur verschieden, sie sind, psychologisch und dramaturgisch, entgegengesetzt. Sie sind antagonistisch schon während der (gedachten) »langen Sündenzeit«, in der Iokaste herrscht und triumphiert; sie kreuzen sich, aber windschief (ohne Berührung), zu Beginn des Dramas, wo die Notwendigkeit zu handeln durch die unerträglich gewordene Last der »Plage« hervortritt und Iokaste, noch im Glauben an die Wirksamkeit ihrer Mittel, in die »Untersuchung« einwilligt (›Was kann uns schon passieren – laßt die Leute doch reden – ich werde das schon hinkriegen‹), und sie entfernen sich mit der fortschreitenden Entwicklung des Verhörs bis zur Distanz »minus unendlich«.

Es ist fast unbegreiflich, daß dieser letztere Umstand noch nie bemerkt wurde und erst durch die neuere (nach-Freudsche) Analyse ans Licht gezogen werden mußte, aber man kann es nicht anders ausdrücken: Ödipus bringt die Mutter zu Tode; er tötet sie durch das unerbittlich fortgesetzte und für sie tödliche Verhör.

Man kann sogar sehen, wie Sophokles den fatalen Zusammenhang szenisch ausdrückt: durch das »timing« der letzten drei Szenen (ab V. 1072). Der Sturz Iokastens in die Schlinge (hinter der Szene) könnte genau mit der Enthüllung ihrer Schuld (V. 1182: »... alles kam zutag!«) zusammentreffen.

Und jetzt die Textstellen.

a) Da ist zunächst der Auftritt der Iokaste, V. 634 bis 638. Sie wird vom Chor als diejenige angekündigt, die den bedauerlichen Streit der »Fürsten« (Ödipus und Kreon) »schlichten« wird. Ihrer Rolle als »Schlichterin« ist sie so sicher, daß sie Ödipus nicht einmal mit Namen anredet. Erst in der vierten Zeile wird wenigstens Kreon (ihr Bruder) mit namentlicher Anrede beehrt: Kreon möge sich nach Hause scheren. – Diese eminente Feinheit geht z. B. in der Übersetzung von Buschor verloren.

b) Was bedeutet jenes rätselhafte »Beste« (V. 1067), das Ödipus, wie er wohl sagen will, »zum Hals heraushängt« (Buschor: »O dieses ›Beste‹; meine alte Qual«). Welcher Ausbund von Philosophie hilft uns da weiter?

Nun, das ist kein Rätsel mehr; es ist das ewige »Zum-Besten-Reden« der Iokaste: ›Tu' das, tu' jenes – ich sage dir, es ist das Beste.‹ – ›Hör' nicht darauf, das Beste ist, wenn du gar nicht antwortest.‹ – ›Ich habe dem alten Hirten gesagt, er soll von einer ›Räuberbande‹ reden; das hat fabelhaft gewirkt, es war wirklich »das Beste.«

Als »Mutter« weiß Iokaste immer das Beste. Die Ratschläge der Iokaste – das ist für Ödipus »das Beste«, das er nicht mehr hören kann.

c) »Im Traum vielleicht – da sah sich mancher schon

im Bett der Mutter« (V. 981 f.) sagt Iokaste, und Sigmund Freud nahm es wörtlich; er zitiert die Stelle sogar. Nach ihm natürlich die ganze Epigonenschaft. E. Buschor rettet sich wenigstens mit dem eingeschobenen »vielleicht«, vergißt aber das an dieser Stelle essentielle κἀν (= καὶ ἐν, also: *auch* in Träumen). Was soll also gesagt sein?

Wenn Iokaste, die reine, »unwissend mit dem Sohn lebende«, realiter sagen wollte: ›gar mancher (junge Mann) sah sich schon im Traum der eigenen Mutter beigesellt‹, so müßte die nächste Frage doch lauten, was für schlüpfrige Gespräche (der Iokaste) mit jungen Thebanern dem vorausgegangen sein müßten. Oder woher will Iokaste ihre Kenntnis sonst nehmen (33)? Aber nein, sie will etwas anderes ausdrücken. Auf das Orakel Bezug nehmend, das Ödipus eine Ehe mit der eigenen Mutter geweissagt hat, will sie, bei ihrer notorischen Verachtung der Sehersprüche, sagen: »Laß dich doch von solchen Prophezeiungen nicht ins Bockshorn jagen; genauso gut könnte jemand *geträumt* haben, er wäre der Mutter beigelegen, und müßte dann Angst haben, es wirklich zu tun.« – Sophokles läßt also hier die Iokaste etwas Unwirkliches, was ihr im Augenblick als Argument einfällt, behaupten!

Belustigend ist nur, wie die orthodoxe Psychoanalyse hier über den Fallstrick der eigenen Theorie stolpert: denn bei Befolgung der Freudschen Traumtheorie *könnte* ja so, wie Iokaste es andeutet, gar nicht geträumt werden: Der »Traumgedanke« fiele, da einem strengen Tabu unterliegend, unweigerlich der »Traumzensur« anheim.

d) Nun aber die Königin aller Belegstellen: Vers 1213.

Philologisch bietet die Zeile wahrhaftig kein Problem. Sie bedeutet das, was der Wortlaut sagt: »Dich Widerstrebenden hat die alles sehende Zeit herausgefunden« (»ἐφεῦρέ σ'ἄκονθ' ὁ πάνθ' ὁρῶν χρόνος«). (34).
Also: Ödipus lebt seit vielen Jahren in Sünde und versucht mit Kniffen und Listen, nicht zuletzt kraft seines Amtes (daher »týrannos«), den unmöglichen Zustand, die Monster-Ehe mit Iokaste, zu verbergen. Aber das alles hilft ihm nichts, denn die »alles sehende« Richterin, die Zeit, hat den Frevel längst entdeckt und zieht nun den Sünder, den Missetäter, gegen seinen Willen (»dich Widerstrebenden«) zur Verantwortung.
Wenn es über diese klare, alles besagende Stelle überhaupt Zweifel geben könnte, dann wären sie durch die zwei vorangehenden Zeilen (V. 1211 f.) der zweiten »Chorstrophe« ein für allemal beseitigt, in denen das Thema »Zeit« eindeutig definiert ist: »Wie denn nur, *wie*, vermochte der gleiche Mutterschoß, der schon des Vaters war, dich Elenden *so lange* zu ertragen?«
»So lange« – das ist also die zur Form (b) gehörige »lange Sündenzeit«. Und so sagt nun die folgende Zeile (V. 1213), daß die »Zeit«, die alles Sehende, nun personifiziert und zu einer richterlichen Instanz erhoben, den Sünder – wider seinen Willen – ans Licht gezogen habe.
Der Sinn ist klar. Die Stelle ist aber auch sehr bezeichnend für die Technik und Machart des Dramas. Wir haben oben (Kapitel XIV) das System der zwei Formen (a) und (b) als kennzeichnend für die Dramaturgie des Ödipus erkannt.
Im allgemeinen liegt die Strata (b) wie ein Tuch oder ein Gewand locker und faltenreich über dem dunklen

Kern, den die Form (a) darstellt. Nur an den Umrissen erkennt man den eigentlichen Charakter der verhüllten Gestalt. Aber an einigen Stellen, wo das Tuch etwas verrutscht ist, läßt es unvermutet einen schmalen Streifen des darunterliegenden »Bösen« durchscheinen. Vers 1213 ist eine solche Stelle. In anderen Partien ist das Tuch nur dünn gelegt, und dort nimmt es auch sogleich die düstere Färbung des Grundtones an.

Überhaupt ist dieses »Durchscheinen« und »Changieren«, der ständige Wechsel von hell und dunkel, von warm und kalt, bezeichnend für das emotionelle Klima des TYRANNOS. Hoffnung, Furcht, Bedenken, leichtfertiger Trost, böses Wissen und schlimme Ahnung lösen sich in geisterhaftem Wechsel ab. Und der Chor beteiligt sich mit vorschnellen Feststellungen, falschen Beschwichtigungen und hinterhältigen Fragen nach Kräften an diesem irreführenden Wechselspiel. Alles bleibt offen, ungewiß, selbst bis zum Schluß, wo man noch nicht weiß, was aus dem geblendeten Ödipus (und seinen Kindern) werden soll.

e) Schließlich gibt es einige Stellen, die in ihrer Vereinzelung leicht übersehen werden, die aber zusammengenommen wichtige Aufschlüsse über die Ödipus-Entwicklung geben. Sie stehen alle unter dem Motto »Gehorsam und Trotz des Ödipus«.

Vers 91–93: Vom Orakel zurückkehrend, erlaubt sich Kreon die Anfrage, ob Ödipus die Neuigkeit aus Delphi zuerst allein (im Palast) anhören wolle oder ob gleich öffentlich verhandelt werden soll. Der Zuschauer denkt sich: Ach bitte doch *vor* dem Palast, sonst hören wir's ja nicht. Und prompt entscheidet Ödipus: Hiergeblieben, alle sollen es hören. Eine Courtoisie gegen das Publikum? Ja, vielleicht, aber darüber geht das feinere, darunterliegende Argument verloren, nämlich Ödipus, äußerlich noch in guter Form – teilnehmend, aber nicht passioniert –, hat insgeheim schon einen Entschluß gefaßt: diesmal geht es hart auf hart, diesmal wird's öffentlich – kein Pardon, kein Rückzieher (. . . und wenn es mir selbst an den Kragen geht), und er begründet das sofort (V. 93): »es geht mir um die Vielen hier – nicht um die eigene Seelenruhe . . .»

Er schlägt also die ihm von Kreon augenzwinkernd angebotene »Behandlung als Geheimsache« aus: keine Beratung unter vier Augen, kein Brüten und Klucken im engsten Kreis, sondern gleich die Karten auf den Tisch, hol's der Teufel – (dies übrigens die Grundsituation des Dramas: die Bereitschaft des Ödipus!).

Ganz entsprechend die kleine Bemerkung des (schon schwer angeschlagenen) Ödipus zu dem Boten aus Korinth: »Du kannst es ruhig hören – es ist kein Geheimnis, jeder kann es wissen.« (V. 993)

In krassem Gegensatz zu der bis dahin äußerlich gewahrten »Form« platzt Ödipus (Vers 1065) mit einer erschreckenden Heftigkeit gegen die liebe Mutter los, da diese in zunehmender Erregung ihn gebeten hatte, jetzt endlich mit der entsetzlichen Fragerei aufzuhören: »Und dennoch, folge mir, ich beschwöre dich, – tu das nicht!«, worauf Ödipus, trotzig wie ein Suppenkasper, ihr entgegenschleudert: »Dir noch folgen – niemals, bevor ich nicht von Grund auf alles weiß!« (οὐκ ἂν πιθοίμην μὴ οὐ τάδ᾽ ἐκμαθεῖν σαφῶς). Hier ist aus dem anfänglichen Gehorsam offener Trotz geworden: Ödipus, bis dahin am Gängelband der Mutterliebe – er *folgt* nicht mehr, er lehnt sich auf!

Besiegelt wird diese Haltung mit den Worten, die Ödipus dem heuchlerisch besorgten Chor entgegensetzt, nachdem Iokaste (in kaum zu verkennender Absicht) davongerauscht ist. Hier kann man doch wohl eine eiskalte Ablehnung heraushören, wenn Ödipus (V. 1076) dem Sinne nach äußert: ›Laßt dieses Weib doch machen, was sie will, mich interessiert das überhaupt nicht mehr. Die Wahrheit über meine Herkunft will ich wissen, geschehe, was mag ... (τουμὸν δὲ σπέρμ᾽ ἰδεῖν βουλήσομαι).

XVIII

Der Sieg des Apollon

Wenn wir vorläufig zusammenfassen, was sich über die seelischen Verhältnisse des Ödipus herausbringen ließ, so muß zuallererst *eines* auffallen: wie unendlich viel schwieriger es war, über seine Schicksalslinie Klarheit zu bekommen als über die der Iokaste. Bei ihr liegen die Dinge, vor allem dank Homers erhellender Episode, so deutlich zu Tage, daß sie uns gleich bei der ersten Annäherung an den Stoff (s. S. 23) auffallen mußten. Die Falten des Dramas liegen ihrer Figur sehr eng an, so daß es ein leichtes ist, die wahren Umrisse unter der Verkleidung zu erkennen.

Die Iokaste bei Sophokles ist im Grund eine Verbrecherin, daran kann es kaum einen Zweifel geben, und die einzigen Worte des Bedauerns kommen wahrlich nicht vom Chor oder einer sonstigen Instanz, sondern einzig von dem – ohnehin zerschmetterten – Ödipus. Sie fährt unbedauert und ungerächt zum Hades, und man kann sagen, daß Sophokles die überführte Iokaste nicht um ein Haar besser behandelt als seine Klytaimnestra. Dies mag entsetzlich klingen, aber ich sehe keine Möglichkeit, es anders zu sehen.

Was die Sache bei Ödipus hingegen so erschwert, ist, daß sein Standpunkt zu Beginn des Stückes zunächst nicht klar ist und daß die vielen Textstellen, die bei genauerem Hinsehen seine wahre Verfassung anzeigen, beim ersten Hören ganz anders, nämlich im Sinn von verständigem Gehorsam, Götterfurcht und edler Selbstkritik empfunden und gedeutet werden müssen. Zweitens aber kommt hinzu, daß mit Ödipus im Laufe der Handlung eine große Wandlung vor sich geht: Ödipus erwacht zu sich selbst, er faßt einen Entschluß und er hält auch dann an ihm fest, als er den tödlichen Ausgang sehen muß. Ödipus ist so gewiß wie Iokaste nicht ohne Schuld, aber es ist eine Schuld anderer Art, seine Motive sind komplizierter, zum Teil sogar unklar – er lebt in Abhängigkeit und »Fremdbestimmung«.

Das Drama zeigt nun, wie Ödipus aus seinem dumpfen Halbbewußtsein zur Klarheit über sich und seine Schuld gelangt.

Wir haben schon früher die »Plage« der über Theben kommenden Pest gedeutet als die nach außen durchbrechende Not und Bedrängnis, die bisher in ihm verschlossen war und die nun »öffentlich« wird. Der Vorgang ist also der einer Klärung, Reinigung und Befreiung. Und Ödipus ist insofern aktiv und »als Held« daran beteiligt, als er den Preis dieser Reinigung wissend auf sich nimmt – in größtem Gegensatz auch hier zu Iokaste, die bis zuletzt Einsicht und Schuldbekenntnis verweigert.

Ein unerträglicher Zustand wird von der Polis genommen: ein Zustand der Lähmung und Fäule, der Verstellung und erzwungenen Duldung eines Greuels, einer skandalösen Verirrung. Und die lähmende Gleichgültigkeit gegenüber dem Laios-Mord, die uns bei unbelehrter Betrachtungsweise als eine »Antinomie«, als ein unbegreiflicher Widerspruch zu den primitivsten Gesetzen der Dramaturgie auffallen mußte (s. S. 47 f.)

– auch *sie* fügt sich jetzt überraschend in das Bild einer grenzenlosen, Iokaste-inspirierten Verwahrlosung und einer frevelhaften Perversion ein.
Nicht »something« – *everything* is rotten in this state. Und der nicht aufgeklärte Mord ist auch nur ein Teil der allgemeinen Verkommenheit und Plage.
Wer dies ganz erkannt und durchdacht hat, der wird nun unweigerlich einen weiteren Aspekt der dramatischen Anlage erkennen: Das Ödipus-Drama ist, ebenso wie es in Bezug auf Ödipus ein psychologisches und daher privates Stück ist, in Bezug auf die Polis und die »Vielen« ein *öffentliches* Drama – ein politisches Stück. Die notwendige Verknüpfung der beiden Sphären haben wir bereits früher (S. 73) in der Figur der »Plage« gesehen und erkannt. Die Plage ist der Ausdruck der gemeinsamen Betroffenheit; sie macht das Private der Königsehe zu einer öffentlichen Angelegenheit.
Aber auch die *Reinigung* geschieht unter öffentlichen Vorzeichen: Was im Ödipus-Drama in Richtung der Aufklärung, der Erkenntnis und Sühne geschieht, das ereignet sich im Namen Apolls. Apoll ist die »Unruhe« dieses Uhrwerks. Jeder Schritt wird mit einer Anrufung des delphischen Apoll eingeleitet, und obwohl es (V. 18) ein Zeuspriester ist, an den Ödipus die ersten Worte richtet, wendet sich der erste Hoffnungsgedanke (V. 80) doch an den »Herrscher Apoll«. Und von da an ist der Erwähnungen und Gelöbnisse kein Ende. Apollo wird in allen seinen Erscheinungsformen zitiert, als »Anax« (Herrscher, Gebieter, Fürst), als »Loxias« (der die Wahrheit spricht) und als »Phoibos« (Lichtbringer, der das Dunkel vertreibt und zur Klarheit führt).

Mit einer »Verlobung« an Apoll eröffnet Ödipus (V. 244 f.) den Gang der Untersuchung: »Mitkämpfer will ich sein dem Gott und dem toten (d. h. ungerächten) Mann.« Und mit einem Aufschrei »Apollon war's, – Apollon ist's, der mir das Schrecklichste verhängt!« (V. 1329), bricht Ödipus am Ende des selbstverhängten Strafgerichts zusammen. Aber schon vor Beginn der Untersuchung faßt Ödipus seinen Entschluß (zur Aufklärung des Verbrechens) in den Ausspruch: »Glückhaft werden wir die Prüfung *mit dem Gott* bestehen – oder fallen« (V. 145 f.).

Dies alles mag nun dem heutigen Europäer, der ja an »Apoll« nicht glaubt, als das übliche »frömmelnde Beiwerk« einer klassischen Tragödie erscheinen, als die Anrufung numinöser Instanzen, so wie auch Athena, Hekate, Hermes, Poseidon oder selbst Hades angerufen werden.

Uns scheint dies nicht der Fall. Wir halten vielmehr die häufige Anrufung Apolls für spezifisch und wesentlich im ÖDIPUS TYRANNOS. (35)

Und wenn wir uns erinnern, daß auch in Sophokles' ELEKTRA Apoll es ist, der dem Helden – dem noch viel jüngeren Orest – den Mut zum muttermordenden Schwertstreich einjagt, dann kann es kaum zweifelhaft sein, was mit dem »Apollon« in beiden Tragödien gemeint ist: der »fordernde Gott«, der Helfer und Beistand im Konflikt mit einlullender Kreatürlichkeit, mit Brutwärmedunst und dumpfer Begehrlichkeit. Das »Muttermorden« im Kampf um das höhere Prinzip der Erkenntnis und politischen »Richtigkeit« – das ist ja schon Sinn und Thema der delphischen Legende, die Apollon als Sieger über die erdgeborene Python feiert.

Und hierin, im Kampf zwischen Logos und Weltensumpf, liegt auch der tiefere Sinn und Zusammenhang der ganzen Ödipus-Thematik mit dem delphischen Bereich. Das Stück beginnt mit einer *Forderung* des Gottes (»tou daímonos«), eine verborgene Schuld aufzudecken, und es endet mit der Erkenntnis dieser Schuld durch den Täter selbst, der seine Bestrafung als »durch Apollon« verhängt empfindet, sie bejaht, auf sich nimmt und damit die Stadt zugleich erlöst und befreit.
Wir sehen aber einen noch engeren Zusammenhang des Stückes mit dem aktuellen politischen Hintergrund seiner Entstehungszeit (ca. 429/28 v. Chr.). Im Jahre 431 hatten die Thebaner, verbündet mit Sparta und dadurch in Rivalität mit dem benachbarten Athen, durch einen Überfall auf Plataiai einen im Jahr 445 beschworenen »30jährigen« Frieden gebrochen und damit den Auftakt zu dem 27 Jahre währenden, Athen an den Rand des Untergangs führenden »Peloponnesischen Krieg« gegeben. Athen, d. h. die Aristokratie um Perikles, stellte sich der Herausforderung mit einigem Optimismus – da brach 430 eine Seuche aus, die bald den vierten Teil der wehrfähigen Bevölkerung wegraffte und der 429 auch Perikles, der Freund, Vertraute und Förderer des Sophokles, zum Opfer fiel.
Ist es da so ganz außer aller Wahrscheinlichkeit, daß die im Drama beschriebene »zweite Plage« (V. 24–30 und dann nochmals V. 166–177) ihr reales Vorbild in der Seuche der Jahre 430/429 hat und daß die Schilderung der »inneren Zustände« (V. 178–189) genau dem entspricht, was die Athener Monate hindurch selbst erlebt hatten?
Wir möchten die direkte Beziehung der »zweiten

Plage« auf die Seuche des Jahres 430 aber noch aus einem anderen Grund bejahen: Es scheint, daß Sophokles sich auch sonst von markanten Ereignissen der Zeitgeschichte hat anregen lassen. So geht z. B. das von Kreon verhängte »absolute Bestattungsverbot« in ANTIGONE – eine Wendung, die bei Aischylos noch nicht vorkommt (in SIEBEN GEGEN THEBEN regt sich Widerstand gegen die Bestattung des Landesfeindes, aber es ergeht kein Verbot) – höchstwahrscheinlich auf eine Erzählung des Herodot zurück, der kurz zuvor an der Gründung von Thurioi, einer griechischen Kolonie am Golf von Tarent, teilgenommen hatte. Der letzte Despot von Sybaris hatte Gesandte aus Kroton töten und an der Stadtmauer unbestattet aussetzen lassen. Sybaris wurde kurz darauf durch Kroton besiegt und dem Erdboden gleichgemacht (510 v. Chr.).

444/443 wurde das Gebiet von Sybaris durch die Elite der athenischen Stadtbauexperten neu besiedelt. Naturgemäß erwachte damit auch das Interesse an der Vorgeschichte von Thurioi, an den Erzählungen über Sybaris und dessen Untergang, so daß Sophokles mit dem »Bestattungsverbot« in ANTIGONE (442/441 v. Chr.), das man andernfalls für »fancy« halten könnte, auf ein wirkliches Ereignis der jüngsten Geschichte anspielte.

Ganz in ähnlicher Weise scheint die »Pest« am Anfang des ÖDIPUS an die jedermann noch erinnerlichen Schrecken der Kriegsjahre 430/429 anzuknüpfen, an den Zustand des in Athen und zwischen den »langen Mauern« eingeschlossenen Volkes von *ganz Attika,* das man, bei der Unmöglichkeit, das flache Land gegen die spartanischen Hopliten zu verteidigen, dorthin zusammengezogen hatte und wo nun Hunger, Entbehrung, Not und Pest ihren freien Lauf nahmen.

So besehen, sind die Verse der zweiten Chorstrophe (166–189) gar keine Phantasie, sondern eine höchst realistische Schilderung dessen, was jedem Überlebenden in Athen noch frisch vor Augen stand: »Seht die unzähligen Leiden der Stadt – es erkrankt das ganze Heervolk – und kein Mittel der Abwehr – die Früchte der glänzenden Felder, sie gedeihen nicht mehr, die Frauen erliegen der Qual des Gebärens – wie Schwärme von Vögeln schwirren die Seelen ins Reich der Toten – zahlloses Sterben entvölkert die Stadt – Scharen toter Geschlechter liegen, von keinem betrauert – Frauen und welkende Mütter an den Altären verstreut – sie seufzen und flehen ...«

Aber selbst wenn Sophokles nicht die Absicht gehabt hätte, an das reale Geschehen zu erinnern und damit seinem Drama eine höchst wirkungsvolle Kulisse der lebendigen Anschauung zu geben – welcher Zuschauer in Athen hätte bei solchen Worten *nicht* an das selbsterlebte Unglück der Polis denken müssen?!

XIX

Wann hat Ödipus gelebt?

Wann hat Ödipus gelebt?

Nun, jedenfalls vor 1200. Aber auch unter den Argonauten war keiner, der ihn noch gekannt hätte, und zwischen ihm und der Fahrt der Argo müssen wir noch den »Zug der Sieben gegen Theben« und den mindestens zwanzig Jahre davon abgerückten »Krieg der Epigonen« einschalten. Außerdem ist die »Jagd auf den kalydonischen Eber« zeitlich zwischen den Epigonen und der Argonautenfahrt unterzubringen.

Für jedes dieser Ereignisse gibt es eine Strata der gleichzeitigen Hauptbeziehungen (Heiraten, Vetternschaften, Dienstleistungen, Morde, Leichenspiele, Besuche), die eine genealogische Abgrenzung zum mindesten nach Generationsstufen zuläßt. Das »Einhängen« der Hauptpersonen in einen solchen Generationen-Raster fällt dann nicht allzu schwer, zumal Anfang (um 1520) und Ende (um 1184) der Epoche bekannt sind und dieser Zeitraum in mindestens drei unabhängigen Hauptlinien (der Agenoriden, der Japetiden und der Nachfahren des Aigyptos) durch eine zusammenhängende Namenskette von zehn bis zwölf Generationen belegt ist.

Es erweist sich, daß Ödipus etwa generationsgleich sein muß mit Danae, Melampos I, Lysippe, Bellerophontes, König Pheres von Pherai, Aison, Alkimede,

Aigina, Kreusa I. und Amythaon. Wir neigen daher zu einer Chronologie, nach welcher Ödipus um das Jahr 1340 geboren wurde und ca. 1320 geheiratet hat.
Iokaste müßte um 1365 geboren sein. Da Ödipus »sehr alt« wurde, möchten wir den ersten Feldzug gegen Theben um 1280 ansetzen (die Söhne des Ödipus wären dann zwischen 25 und 35 Jahren gewesen) und den Feldzug der Epigonen auf 1260. Um 1250 müssen die jüngeren Teilnehmer der Argo-Fahrt geboren sein, um 1240 wäre die »Jagd auf den kalydonischen Eber« gewesen und 1230 v. Chr. die Abfahrt der Argo. Theseus' Lebenszeit reicht schon in den Trojanischen Krieg hinein, dessen jüngere Teilnehmer wir uns um 1220 geboren vorstellen.
Etwas zu früh erscheint uns der Ansatz von Robert v. Ranke-Graves, der sogar den Krieg der Epigonen noch in das 14. Jahrhundert verlegen möchte. Es entstünde dann eine zu große Zeitspanne z. B. für den »Seher« Amphiaraos, der ja mit Polyneikes gegen Theben zog, aber auch als Argonaut genannt wird. Allerdings macht Amphiaraos, der Schwiegersohn des Talaos, auch sonst chronologische Schwierigkeiten; er lebt, wie viele dieser »Seher«, Stammväter und Propheten »zu lang«.
Jedoch – was die Chronologie für unser Thema leisten kann, das hat sie bereits erbracht: Es ist völlig eindeutig und unzweifelhaft, daß der Hauptvorgang, die erste Ehe der Iokaste, der Tod des Laios, die Hochzeit mit Ödipus und der schnelle Tod der Heroine, in das 14. Jahrhundert fallen, und zwar vorwiegend in dessen zweite Hälfte. Und das heißt, kulturgeschichtlich gesprochen: Iokastens kleiner Staatsstreich plus Sohn-Ehe (oder »Stiefsohn-Ehe«) fällt in die Blüte und

höchste Entfaltung des für damalige Verhältnisse »internationalen«, und jedenfalls im »ägäischen Viereck« tonangebenden kretisch-mykenischen Stils.
Diese Epoche, die uns als »sehr früh« erscheint, war im Rahmen der helladisch-kretischen Zusammenhänge eine späte, reife und der langsamen Auflösung sich nähernde. Bereits um 1400 waren Stürme fremder Angreifer über Kreta hinweggegangen, eine erste Zerstörung von Knossos hatte stattgefunden. Um so ungestörter konnte sich höfisch-ritterliches Leben in der nun – für eine kurze Zeitspanne – unangefochtenen späthelladischen Stadtfürstenkultur ausbreiten. Und wir dürfen sicher sein, daß Mode, Geschmack, Sitten und Allüren vor den reichen und mächtigen Palästen in Theben und Orchomenos nicht haltmachten.
Wir sind es zwar gewöhnt und infolge der »perspektivischen Täuschung« des Zurückblickenden gezwungen, die »griechischen Sagen« in der Form und Verkleidung zu sehen, wie sie uns von den Vasenkünstlern der dann wirklich »griechischen« Jahrhunderte – des 7. und 5. – suggeriert werden: straff, federnd in Linie und weitgespannten Aktionsbögen; und wir erfüllen sie gern mit dem Ethos der griechischen Erzähler und dem tragischen Gefühl des 5. Jahrhunderts.
Jedoch – man muß daran erinnern, daß diese ganze blühende, sprossende, wuchernde Sagenwelt sich in einem völlig anderen Kostüm und Klima, im Zeitgefühl der vor-trojanischen, mykenischen Adelsherrschaft abgespielt hat. Es ist eine Fürsten- und Adelswelt, in der das Wort »Demokratie« noch wie ein Witz klingt, etwas Irreales, eigentlich Stilwidriges.
Homer hat diese Welt gezeichnet. Das erste Wort der

ILIAS spricht es aus: »Singe den *Zorn,* o Göttin«: Die Gefühlswallung eines gekränkten (sich zurückgesetzt fühlenden, also jedenfalls sich »fühlenden«) Fürsten genügt als psychischer Motor für ein ganzes Epos, und – hat man noch Sinn für solche Winzigkeiten der Diktion – der Gegner im Gefühlsstreit wird beim ersten Vorkommen (ILIAS I, 7) nicht einmal beim Namen genannt: es ist selbstverständlich, daß mit »Atreide« niemand anders gemeint sein kann als Agamemnon, Atreus' Sohn – das hat der Hörer zu wissen.

Und auf der Gegenseite, hinter »Priams Mauern« – wieder Griechen derselben Art und Abstammung (die Völker können sich ja über Wall und Graben in heimischer Zunge verständigen: die ILIAS kennt keinen »interpreter«). *Paris* ist das vollendete, von Homer übrigens nicht ohne Sarkasmus, Spott und Verachtung gezeichnete Porträt eines mykenisch-lydischen Luxus-Prinzen.

Gegen Helena und Paris wirken die angreifenden Achaier schon fast wieder »eisern«, beflissen, zielstrebig – piemontesisch sozusagen – gegen den lydisch-lykischen Mix-up der westanatolischen Völkerschaften. Es ist eine Welt des *Luxus* und der grenzenlosen Subjektivität, die sich da auftut, aber auch des floralen Wohlbehagens, der kreatürlichen Sicherheit – und des fraulichen Wesens. Ein Zeitalter der Frau, des floralen Stils, eines »jugendstiligen Vasendekors«, der weiblichen Idole und der gefangenen Stiere. Der Meerestiere, Korallen und Nautilos auf kapriziös geformten Gefäßen, einer das »Naturweben« andeutenden Malerei mit Papyros-, Schilf- und Bambusmotiven, Motiven also, die man aus *Ägypten* kennt; ein Stil, der der »Ge-

raden«, der ausgerichteten Linie, wenig Reize abgewinnt, der die geschwungene Form, die Wellenlinie, die ausladende Kurve liebt, der das Rund der bauchigen Gefäße gern mit dem Rund und dem schwellenden Duktus fließender, strömender oder auch sternhaft dekorativer Gebilde ausfüllt; eine Welt, in der Männer zwar Kriegstaten verrichten dürfen, aber deswegen keine »Heroen« sind, in der würdige Herrschergestalten riesige Sphingen und Greife am schön geschmückten Halsband führen (vgl. Athen, Archäolog. Museum Nr. 1761), wo ein »Herr der Tiere« mit beiden ausgestreckten Armen je einen Löwen in die Luft hält (Nr. 2852) oder zwei dandyhafte, überschlanke Jünglinge mit dem zweispännigen Sportwagen auf die Jagd flitzen (Nr. 240, Mykene), in der aber weibliche Gottheiten, wahre Mutter-Königinnen, verehrt und angebetet werden (Nr. 992, Mykene), angebetet von Dienern der Liturgie, die sich in einem tänzerisch bewegten Trippelschritt nähern, eingehüllt in Tierfelle, während der Himmel mit den Symbolen für Sonne und Mond, für Regen und Fruchtbarkeit bedeckt ist (Nr. 6208, Tiryns).
Gymnastik war Staatsreligion, und freiwillige Mutproben stehen am höchsten; aber die Befehlshaber tragen Blumen im Haar, die Leutnants führen eine dandyhafte Mode vor, die Soldaten ziehen im Tanzschritt auf Wache. Es ist die Zeit, in der Flöte und Lyra erfunden werden und in der beim Bau der Unterstadt von Theben die Steine, von Amphions Saitenspiel bewegt, von selbst an ihre Plätze gleiten.
Diese kretisch-mykenische Kultur der Ägäis ist zugleich blumig und diszipliniert, verspielt und leistungsfreudig, aristokratisch und fraulich (36).

Die *Sagen,* jede für sich und alle zusammen, sagen es: Man ist mit sich selbst beschäftigt, man hat genug an sich, die Zeit gleicht einer Frau vor dem Spiegel. Es gibt keine Probleme in dieser Welt außer denen, die das eigene Hoffen und Wünschen, Erjagen und Erlangen aufgeben. Ossa muß auf den Pelion getürmt werden und beide auf den Olymp, Bellerophontes will mit dem Flügelpferd *über* den Olymp reiten, Dädalos zur Sonne fliegen – und es gibt keine Grenzen der Pläne und der Subjektivität; grenzenlos kindisch, egozentrisch bis ins innerste Herz, unphilosophisch und unbelehrt, und deswegen auch von einer unbeschreiblichen Direktheit und Naivität – das ist die Welt, in der Iokaste ihr »méga érgon« verrichtet – das *vorlogische* Zeitalter.

XX

Das ägyptische Märchen

Wir nähern uns damit vom Atmosphärischen her einer Frage, die wir früher (Kapitel IX) mehr vom psychologischen Standpunkt aus erörtert hatten: Wie ist die Ur-Begebenheit, der eine spätere »Ödipus«-Erzählung entspringen konnte, etwa zu imaginieren?

Wir wissen jetzt etwas über das Milieu, das gesellschaftliche Ambiente des Dramas. Dazu aber folgendes: Wir befinden uns in der Zeit der »Paläste«, der weit verstreuten Burgen und Herrensitze, göttlicher Villen auf Kreta, burgartiger Residenzen im rauheren Hellas. Dienstboten, Mägde in jeder Menge und beliebigen Verwendbarkeit stehen zur Verfügung – man braucht sie nicht einmal zu beaufsichtigen, selbst das besorgen Beamte besonderer Schulung. *Man lebt kretisch*, und das heißt für jene Zeit: ägyptisch. Die immerwährenden Kleinkriege und »Unternehmungen« begründen, wie die Jagd, lange Abwesenheiten des Hausherrn. Es ist eine Zeit der »grünen Witwen«, besser gesagt: der gründgoldenen Witwen, der *im Überfluß* lebenden Frauen, die viel Zeit für sich haben: Es ist die Konstellation einer »Frau des Potiphar« par excellence.

Wir haben oben (Anm. 24) auf die Häufigkeit dieser Fabel im ägäischen Bereich hingewiesen und einige Beispiele genannt. Voltaire war das Identisch-Stereotype dieser Sagenfigur schon aufgefallen. Er nennt (in

seinem *Dictionnaire Philosophique*) die Paare Hippolytos und Phaidra, Bellerophon und Stenoboia, Hebros und Damasippe, Tanais und Periboia, Peleus und »Demenette« (Kretheis).
Ebenso verweist Robert von Ranke-Graves auf die Häufigkeit der Geschichte. Das *Gleichbleibende* daran ist immer die einflußreiche (verheiratete) Frau in hoher Stellung und die (zunächst ganz unverfängliche) Bekanntschaft mit dem wesentlich jüngeren Mann, der genauso gut »der eigene Sohn« sein könnte, während das, was er wirklich ist: Sohn, Gastfreund, Diener, Neffe, Stiefsohn, Adoptivkind, überhaupt keine Rolle spielt. Es kommt jede Variante und Möglichkeit vor. Kurzum, die kulturtypische Verwandtschaft dieser Episoden ist evident. Wir wollen aber auch ihren zeitlichen Zusammenhang erkunden.
Die Titelgeschichte selbst, nämlich die von Joseph und Potiphar, kann man nach Genesis 47 etwa so datieren: Als Jakob nach Ägypten reiste (ca. 1305 v. Chr.), hatte Joseph schon seit Jahren eine gehobene Stellung inne und war nicht mehr jung. Wir können daher die Affäre mit Potiphars Gemahlin in die Zeit zwischen 1330 und 1325 v. Chr. setzen.
Etwas älter dürfte die Urgeschichte, das ägyptische »Märchen von den zwei Brüdern«, sein: Es stammt vom Beginn des 14. Jahrhunderts, der Epoche Amenophis III. (1405–1367 v. Chr.). Fast gleichzeitig spielt sich in Böotien die Geschichte von Phrixos und Biadike ab, nämlich um 1380 v. Chr.
Die Geschichte des jungen Bellerophontes und der Anteia (bei Voltaire: »Steneboia«) ereignete sich zur Zeit der Joseph-Potiphar-Affäre: um 1320 in Korinth.

Achtzig Jahre später hatte Peleus seinen Ärger mit Kretheis, der Gemahlin des Akastos, nämlich um 1240, in »Jolkos«, dem heutigen Volos am Pelion (hier wurde die »Argo« vom Stapel gelassen). Auf das Jahr 1207 ist das Abenteuer des noch sehr jungen Hippolytos, Sohn des Theseus, mit der unglücklichen Phaidra anzusetzen (Athen). Und fast gleichzeitig, um 1205, entbrennt auf der Insel Tenedos die unselige Leidenschaft der Philonome, Tochter des Tragasos und zweiten Gemahlin des Kyknos, zu ihrem Stiefsohn Tenes.

Man sieht: Die Joseph-Potiphar-Geschichten erfüllen den Zeitraum von 1400 bis 1200 gleichmäßig und mit schöner geographischer Verteilung.

Kann es bei solcher kulturhistorischer Evidenz überhaupt noch zweifelhaft sein, daß auch die Iokaste-Ödipus-Geschichte in ihrem Kern und ihrer originalen Version eine typische »Reife-Dame-des-Palastes-liebt-attraktiven-jungen-Mann«-Geschichte war und daß das Besondere, Einmalige, Berichtenswerte hier eben darin bestand, daß im Gegensatz zu ähnlichen Moritaten

a) eine, wenn auch noch so kurze Verwirklichung des Eheplans stattfand – jedenfalls bis zu dem schrecklichen »áphar d' anápysta theoì thésan« des Homer, und daß

b) eine bis zur Beseitigung des störenden Familienhauptes gelangende echte Palastrevolution (die Homer sozusagen mit dem Blaustift anstreicht) mit dem Liebeskomplott verbunden war (37)?

In dieser verwickelten, absonderlichen, verschachtelten und komplizierten Form haben wir jedenfalls das – bei Homer immer noch im Skelett so erzählte – *factum primum* der Sage zu erblicken. Man erkennt, daß sie schon in der Genese ein Compositum war, aus zahlreichen in der ägäischen Luft zusammengewehten Erzählungsfetzen gebündelt und geknotet, und daß sie überdies getränkt ist mit dem erotischen Fluidum, der allgegenwärtigen Essenz des Amourösen, diesem nicht wegzudenkenden Ingrediens eben der kretisch-mykenischen »belle époque«, der vor-trojanischen, olympisch-helladischen Landjunker- und Seefürsten-Society.

Es ist die vor-dorische, noch nicht vom Geschrei der »Achaier« und ihrem Eisenwaffen-Geklirr erfüllte ambrosianische Atmosphäre der helladischen »Ägäis«, die sich hier, wie in so vielen Episoden der ILIAS, noch wie einer ferne Erinnerung spiegelt, die Zeit, in der den Göttern (fast) alles und den Menschen-Fürsten immerhin noch vieles erlaubt war, was dann später unter den solonischen, lykurgischen Satzungen und im demokratischen Neid der geschäftig-bösen Manufaktur- und Handelsstädte nicht mehr möglich war.

Es scheint also, daß die Ödipus-Sage bereits in der Entstehung ein um eine Palast-Intrige herumgesponnenes Kunstmärchen war, worauf übrigens auch die Namen der Hauptpersonen hindeuten (vgl. Anhang: »Die Namen der Ödipus-Sage«, S. 239). Sicher ist aber, daß der Kern der Sage, schon in ihrer ersten Form und Überlieferung, die von uns aus den Texten erschlossenen subjektiven Momente enthielt, nämlich

a) Liebe der Iokaste, Tatentschluß und Tötungsvorsatz, Anstiftung zum Komplott und Staatsstreich,

b) Mittäterschaft des Jungen und vollendeter Totschlag im Einvernehmen mit der liebenden Mutter.

Wer das nicht glaubt – oder für das 14. Jahrhundert nicht für möglich hält –, der lese das ägyptische »Märchen von den zwei Brüdern«, das die Bestandteile der Ödipus-Sage, wenn auch in anderer Mischung und Abfolge, aber in den kräftigsten Farben enthält: die rot-schwarz-gelbe Mischung von Liebeswirren, Mord und Staatsaffäre, allerdings eingebettet in eine unvergleichlich reichere, blumig-phantastische, afrikanisch-exotische Phantasie.

Und dies ist auch, durch alle Jahrhunderte hindurch, der unveränderte Pol der Erzählung geblieben, sozusagen die »Fahnenstange«, um die sich je nach Auffassung und moralischer Windrichtung das flatternde Beiwerk der erzählenden Ausschmückung drehte. Den innersten Kern und zugrundeliegenden Komplex haben wir sogar noch im Drama des 5. Jahrhunderts unter der verhüllenden, begütigenden, beschwichtigenden Drapierung des künstlich darüber geworfenen Dialogs auf dem analytischen Weg herausgefunden. Wer sich das mythische Ambiente des 14. Jahrhunderts vor Augen hält, dem wird dieses »Darunterliegen« unmittelbar anschauliche Gewißheit.

Vielleicht versteht man dann auch besser das Verfahren, das wir oben (Kapitel XIV) als die »Formel des Sophokles« bezeichneten. Wir mußten es tun, um überhaupt einmal das kontrapunktische Gegenspiel der heterogenen Bedeutungselemente im Drama auseinanderzulegen.

Aber »Formel« ist nicht so zu verstehen, als ob Sophokles nach einem vorgefaßten Schema oder »Rezept« den Stoff »frisiert« und behandelt hätte – er tat nur, was alle Bearbeiter vor ihm auch schon tun mußten und was auch Aischylos in seinem ersten Ödipus sicherlich getan hat – die vorhandene Schuld und böse

Absicht der Täter mußte erst einmal verdeckt und suspendiert werden, um die Sage für Zwecke des Theaters akzeptabel und gangbar zu machen. Die Meisterleistung des Dramas bestand gerade in dem kunstvoll in dialektische Motorik umgesetzten Spiel zwischen versteckter Schuld, Nachforschung, dunklem Bewußtsein und schließlich herbeigeführter Bewußtseinsklärung. Nicht die *Erfindung* des Stoffs, sondern die kunstvolle Durchdringung von Dialog und Handlung mit der darunterliegenden psychischen Wirklichkeit macht die Essenz des Dramas aus.

XXI

Wir alle sind schuldig

Wir sind, von Sophokles ausgehend, ein schönes Stück in die Vergangenheit zurückmarschiert und wollen jetzt denselben Weg noch einmal zurücklegen, nun aber in umgekehrter Richtung und auf bequemere Art – im Flugzeug sozusagen. Wir wollen den vermutlichen Gang der mythischen Entwicklung noch einmal von oben betrachten, von Iokastens jähem Ende bis zum Schauspiel des Sophokles – und das sind immerhin neunhundert Jahre! Am Anfang steht, wie gesagt, ein wirklicher Mord und Staatsstreich, verbunden mit dem im Hirn einer mykenischen Großfürstin ausgeheckten Heiratsplan, in dem wir schon eine Verschmelzung von Potiphar-Absicht und Prinz-Edward-Kalkulation erkannt hatten. So fristet Ödipus zunächst ein ziemlich armseliges Dasein am Rande der mittelgriechischen Staatengeschichte, bis – im Aufbruch der epischen Epoche im 8. Jahrhundert – eine Erweiterung und Ausschmückung der thebanischen Sage notwendig wird.

Wenn man bedenkt, daß die Ilias selbst nur ein Ausschnitt ist (sie bricht so unvermittelt ab wie ein Fortsetzungsroman) und daß es weitere Verserzählungen von ähnlichem Umfang gegeben hat, so kann man sich annähernd einen Begriff von dem unbeschreiblichen Hunger nach Geschichten und Sagenmotiven, nach »unterhaltenden Stoffmassen« (Wapnewski) machen, der das 8. und 7. Jahrhundert beherrscht haben muß. Die »Sänger« dürften nach singbaren Balladen nicht weniger gelechzt haben als die Zeichner der früharchaischen Vasenbilder nach darstellbaren Episoden, nach »Bildthemen«. So kann man sich denken, daß bei dem ungeheuren Bedarf eben *auch* die Ödipus-Episode aufgegriffen und nun energisch im Sinne einer epischen Fortsetzung weiter bearbeitet wurde.

Wir können sicher sein, daß der erzählerische Elan sich zunächst auf das rein Faktische geworfen hat – und dafür bot natürlich die Ehegeschichte, die in ihrer Ergebnislosigkeit in zwei Minuten erzählt ist, wenig Stoff. Ansatzpunkt für einen berühmt zu machenden Ödipus konnten zunächst nur seine Kriegstaten sein, und so dürfte sich die für das späte 8. Jahrhundert zu vermutende OIDIPODEIA mit ihren angeblich 6600 Hexametern hauptsächlich mit den endlosen Kriegszügen des Königs Ödipus (etwa gegen die Minyer von Orchomenos) befaßt haben.

Der nächste Schritt mußte sich notwendig in die Richtung einer weitergehenden »Aufwertung« des ursprünglich verbrecherischen Vatermörders bewegen. So wird sich also das 6. Jahrhundert angelegentlich mit einer zunehmenden »Unschuldigmachung« des Ödipus beschäftigt haben, was aber notwendig eine neue Erklärung der geschehenen »Taten« erforderte (38). In dem Maße, wie Ödipus seinen Vater *nicht* mehr kannte (oder erkannte), mußte er einem zunehmend gravierend werdenden »Fluch« unterliegen. Was lag da näher, als nach dem Muster des berühmten »Fluchs der Atriden« zu verfahren? Ein besseres Modell war zwischen

Euphrat und Bosporus nicht aufzutreiben, und so wird sich nun das 6. und frühe 5. Jahrhundert damit beschäftigt haben, einen »Fluch des Labdakiden« zusammenzubasteln – mit wechselndem Erfolg, wie die unkräftig gezeichneten Konturen ausweisen.

Die wohl ungeschickteste Begründung des »Fluchs« hat sich aber ins Drama hinübergerettet: es ist das auf Seite 96 schon erwähnte, angeblich von Apoll verhängte absolute »Zeugungsverbot« für Laios. Dieses eigentlich dümmliche und jeder mythischen Bedeutung entbehrende Motiv, das alle Zeichen dichterischer Verlegenheit an sich trägt, dient selbst bei Aischylos noch als Begründung für den Tod des Laios, die Tat des Ödipus, seinen Fluch über die beiden Söhne, an die der »Labdakidenfluch« weitergegeben wird.

Jedoch, mit dem »Fluch« war zunächst nur die negative Seite des Ödipus-Charakters ausgebeult, sozusagen der Blechschaden an seiner literarischen Erfolgskarosse. Es blieb noch immer das Positive beizubringen, die »gute Tat«, die sein späteres Verbleiben als König rechtfertigte. Da nun eine echte »Heroentat« im Sinn der vortrojanischen Heldenzeit nicht mehr beizubringen war, schien guter Rat zunächst teuer, bis um die Mitte des 6. Jahrhunderts ein findiger Kopf auf den Einfall mit der »Sphinx« geriet – und nur in attischer Schreibstubenluft und nur im Jahrhundert der Sphinx war ein solcher Einfall, der schon nicht mehr mythisch, sondern literarisch geistreich ist, überhaupt möglich. Wir wollen aber den poetischen Gehalt dieser Erfindung nicht geringschätzen – ihr durchschlagender Erfolg beweist ja, daß damit ein »Nerv« getroffen war.

Was konnte aber die »Überwindung der Sphinx« und

die Lösung ihres Rätsels den Zeitgenossen der zweiten Jahrhunderthälfte möglicherweise besagen?
Die Sphinx war, wie wir gesehen hatten (s. Seite 38), mittlerweile zum attischen Grab- und Wächtertier *kat' exochén* aufgerückt, sie war das auf jedem Grab hokkende Symboltier für Vergänglichkeit und Tod, für die immerwährende Frage nach dem »Sinn des Sterbens« und überhaupt nach dem Sinn des Schicksal: »Warum mußte das geschehen?«
So erkennen und deuten wir also die Situation auf der oben erwähnten Chalkidischen Vase in Stuttgart: Ödipus wird gesehen als einer, der das Rätsel gelöst hat; er hat, wie Luther sagen würde, »die Pforten der Hölle überwunden«, er ist nun wirklich ein »Held« geworden, freilich von anderer Art als die Heron der ILIAS, ein »sotér« und Retter seiner Polis. Damit war nun das Thema auf eine spirituell höhere Ebene transponiert.
Es ist nun von höchstem Interesse und entscheidender Bedeutsamkeit, daß Sophokles den Stoff (wir vermuten: unter dem niederschmetternden Eindruck der Katastrophe von 430) von vornherein in seiner gereinigten, veredelten, spiritualisierten Fassung aufgreift. Für ihn ist der »Fluch der Labdakiden« (bei Aischylos noch der Drehbalken des Dramas) nicht mehr wesentlich. Sophokles braucht ihn nicht mehr, er beläßt die Kinderei des älteren Dramas stillschweigend im Hintergrund und wendet sich mit grandioser, weltdeutender Geste dem eigentlich tragischen Moment zu: Warum muß auch Ödipus, der »Heiland«, Retter und Erlöser seiner Polis – ausgerechnet er! – in der Verbannung sterben, in Armut und Elend?

Bei Aischylos war dies kein Wunder. Der Fluch besorgte das, und der erwischte jeden Labdakiden. Sophokles schaut tiefer. Er findet den Grund in der dem Täter nicht bekannten Vergangenheit seiner selbst. Das, was wir nicht wissen, das richtet uns, und was wir nicht kennen, ist unser Schicksal! Und darin, nicht in der lächerlichen und absurden Erklärung von Sigmund Freud (als ob jeder Theaterbesucher schaudernd an seine infantilen Inzest-Neigungen zurückdenken müßte, denen er mit knapper Not entkommen ist), liegt das fortdauernd Aktuelle des Sophokleischen Schauspiels: Wir alle sind schuldig. Oder, paulinisch gesprochen: Der Mensch hat keine Gerechtigkeit aus sich selbst.

Anmerkungen und Glossen

(1) Gustav Schwab und seine Leser

Wir werden dem Schatten dieses trefflichen Mannes, der dem 19. Jahrhundert die Mythologie sozusagen »erschlossen« hat, noch mehrfach begegnen. Er vor allem hat, mit einem unwahrscheinlichen, bis heute fortdauernden Erfolg, die »Sagen des klassischen Altertums« gereinigt und sie, worauf er stolz war, mit »zarter Schonung verletzbarer Ohren und mit heiliger Scheu zu behandelnder Gemüter« wiedergegeben. Selbst die »zum großen Teil aus Frauen und Kindern bestehende Lesewelt« brauchte nicht zu befürchten, die »Forderungen der Sittlichkeit« bei ihm verletzt zu sehen. Dies war ihm wichtig.

Denn während die Humanisten im allgemeinen, und die Elisabethaner im besonderen, zu Gelehrten, Dandys, Fürsten und Fürstensöhnen sprachen und insofern kein Blatt vor den Mund zu nehmen brauchten, hatte die Philologie des 19. Jahrhunderts die Aufgabe, den »Bildungsstoff« an das eben damit »zu bildende« bürgerliche Publikum heranzutragen. Die Einstellung der Philologen war damit für mindestens 100 Jahre nach Gustav Schwab (1838) präformiert, während die Archäologen und Psychologen natürlich anderen Anschauungen huldigten.

Zugespitzt auf die später zu behandelnde Frage: »Wußte Iokaste, daß sie ihren eigenen Sohn ehelicht?«, könnte man folgendes Modell (etwa einer Meinungsumfrage von 1960) entwerfen: Von 100 Altphilologen würden 70 die Frage strikt verneinen, 28 sie dahingestellt sein lassen und zwei sie vielleicht zögernd bejahen. Von 100 klassischen Archäologen würden 98 ohne Zaudern erklären: »Natürlich wußte sie's – deswegen hat sie's ja getan!« Mit 100 Psychoanalytikern würde man wieder eine andere Erfahrung machen: Sie würden mit mehr oder weniger sauertöpferischem Bedauern auf die Formel von den »schuldlos-schuldigen Verstrickungen« ausweichen, denen »wir alle« unterworfen seien, usw.

Erstaunlich ist aber, daß selbst relativ unabhängige Geister wie Ulrich v. Wilamowitz-Moellendorff, Carl Robert, Gilbert Murray oder Richard C. Jebb an der Unschuld der Iokaste wie an einem Credo festhalten, von dem weiter oben (S. 67) schon erwähnten Franz Dirlmeier gar nicht zu reden. Ja, für Dirlmeier war es sogar ein Trost, daß Iokaste nichts wußte, denn »die Mutterehe schließt jeden Gedanken an Wissentlichkeit aus, und dadurch unterscheidet sich der böotische Mythos von den Greueln des Tantalidenhauses, die alle wissentlich begangen werden.«

»Die Greuel des Tantalidenhauses« – Gustav Schwab zögerte lange, bevor er, dem »Verlangen nach Vollständigkeit« nachgebend, sich entschloß, auch sie dem zarten Lesepublikum »unverkürzt« darzubieten.

(2) *Die Mutter der Kinder des Ödipus*

Diese Frage hat schon die Gelehrten des Altertums beschäftigt. Daß eine Frau, die sich am Deckenbalken aufhängt, nicht noch vier Kinder gebären kann, leuchtet ein. Warum nun der überlebende Sohn, selbst wenn man ihn im bürgerlichen Sinne als »verwitwet« ansprechen will, nicht wieder heiraten und mit einer zweiten Gattin Nachwuchs erzeugen soll, ist nicht recht einzusehen. Trotzdem nimmt der Altertumsforscher Carl Robert ausgerechnet an diesem Umstand schwersten Anstoß; ja, es schüttelt ihn geradezu vor Ekel und Entsetzen bei der »Scheußlichkeit und Widerwärtigkeit des Gedankens, daß Ödipus . . . nach der blutschänderischen Verbindung mit seiner Mutter Epikaste und deren Selbstmord eine zweite Ehe eingegangen sein sollte, und ich scheue mich nicht, kategorisch zu behaupten, daß so etwas nie in einem griechischen Epos gestanden haben kann« (C. Robert I, S. 110).

Nun muß dies aber in jedem Epos gestanden haben, das, wie Homer, von einem schnellen, vorzeitig-jähen Ende der Epikaste ausgeht, Ödipus aber dennoch (mindestens) vier Kinder haben läßt, darunter (vgl. ILIAS IV, 377) den kampfwütigen Polyneikes, um dessen Bestattung es sich in Sophokles' Drama ANTIGONE handelt. C. Robert fährt dann, sich auf eine Stelle bei Pausanias (IX, 5, 11) beziehend, fort, es sei *durch nichts* erwiesen, daß die als Mutter seiner Kinder genannte »Euryganeia« wirklich seine *zweite* Frau und nicht vielmehr »seine erste und einzige und zugleich seine Mutter gewesen wäre.«

Aber Carl Robert spricht hier gegen seine eigene, bessere Erkenntnis. – Die Sache scheint heute entschieden zu sein: Im Epos des 8. Jahrhunderts (»Oidipodeia«) war Euryganeia die *zweite* Frau und die Mutter der Kinder des Ödipus. So ausdrücklich Richard C. Jebb (§ 5, Seite XV), ähnlich Ulrich Hausmann (S. 9) sowie Deubner (S. 28 f.).

Lassen wir aber den moralischen Aspekt beiseite, so ergibt sich für uns ein geradezu unschätzbarer Hinweis für den Gang der Sagenbearbeitung: Von Anbeginn und bis an die Schwelle des 5. Jahrhunderts gab es *keine* Nachkommen aus der kurzen, schnell entdeckten Verbindung des Ödipus mit seiner Mutter. Der erste Chronist, der Iokaste *überhaupt* Kinder von Ödipus haben läßt, ist Pherekydes von Leros, genannt »der Athener« – ein Ionier also. Er behauptet im fünften Buch seiner genealogischen Abhandlung Griechenlands, Ödipus habe von der ersten Frau, also seiner Mutter, *zwei* Söhne gehabt, die aber im Krieg gegen die Minyer gefallen seien. Hingegen stammten die vier bekannten Kinder – Eteokles, Polyneikes, Ismene, Antigone – von der zweiten Frau, eben Euryganeia.

Dieses fünfte Buch des Pherekydes dürfte zwischen 480 und 470 entstanden sein. Bei Aischylos (467) ist es bereits soweit, daß die zwei bekannten Söhne, Eteokles und Polyneikes, von der ersten Frau (also Iokaste) geboren sind – und die Mädchen dann natürlich auch. Also: In *Attika* und im Zuge der dramatischen Zuspitzung vollzieht sich der Übergang zu der langjährigen Ehe mit Iokaste, zu Kindersegen und später Entdekkung. Wir können in diesem seltenen Fall die Sagenentwicklung mit dem Minutenzeiger verfolgen.

(3) *Die weitergedichtete Sage*

Freie dichterische Fortführung – ja, aber wovon? Und seit *wann* gab es diese Vorlage, auf die Sophokles sich beziehen konnte? Die Frage ist nicht ganz einfach – wann ist die Version eines in der Fremde umherirrenden und schließlich in Attika Aufnahme findenden Ex-Königs Ödipus entstanden?

Setzen wir für »Kolonos« zunächst einmal ganz neutral »Exil« und erinnern wir uns an ILIAS XXIII, 678–680, wo von einem »Begräbnisfest« für den erschlagenen Ödipus *in Theben* die Rede ist, so erhellt auf einen Blick, daß die Gestalt eines blinden und verfluchten Ex-Königs, eines King Lear-Ödipus, unmöglich homerisch sein kann, und das heißt, da Homer ja nur flüchtig auf allgemein Bekanntes anspielt, daß diese ganze Episode dem 8. wie auch dem 7. Jahrhundert durchaus fremd gewesen sein muß, wie »episch« sie sich auch zunächst anhört.

Andererseits ist es nach SIEBEN GEGEN THEBEN, V. 783, klar, daß Aischylos (467 v. Chr.) die Selbstblendung des Ödipus als selbstverständlich voraussetzt (vgl. Robert I, S. 263), und L. Deubner hat es in ÖDIPUSPROBLEME (S. 40 f.) mit guten und überzeugenden Gründen wahrscheinlich gemacht, daß Aischylos auch die Verbannung aus Theben und die Wanderschaft des blinden Ödipus-Lear kannte.

Wir haben also mindestens *drei* markante Züge der Handlung (Selbstblendung, Verbannung und Tod im Exil), die bei Homer noch undenkbar sind, die aber im Drama des 5. Jahrhunderts bereits zum Grundgerüst der Handlung gehören. Nehmen wir jetzt noch hinzu, daß Aischylos ebenfalls (wie Sophokles) auf dem Standpunkt der »langen Sündenzeit« und der »späten Entdeckung« steht (vgl. Seite 69), dann kann es kaum noch zweifelhaft sein, daß der ganze Komplex »Sündenschuld des Ödipus – Selbstblendung – Selbstverfluchung – Verbannung – Wanderschaft – Tod im Exil« eine einzige zusammenhängende Kette der Erzählung bildete.

Das scheint aber auch aus inneren Gründen notwendig zu sein. Denn das bißchen Fluch, was der *homerische* Edward-Ödipus von seiner Ehegeschichte wegbekommt und was durch ein gelegentliches Nagen der »Erinýes« abgegolten wird (ODYSSEE XI, 280), kann unmöglich dazu ausreichen, den alternden, in Sünden ergrauten, unangefochten regierenden, längst zum zweitenmal verheirateten Thebanerfürsten nach so vielen inmitten liegenden weiteren Abenteuern und Kriegen nun plötzlich in die Verbannung zu treiben. Dazu waren schon kräftigere Verwünschungen nötig, wie sie eben nur nach *langer* Inzest-Ehe und auf Grund des – den Dramatikern nun unentbehrlichen, lange und über Generationen hin wirkenden – »Fluches der Labdakiden« möglich wurden. Nur ein zerknirschter und sich selbst verwünschender Ödipus konnte die Figur eines »Jammermannes« und gebrochenen Greises im ÖDIPUS AUF KOLONOS abgeben (vgl. Deubner, S. 36 f.).

Nun ist aber die Version der »langen Sündenzeit« und der endlos hinausgeschobenen »Entdeckung« eine sehr späte, eigentlich erst für das Drama geschaffene und mit seiner Entstehung zusammenhängende Bearbei-

tung der epischen Handlung. Man bedenke, daß, um sie durchzusetzen, zuvor doch das homerische »áphar« (sofort, alsbald, sogleich) völlig auf die Seite gedrängt und vergessen sein mußte. Und das in einer Zeit, in der die epischen Zyklen doch weitum bekannt waren!
Erst wenn man sich die ungeheure Veränderung des Stoffes vom 8. bis zum frühen 5. Jahrhundert voll vergegenwärtigt, kann man die Gewalt der sie verursachenden dramatischen Gesinnung ermessen. Dann ergibt sich aber zwangsläufig, daß wir auch die Entstehung der Kolonos-Episode nicht als eine isolierte Erfindung betrachten können, sondern sie in untrennbaren Zusammenhang mit den übrigen Veränderungen der Sage stellen. Sie kann daher, wie jene, wohl kaum vor Ende des 6. Jahrhunderts erdacht und konzipiert worden sein. C. Robert spricht denn auch lakonisch von der »attischen Sage« vom Tod auf Kolonos (Robert I, S. 275).

Jedoch: die Geschichte hat noch einen anderen Aspekt, der jetzt erst, nach der richtigstellenden Chronologie, zu Tage tritt. Wir brauchen bloß das neutrale, farblose »Exil« wieder zu streichen und das konkrete »Kolonos« einzusetzen: Auf *attischem* Staatsgebiet, unter dem Schutz des athenischen Heros *Theseus,* findet der geblendete Ödipus Erlösung von seinen Qualen, wird sein Leib dem Zugriff der menschenräuberischen Verwandten entzogen, sein Andenken entsühnt und seine Grabstätte geweiht!

Bedarf es da noch eines Kommentars, daß auch die Kolonos-Episode zur Demonstration des attischen Staatsbegriffs und politischen Ethos diente und daß sie – ebenso wie die auffällige Delphi-Bezüglichkeit des sophokleischen Dramas, vgl. Anm. 22 – ausschließlich aus dem Blickwinkel attischer Sagenbearbeitung und absichtsvoller Mythenbildung zu verstehen ist?

(4) *Das »ungeheure Werk«*

Εϱγον (»érgon«) ist immer die bewußte, vorbedachte Tat, und ebenso bezeichnet ῥέζω (»rhézo«) das wissentliche Handeln. »Méga érgon« (eine große, »ungeheure« Tat) ist schon etwas Besonderes, z. B. ein geplanter, mit Vorbedacht und unter Schwierigkeiten ausgeführter Mord. Dies ist feststehender Sprachgebrauch von Homer bis zu den Tragikern.

Sophokles läßt seine Elektra in dem gleichnamigen Stück zu Chrysothemis sagen (V. 1020): »Wenn *du*, Schwester, mir bei der Sache nicht hilfst, dann werde ich ›dieses Werk da‹ (τοὔϱγον τόδ') eben alleine ausführen.« Unter dem »Werk« (»érgon«) versteht sie aber den von ihr – seit sieben Jahren – geplanten und vorbedachten Doppelmord.

In Ödipus auf Kolonos, V. 539 ff., bestürmt der Chor den gequälten Ödipus mit Fragen, zuerst, ob er sich zur Schuld der Mutterehe bekenne: »érexas?« (hast du's getan?), und Ödipus beteuert: »ouk érexa!« (nein, wahrlich nicht!).

Nun steht aber die Tatsache der inzestuösen Verbindung außer Frage – Ödipus will ja den Tatbestand als solchen gar nicht leugnen. Das »érexas« des Chors kann sich also hier überhaupt nur auf den Vorsatz beziehen, und durchaus zutreffend übersetzt daher

Roman Woerner mit (Chor): – »verschuldet?« – (Ödipus:) – »unverschuldet!«.
Eine Parallele zu ODYSSEE XI, 272, ist ODYSSEE III, 274 f.: Der Verbrecher Aigisthos, dem es endlich (und nach einem ersten Mord an dem Sänger der Königin) gelungen ist, Klytaimnestra auf seine Seite zu ziehen (mit dem Plan, später den heimkehrenden Agamemnon meuchlings zu ermorden), hängt, hocherfreut über diesen ersten Erfolg, Weihegeschenke an den heiligen Altären auf, da es ihm doch gelungen war, das »große Werk« (μέγα ἔργον), das er schon gar nicht mehr erhofft hatte, zu vollbringen (ἐκτελέσας μέγα ἔργον, ὃ οὔ ποτε ἔλπετο θυμῷ). Das »Werk« ist hier zunächst einmal die Verführung der Frau, mit weiterer Mordabsicht; das »méga« (gewaltig) kennzeichnet die Zähigkeit des Vorsatzes: durch soviele Schwierigkeiten hindurch gelang es ihm, den Widerstand der (anfänglich widerstrebenden, V. 265 f.) Klytaimnestra zu überwinden.

(5) Das Alter der Iokaste

Nach Iokastes Beschreibung war Laios (V. 742 f.) »von großer Gestalt«, nicht unähnlich Ödipus, und es begann sich eben erst sein Bart grau zu färben. Mit anderen Worten: Er war um die Fünfzig, kaum darunter.
Die Altersrechnung wäre nach dieser Stelle noch ungünstiger; denn lassen wir hiernach Ödipus (im Zeitpunkt der »Entdeckung«!) ungefähr 45 sein, so ist das immer noch *wenig* gerechnet in Ansehung seines Alters,

kurze Zeit später, in ÖDIPUS AUF KOLONOS, wo er durchweg als »géron«, als *Greis*, angesprochen wird (z. B. V. 744). Es müßte also Ödipus im Zeitpunkt der Entdeckung *mindestens* 45 bis 48 Jahre alt sein (was gar nicht langt!), Iokaste demzufolge nicht unter 65 bis 70!

Betrachtungen solcher Art begegnen gewöhnlich dem Einwand, »in der Mythe« komme es auf solche Kleinigkeiten nicht an, es sei kindisch, sich mit derlei Argumenten abzugeben. Dieser Einwand ist aber falsch und bezeichnet gerade jene Einstellung, mit der in mythologischen Dingen oft gar nicht weiterzukommen ist.

Denn: Die Sage, jedes Märchen, jede Überlieferung will »glauben machen«, das heißt, sie stellt die Dinge, die Charaktere und Personen ganz naiv so hin, wie sie sie haben möchte. Der Königssohn ist immer ganz genau so alt, daß er zu der erlösten Prinzessin paßt, die böse Stiefmutter immer ganz so alt, daß sie vor Eifersucht rasend werden kann, der gute alte König hat immer so lange schon regiert, daß er sein Reich jetzt gern verschenken möchte usw.

Stimmt es in dieser Beziehung nicht, also in den ganz primitiven Voraussetzungen einer Erzählung, dann leuchtet für uns ein rotes Lämpchen auf: Hier ist manipuliert worden, verändert oder vertuscht, und irgend etwas ist aus der Reihe gekommen. Gerade deswegen sind diese »kleinen Unstimmigkeiten« wertvolles Material (der Analyse), das man gar nicht achtsam genug behandeln kann. Sie deuten mit fast untrüglicher Sicherheit auf die Punkte, wo es im Gefüge der Erzählung »knackt«, wo frühere Bearbeiter mit starker Hand in die Sagenentwicklung eingegriffen haben.

(6) Die »Phix« des Hesiod

Die Stelle bei Hesiod ist so unklar und durch Einschiebsel entstellt (die zusammenhanglose Anknüpfung ἣ δ᾽ἄρα φῖκ᾽ ὀλοὴν τέκε, Καδμείοισιν ὄλεθρον usw. wurde mit schwerer Gelehrtenmühe auf Echidna als Mutter der »Phix«, das heißt »der« Sphinx, bezogen, was wiederum anderen Abstammungstheorien widerspricht), daß man mit weiterreichenden Folgerungen und Gleichsetzungen doch sehr vorsichtig sein sollte. Vor allem ist die Klitterung Hesiods ein banaler Querstand: *Zuerst* wird, der Sage nach, Theben dadurch begründet, daß Kadmos ein Ungeheuer, einen »Drachen«, besiegt und dessen Zähne aussät, woraus die thebanischen Nobiles entspringen. *Später* sollen, nach Hesiod, eben diese »Kadmeionen« durch ein anderes Ungeheuer wieder vernichtet worden sein. Aber so platt und eingleisig ist die griechische Sage *nie*. Auch würde diese Version dem Haupt- und Grundmotiv der (insoweit schon bei Homer als bekannt vorausgesetzten) thebanischen Sage widersprechen: Untergang der Dynastie – *nicht* durch ein »Monster«, sondern durch den »Fluch der Labdakiden«, sprich »Bruderzwist im Hause Ödipus«.
Kurzum, Klarheit ist über die hesiodische »Phix« und darüber, wie sie ausgesehen haben soll, nicht zu schaffen. Die weitere Frage, ob die *Phix* Hesiods mit der Rätselstellerin der Ödipus-Sage überhaupt etwas zu tun hat, wird heute (entgegen der in diesem Punkt noch unkritischen Einstellung Carl Roberts, vgl. I, S. 48) überwiegend *verneint*. Sie ist m. E. nur differenziert im Sinne einer indirekten Abstammung (vgl. Anm. 9) zu

beantworten: »Weil es da bei Theben einmal eine ›Phix‹ gegeben haben soll, hatten die späteren Märchenerfinder (des 6. Jahrhunderts) einen guten Anknüpfungspunkt, den wandernden Ödipus mit einer wegelagernden ›Sphinx‹ zusammentreffen zu lassen.« Diese ist also nicht Enkelin, sondern höchstens eine Adoptiv-Großnichte der alten Φίξ.

Es besteht nun eine gewisse Denkschwierigkeit darin, daß zwar der *Name* der Sphinx (was kaum zu leugnen sein dürfte) in direkter Linie von der hesiodischen *»Phix«* abstammt, daß aber das damit bezeichnete Wesen, nämlich die Mädchensphinx des 5. Jahrhunderts, keine Ähnlichkeit mit der von Hesiod beschriebenen Bestie aufweist. Vielmehr wurde die »verderbenbringende Phix« von Hesiod ebenso vom großen Stamm der Götterbotinnen und mythischen Aufpasserinnen abgezweigt und verselbständigt, wie 150 Jahre später die »rätselstellende Sphinx« der Ödipus-Sage vom Stamm der inzwischen gesprächig gewordenen und sich in Menschennähe aufhaltenden Sphingen des 6. Jahrhunderts.

Dieses zweimalige Anzapfen einer mächtigen, sonst ungebrochenen genealogischen Reihe zum Zweck der besonderen literarischen Verwendung ist der tiefere, aber leicht zu durchschauende Grund der etwas verworrenen Verhältnisse und infolgedessen auch der Ratlosigkeit und namenlosen Verwirrung, die alle Handbücher und »Reallexika« der Antike (bis einschließlich zum »Kleinen Pauly«) beim Stichwort »Griechische Sphinx« in der Regel befällt.

Das Phänomen als solches, nämlich die Inkonsequenz der Erscheinungsbilder, kann aber nur den verblüffen, der sich nicht die unbeschreibliche, jeder Konsequenz und Logik spottende Unbekümmertheit vor Augen hält, mit der die griechischen Autoren ganz allgemein mit den überlieferten Stoffen umgehen, um nicht zu sagen »umspringen«.

Besonders die Dramatiker des 5. Jahrhunderts scheinen da keine Hemmungen gekannt zu haben. Mit welcher Pranke gestaltender Phantasie greift Aischylos in die Substanz der Sage ein! Was Sophokles weiter dazudichtet, in ANTIGONE und in den beiden Ödipus-Stükken haben wir an anderer Stelle gesehen. Das Nonplusultra radikaler Umstellung findet sich aber bei Euripides, und zwar in der die Ödipus-Sage behandelnden Tragödie PHOINISSEN (DIE PHÖNIZIERINNEN). Hier wird die ältere Sage glattweg auf den Kopf gestellt, zum Beispiel am Anfang, wo *Iokaste* noch am Leben ist, während der geblendete Ödipus im »Souterrain« des Palastes wie ein Tier gefangengehalten wird, und zwar sinnigerweise von seinen Bastard-Söhnen.

Wer diese souverän schaltende und gestaltende Kraft der griechischen Dichter in Rechnung stellt, wird kaum noch daran zweifeln, daß die Erfinder der »Phix« wie auch der späteren Sphinx-Arten und -Abarten eben das erfanden, was sie brauchen konnten – sie schufen Geschöpfe ihrer Wahl.

(7) Kein Monster ohne Held

Man wird an dieser Stelle einwenden, es sei nicht Sache einer »Theogonie«, sich mit Details der Heldensage zu befassen. Allein – Hesiod tut es ja! Ein paar Zeilen weiter heißt es nämlich, daß die »Echidna« (außer der Φίξ) noch ein anderes Scheusal geboren habe, den »Nemeischen Löwen«, daß dieser von Hera, der »erhabenen Bettgenossin« des Zeus, aufgezogen und in das hügelige Terrain von Nemea gebracht worden sei und dort gehaust habe, bis er der gewaltigen Kraft des Herakles erlegen sei.

Hesiod sagt also durchaus, was er weiß. Wir schließen daraus: Wenn Hesiod die Sage von Ödipus und der Sphinx gekannt hätte, so müßte Vers 326 unweigerlich folgende Wendung nehmen, etwa: ›Sie aber (sc. die Echidna) brachte die verderbenbringende Phika hervor, die unter den Kadmeionen hauste, bis ihr ein zufällig vorbeiwandernder Abenteurer, der sich Ödipus nannte, den Garaus machte.‹ Da eine solche Mitteilung (in welcher Form auch immer) *fehlt,* so folgt daraus mit großer Sicherheit, daß die Sage in der Form der Rätselstellung und Wissenswette um 700 v. Chr. noch nicht existiert hat.

Im übrigen sagt schon die einfachste Typologie, daß die Bestien und Monstren, die Homer und Hesiod beschreiben, diese giftschnaubenden, feuerspeienden, aggressiven, aber im Grunde strohdummen Schlangen- und Drachenbastarde, nicht diejenigen waren, die sich fein und zierlich auf einen Felsen setzten, um Konversation zu machen. Schon der Vorgang als solcher, die

Rätselstellung, verweist die Sphinx-Begegnung in die zweite Hälfte des 6. Jahrhunderts.

(8) Die unbesiegte Sphinx

Die wirklichen »Monstren« sind Unika und Individual-Charaktere; sie werden in der schwarzfigurigen Malerei niemals verharmlost oder dekorativ verniedlicht. Ihre Einmaligkeit erweist sich besonders darin, daß sie fast ausschließlich mit dem Heros zusammen dargestellt werden, der sie umbringt, und zwar eben in der Kampfsituation. Einzig die *Gorgo* erscheint sowohl als geköpftes Scheusal (also mit Perseus zusammen), wie auch, wieder heil und fürchterlich, als Einzelfigur mit eigener Ikonographie, und zwar als Emblem, weil sie die *besiegte* Gorgo ist und nunmehr apotropäische (unheilabwehrende) Wirkung hat.
In dieser Eigenschaft wurde sie unglaublich populär und fand vom 6. Jahrhundert an eine ungeheure Verbreitung – sie gehörte bis in die römische Kaiserzeit zum festen Bestandteil der Militär-Ornamentik und war auf dem Brustteil jeder Feldherrn-Rüstung abgebildet.
Bei der Sphinx verhält es sich grundlegend anders: Sie wurde, als mythologisches Gattungswesen, niemals zum Emblem, obwohl sich das 5. Jahrhundert eifrig bemüht hat, ihr diese Rolle aufzudrängen (vgl. Aischylos SIEBEN GEGEN THEBEN, V. 544/46). Aber die bildende Kunst hat diese Anregung nicht aufgenommen. Der Grund: Die Sphinx stammt eben *nicht* aus der Heroen-

Sage, sondern aus dem viel älteren Park der Tierdämonen, in welchem sie, neben Löwe, Greif, Sirene und anderen Mischwesen, keck und erhaben über jedes Einzelschicksal herumstolzierte.
Erst nachdem die Sphinx den Höhepunkt ihrer walkürenhaften Laufbahn erreicht hatte, also um 560/550, wurde sie, nunmehr als »sprechendes« und »fragendes« Sagentier, mit dem Ödipus-Roman verbunden. Trotzdem: Für die *Maler* blieb sie stets die *unbesiegte* Sphinx!

(9) Die sprechende Sphinx

Man kann sich die Abzweigung der (späteren) »*Rätsel-*Sphinx« aus dem Stamm der geflügelten Mädchentiere etwa in folgenden Etappen vorstellen:
1. Ein Ungeheuer, irgendeinen »Drachen«, hat es bei Theben – wie vor jeder Stadt, die auf sich hielt – von alters her gegeben. Sicher ist auch, daß ihm – siehe Thespiai – Opfer gebracht wurden, wahrscheinlich vor allem Kinder.
2. Sicher ist ferner, daß Hesiod die um 700 v. Chr. schon halb verblaßte Sage aufgriff, um sich mit einer genealogischen Erklärung wichtig zu machen, indem er seine »Phix« von dem kleinasiatischen Monster-Clan der *Chimaira* (eigtl. »Ziege«) herleitete. Der Name ist vorerst noch unspezifisch und bedeutet soviel wie »Gewächs«, »Pflanze«, »Miststück« oder dergl.
3. Später, das heißt *nach* Hesiod, wurde der Name weiterentwickelt zu σφίχς (spichs) und σφίγξ (sphinx)

(vgl. μικρός zu σμικρός oder engl. »mud« zu dtsch. »Schmutz«) und in dieser Form nun allgemein auf das Geschlecht der Mädchentiere übertragen.

4. In dieser sprachlich und bildhaft verfeinerten Form wurde nun die Sphinx erst zur Gesprächspartnerin überhaupt, dann zur fragenden und schließlich zur rätselstellenden Sphinx.

5. Jetzt erst, nachdem dies alles geschehen war, konnte ihr – wiederum als Sonderfall – eine neue Rolle, nämlich die der wegelagernden Erpresser-Sphinx in der Ödipus-Sage, zugewiesen werden.

Dieser letzte Schritt erfolgte wohl sicher in Attika, und zwar zu Beginn des 5. Jahrhunderts. Aber nicht, weil die inzwischen schon elegant und gesprächig gewordene Sphinx primär auf thebanische Jünglingsopfer erpicht war, sondern weil für Ödipus *vor Theben* lauerndes Abenteuer erfunden werden mußte, rückte die Sphinx in den Stand der wegelagernden, um ihr Leben pokernden Rätselstellerin auf.

In dieser Eigenschaft war sie nun ein literarischer Sonderfall geworden und hatte nichts mehr zu tun mit ihren entfernten Cousinen des 6. Jahrhunderts, den hochgeachteten und respektvoll behandelten Sphingen der Bildhauer und Grabinschriftenverfasser.

Es muß aber, um auch das andere Extrem einer »Sonderverwendung« (der Sphinx) in das richtige Verhältnis zum allgemeinen Typus zu bringen, die Figur der früharchaischen Schlachtfeldhyäne und Leichensortiererin, der sogenannten »Ker«, erörtert werden.

Bei Homer bedeutet »Ker« (Κήρ) einmal das Todeslos, das von Zeus, z. B. Ilias VIII, 70, in die silberne Waage geworfen wird, um herauszufinden, welche Kriegspartei – die Troer oder die Achaier – an diesem Tag verlieren soll, an anderer Stelle, z. B. ILIAS XVIII, 535, ist die Ker ein Wesen, das hyänenartig, mit bluttriefendem Mantel um die Schultern, die Toten aus den Haufen der Gefallenen und Verwundeten hervorzerrt, um sie wegzutragen.

Das »Letzte vom Letzten«, möchte man sagen. Interessant ist nur, daß das achte Jahrhundert diese Ratten der Mythologie für darstellungsfähig hielt; andernfalls könnten sie (ILIAS XVIII, 479) nicht mit solcher Deutlichkeit (als »Schmuck« auf dem Schilde des Achill) beschrieben sein.

Trotzdem hat die »Ker« in der Kunst der Griechen nie ein adäquates Abbild gefunden, und es war offenbar eine Verlegenheitslösung, daß im 6. Jahrhundert wieder einmal die allverwendbare Sphinx dafür einspringen mußte. So sehen wir also die Sphinx, etwa ab 560, sich, unbeholfen genug, mit der ihr anatomisch gar nicht möglichen Aufgabe des »Wegschleppens« von Gefallenen oder Stürzenden, vielleicht auch von sonstigen (noch lebenden) Opfern, abplagen.

Das ikonographisch Bemerkenswerte daran hat wieder einmal Carl Robert (Bd. II, S. 19) gesehen: daß nämlich die »Wegschlepperin Sphinx« von einem anderen Sujet hergenommen ist, und zwar vom Typus der »Gefährten des Odysseus«, die sich (ODYSSEE IX, 425 ff.) unter dem Bauch von Widdern aus der Höhle des Polyphem forttragen lassen.

Odysseus und seine Gefährten *wollen* gerettet werden, darum halten sie sich an den Widdern fest. Die gleiche Haltung nehmen nun die »Opfer« der Sphinx ein – widersinnigerweise, da sie doch gar nicht geraubt werden wollen. Einige laufen auch einfach davon, vgl. Abb. 17. Es entfaltet sich überhaupt zwischen Jüngling und Sphinx von etwa 560 bis 480 v. Chr. ein abwechslungsreiches Repertoire von unterschiedlichen Begegnungen, mit allen Zwischenstufen des Bedrohens, Nekkens, Verfolgens, des Entweichens, Fallens, oder auch des interessierten Zuschauens. Mythologischer Tiefsinn kommt diesen Darstellungen in der Regel nicht zu.

Hingegen sind von solchen Bewegungsbildern streng zu sondern diejenigen Szenen, auf denen die Sphinx nun tatsächlich als Symbol und Todeskünderin über einem zu Boden gestürzten oder sich in letzter Anstrengung aufbäumenden Mann verharrt. Hier ist der Ernst der Situation durchaus gewahrt, an einen »Abtransport« des Gefallenen ist gar nicht zu denken. Die Sphinx verkörpert hier den Todesengel, der nur dem erscheint, dessen letzte Stunde geschlagen hat. Sie ist das sichtbar gewordene Todeslos. Das ist auch der Grund, warum sie nur jungen, d. h. waffenfähigen Männern erscheint, niemals Frauen.

Wir möchten daher Szenen wie die auf Abb. 17 gezeigte zur ersten Gattung rechnen, während Abb. 18a und b dem anderen Typus zugehören. Auch sollte man die oft zitierte »attische Scherbe« Abb. 19 nicht so verstehen, als ob die Sphinx mit den gestreiften Flügeln den Mann angerempelt und umgestoßen hätte, vielmehr ist dieser bereits im Fallen, und die Erscheinung der beiden Sphinxe (die rechte ist gerade noch zu erkennen) zeigt an, daß sein Schicksal besiegelt ist. Ebenso verhält es sich im Grunde – trotz ihrer überwältigenden Körperlichkeit und der suggestiv gewaltigen Bewegung – mit den Sphingen am Thron des Zeus von Olympia, von denen wir durch die Rekonstruktion ihrer Nachbildung in Ephesos wenigstens eine Vorstellung haben, vgl. Hans Walter Abb. 39. Hier ist zum letztenmal in der klassischen Kunst die göttliche Sendung der Sphinx in einer zeitlosen Form veranschaulicht, die zugleich durchdrungen ist von einer alle Teile umfassenden Beseeltheit und einer über das bloß Genrehafte, Anekdotische hinausgehobenen Innerlichkeit der Begegnung von Dämon und überwältigtem Mensch. Es scheint, daß gerade diese Sphinx-Gruppen am Bildwerk des Phidias schon auf die Zeitgenossen einen tiefen Eindruck gemacht haben.

Fig. 1: Zwei Sphingen im Gespräch; von einer korinthischen Henkelvase, 630 v. Chr. München.

Man hat es, wenn wir uns auf den Zeitraum von etwa 650 bis 450 v. Chr. beschränken, mit ganz verschiedenen Erscheinungsformen der Sphinx zu tun, die untereinander nur in lockerer Verbindung stehen. Der Typus wird uneinheitlich, gewissermaßen in getrennten Erbstämmen, weitergegeben. Folgende Bilder prägen sich besonders ein:

1. Die »harmlose Sphinx«, die sich, verspielt und neugierig, zwischen den übrigen Märchentieren herumtreibt – Ende des 7. und Anfang des 6. Jahrhunderts;
2. die »bedeutende Sphinx«, die wiederum in mehreren Spielarten vorkommt, so als »Gute-Kamerad-Sphinx« auf der Münchner Archikles-Schale, als Grabsphinx, als »große Wächtersphinx«, wie in Delphi oder auf Ägina, und sogar als Akroteren-Sphinx in der Bauplastik, wie am alten Tempel in Kalydon, am Schatzhaus der Siphnier in Delphi oder am Aphaia-Tempel auf Ägina – 6. Jahrhundert;
3. die »gefährliche Sphinx«, die Wegholerin von Menschen, insbesondere von Jünglingen, Kriegern und Gefallenen (die »Harpaxandra«), – 6. und 5. Jahrhundert; und schließlich
4. die »schlaue«, verfängliche Fragen stellende, elegante Rätselsphinx und Gesprächspartnerin – 5. Jahrhundert. Prototyp: die Sphinx des Ödipus-Malers (Abb. 32).

Diesen Bildern voran geht noch der Typus einer unfreundlich wirkenden, streng blickenden »Inspizienten-Sphinx«, die auf den Gefäßen des früharchaischen Stils (und vereinzelt schon vorher) für Ruhe und Ordnung sorgt – eine Art mythischer Politessen (vgl. Demargne, Abb. 425, 426; H. Walter, Abb. 3, 6, 7).

Am schwierigsten für unser Verständnis ist es, das fast gleichzeitige oder doch zeitlich nur wenig gegeneinander abgesetzte Auftreten der »harmlosen« und der »gefährlichen« Sphinx (bei den Dichtern wird sie dann sogar zur »grausamen« Sphinx, zur abscheulichen Bestie) psychologisch zu erklären.

Die Lösung des Problems gelingt aber, wenn man sich erstens das ursprüngliche Wesen der Sphinx als Botin, Übermittlerin, Künderin und Aufpasserin stets vor Augen hält und zweitens nicht vergißt, die Tendenz der Dichter und Mythographen zur maßlosen Übertreibung (im Erhabenen wie im Scheußlichen) mit einzukalkulieren. Den Dichtern sitzt der »Thriller« stets locker in der Tasche, und was die Möglichkeit zu schauerlicher Bühnenwirkung betrifft, so lassen sich gerade Aischylos und Sophokles hier nichts entgehen.

Jedoch, die *bildende* Kunst geht ihre eigenen Wege, sie kennt ihre Gesetze und Grenzen, sie läßt, um es anachronistisch auszudrücken, »die Kirche beim Dorf«, und das heißt: die Charakteristik grundsätzlich bei dem Bildtyp, von dem sie einmal ausgegangen war. Bestie bleibt Bestie, Gigant Gigant, und die Sphinx bleibt, was sie war: eine Künderin von schicksalhaften Beschlüssen (mögen diese auch für die Menschen verheerende Folgen haben; aber das trifft ja bei den Göttern, die in menschliches Geschehen eingreifen, noch viel mehr zu; man denke nur an die Taten und Verheerungen des Apoll, der Athene, der Artemis).

Auf das »Wesen« der archaischen Sphinx angewendet heißt das aber, daß es nicht angeht und sogar widersinnig ist, ihre zweifellos dämonischen (d. h. gotterfüllten) Eigenschaften allzusehr ins Schaurig-Negative zu verzeichnen, wie es im Gefolge der Euripideischen Ausdrucksweise, seiner »Emphase«, fast zwangsläufig geschieht.

Die Sphinx als »Überbringerin« ist so wenig zerstörerisch oder menschenfeindlich, wie es etwa der Briefträger ist, dem es obliegt, auch unangenehme Sendungen wie Mahnbriefe, Kündigungsschreiben, Todesanzeigen oder Schlimmeres zuzustellen. Man kann nicht einmal sagen, daß die Sphinx a priori verhaßt oder gefürchtet ist. Die Bildzeugnisse des späten 7. und des frühen 6. Jahrhunderts zeigen sie vielmehr in Natur- und Menschennähe. Ich könnte mir das Stoßgebet eines Kriegers um 560 v. Chr. durchaus vorstellen als »Sphinx, steh mir bei!« Sonst wäre auch der Helm eines korinthischen Hopliten (um 630 v. Chr.) nicht zu erklären, auf dessen Wangenteil eine stolze, schreitende Sphinx eingraviert ist (Louvre, vgl. Demargne, Abb. 477).

Jedoch, das wichtigste Argument ist und bleibt die schon für das letzte Viertel des 7. Jahrhunderts bezeugte Verwendung der Sphinx als monumentales Wächtertier im Tempelbezirk und als Grabfigur. Bei der Tempelsphinx steht natürlich der dämonische (apotropäische) Charakter im Vordergrund. Man bedenke, was es bedeutet, daß zum Beispiel die äginetische Tempelsphinx (Abb. 14) mit ihrer Standhöhe von 14,6 Metern den First des Tempels (12,4 Meter) um ein Fünftel überragte und daß die Eck-Akrotere des Tempels wiederum Sphingen waren!

Dasselbe galt selbstverständlich für die entsprechenden

Sphingen im Tempelbezirk von Delphi in bezug auf die von ihnen bewachten Schatzhäuser. Die zum Glück rekonstruierte Grabstelle eines Jünglings und seiner Schwester in New York (vgl. Charbonneaux, Abb. 190; H. Walter, Abb. 23) maß mit der bekrönenden Sphinx 4,23 Meter.

Imponierend wie ihre Entwicklung ins Monumentale war auch ihre Zahl. Es muß um die Mitte des 6. Jahrhunderts Zehntausende von Sphingen auf Vasen und Reliefs gegeben haben und allein in Attika viele Hunderte, vielleicht Tausende von Grabsphingen. Sie war für die Stadtbewohner der tägliche Anblick.

Aus dieser – jedenfalls im 6. Jahrhundert – allgegenwärtigen Präsenz ergibt sich auch der Sinn der scheinbar vereinzelten Sonderformen, die wir nun aus dem Gesamtzusammenhang interpretieren können.

Einzigartig, und unersetzlich als Beleg, ist zunächst die schwarzfigurige Olpe in London (British Museum B 32, Abb. 20): HERMES ZWISCHEN ZWEI SPHINGEN. Der Gott trägt seinen Heroldstab (das »kerykeíon«). Wie Ingeborg Scheibler zutreffend ausführt, bezeichnet diese Darstellung den Moment, wo »die attische Kunst ... versucht, den nicht der orientalischen Bildwelt angehörenden Gott in die heraldische Bildform aufzunehmen« (S. 31). Für uns sind zwei Umstände von Bedeutung: Erstens: Aus der »antithetischen Sitzordnung« hat sich hier bereits (um 580 v. Chr.) die »Gesprächssituation« herausgebildet, die von da an das Jahrhundert beherrscht. Und zweitens: Die beiden Sphinx-Botinnen sind im Gespräch mit dem *Gott* (der Nachrichten und des »Verkehrs«) wiedergegeben. Das Gespräch bezeichnet also den Augenblick der Einweisung, der Instruktion. Die beiden Sphingen wissen jetzt, was zu tun ist (das Los ist gefallen, das Schicksal besiegelt).

Ganz analog deuten wir die (auch im 5. Jahrhundert noch überaus beliebte) Darstellung des BESUCHERS AM GRAB. Das griechische Epigramm (die Grabinschrift) wendet sich mit Vorliebe an den Besucher, den verweilenden oder vorübergehenden, oft mit einer Bitte, einer Mahnung oder Aufforderung. Das berühmteste Beispiel ist ein Epigramm aus frühklassischer Zeit: das für die bei Thermopylai gefallenen Spartaner; man kennt sogar den Verfasser dieser Inschrift: Simonides aus Keos (556–467). Wenn aber eine Sphinx auf der Grabstele thront, dann ist ohne Zweifel sie es, die die Bitte oder Mahnung ausspricht. Ja, sie spricht mit dem Wanderer. (Der Gedanke drängt sich auf, daß die Sphinx ihre unglaubliche Beliebtheit als Grabfigur überhaupt dem Umstand verdankt, daß sie sprechen kann. Sie ermöglicht dem Besucher, dem Hinterbliebenen eine »Frage an das Schicksal«).

Damit sind wir aber an dem entscheidenden Punkt angelangt, der uns den Schlüssel liefert für das Motiv der »rätselstellenden Sphinx«, die am Ende des 6. Jahrhunderts auftaucht. Nämlich: Weil die Sphinx als Botin und Vollstreckerin den Auftrag, die Weisung kennt, ist ihr das Schicksal, das Todeslos (um das es sich fast immer handelt) bekannt. Sie ist im Besitz des Geheimnisses, sie »weiß« mehr als der Mensch. Was liegt da näher, was ist natürlicher, als daß der Betroffene sich mit seiner Frage an sie wendet. Götter erscheinen nicht jedem. Aber die Sphinx, die man vor sich sieht, die könnte man befragen.

So sehen wir die spätere »Rätselfrage« der Sphinx aus der Situation des Besuchers am Grab entstehen. Das Wissen der Sphinx, die das Todeslos kennt, ist dem Menschen verschlossen. Ihr »Rätsel« ist im Grunde die nicht beantwortete Frage an das Schicksal. Das heißt aber: Der Fragesteller ist zuerst der *Mensch,* der Betroffene, der weniger weiß und der, zu seinem Verhängnis, keinen Zugang hat zu den göttlichen Entschlüssen. Dieser Gedanke, das »Nicht-sehen-Können«, das »Blindsein« des Menschen, ist ohnehin ein Hauptzug der griechischen Poetik.
Man sieht aber zugleich, daß die Grenze zum zweiten Stadium der Rätsel-Situation, wo jetzt die *Sphinx* die Frage stellt, nur eine scheinbare und fließende ist. Denn weil der Mensch für gewöhnlich das Geheimnis der Sphinx nicht erraten kann, zieht er im Gespräch den kürzeren. Er hat »verloren«, und wenn er vorher gewettet hat, so ist sein Leben verwirkt.
Es war also nur eine Frage der Zeit und der dialektischen Begabung, daß die »Todeswette« und die »Rätselfrage« ihren Einzug in die Märchendichtung hielten. Man versteht zugleich, daß die Figur der »Rätselwette« gar nicht so abrupt und unvermittelt in den Kreis der Bildthemen hineinkommt, wie es der vorhandene und natürlich sehr lückenhafte Bestand der Vasenzeichnungen vortäuschen könnte, sondern daß sie logisch und organisch aus dem Zusammenhang der Sphinx-Begegnungen hervorgeht.
Hält man an dieser Einsicht fest, so ergeben sich sehr rasch die nun wirklich maßgebenden Kriterien für die Deutung aller Sphinx-Darstellungen des 6. und 5. Jahrhunderts: Ihre Ikonographie läßt sich nun tatsächlich

aus einem Ansatz erklären. Vor allem wird die – andernfalls ziemlich unverständliche – Rolle der Sphinx als »Inspizientin« oder Aufpasserin bei relativ harmlosen Szenen, etwa bei Tänzen, bei dem Ringelreihen der Tiere, bei Trinkszenen oder Wettrennen, etwas deutlicher. Die Anwesenheit der Sphinx verbürgt eine gewisse Ordnung. Sie ist ein Zeichen dafür, daß alles mit rechten Dingen zugeht. Bei Vorgängen von höherer Bedeutung, etwa bei den Kämpfen der Heroen oder der Tötung eines Monsters, hat ihre Anwesenheit natürlich noch mehr Gewicht. Sie verbürgt dann die »ordnungsgemäße Abwicklung« und den vorbestimmten Verlauf des Unternehmens – eine Beruhigung übrigens auch für den Käufer der Vase.
Kommen wir jetzt zurück auf die merkwürdige Stuttgarter Bauch-Amphora (Abb. 23–25), so ergibt sich meines Erachtens ein Gesichtspunkt, der bei der ersten Betrachtung noch nicht in voller Schärfe erfaßt werden konnte. Wir schließen uns im allgemeinen der Deutung von Ulrich Hausmann an, daß hier eine Ödipus-Vorstellung zugrunde liegt. Der Vorgang ist etwa so zu denken: Eine Stadt ist in Trauer, zahlreiche Söhne und Männer der trauernden Frauen, die am Boden sitzen, sind gefallen – sei es im Krieg, oder durch ein anderes Unheil –, man befürchtet, daß das Sterben weitergeht, sieht aber kein Mittel der Abhilfe. Da tritt ein Angehöriger der Bürgerschaft hervor, ein »Weiser«, ein »Wissensmann«, der es unternimmt, die Sphinx als die Kennerin und Eingeweihte des Schicksals herauszufordern, sie nach dem Grunde der Heimsuchung zu befragen.
Und das ist nun der große Moment, den die Vasen-

zeichnung darstellt: Die Sphinx ist herbeigeflogen und stellt sich den Fragen des »Weisen«. Die Szene ist also durchaus verständlich und in sich logisch, es braucht keine »Wette« um Leben oder Tod (des Mannes) vorausgegangen zu sein, es ist auch nicht nötig, ein besonderes Risiko für ihn anzunehmen außer vielleicht dem, daß er bei Mißlingen seiner Mission ziemlich blamiert ist.

Aber siehe da, ein Adler kommt in seiner Richtung geflogen, das siegverheißende Zeichen des Zeus, und der Betrachter (des 6. Jahrhunderts) weiß: Der Mann hat das Fragespiel gewonnen, man wird von ihm die Lösung des Verhängnisses erwarten dürfen, er hat die Stadt »gerettet«. Er ist ein »Weiser«, ein »sotér«, ein Erretter der Polis und wird (die Worte der vierten Chorstrophe, Sieben gegen Theben, V. 772ff., fügen sich nun zwanglos und wie von selbst in den Zusammenhang ein) »von den Göttern und den Zeitgenossen am höchsten geachtet«.

Das Stuttgarter Gefäß bezeichnet also den Punkt der Sagenentwicklung, an dem Ödipus zwar bereits öffentlich als der »Weise« auftritt, aber als legitimer Sprecher und Vertreter der Bürgerschaft, keinesfalls als heimatloser Fremdling. Auch ist der Gegenstand seiner Unterhaltung nicht eine beliebige »Rätselfrage« (deren Beantwortung den Tod der Sphinx zur Folge hätte), sondern es wird konkret die »Lage der Nation« erörtert, nämlich deren gegenwärtige Not und Bedrängnis. Damit sind aber auch einige weitere Punkte geklärt, die sonst unverständlich bleiben müßten:

1. Ganz offenkundig spielt sich die Frageszene nicht auf einem Berg oder in einer sonstigen wilden Ge-

gend ab, sondern in einem urbanen Raum. Die Sphinx hat sich auf einem Säulenpodest niedergelassen (genauso, wie sie auf den Grabstellen sitzt), der »Weise« hat auf einem bequemen, eigens für ihn herbeigeschafften »Klappstuhl« Platz genommen. Man befindet sich offenbar vor dem Palast.

2. Ganz sicher ist auch die Sphinx auf ihrer Säule noch nicht (wie in der späteren Dichtung) eine prinzipielle Gegnerin des Fragenden, und vor allem ist sie nicht die Ursache der öffentlichen Heimsuchung. Sie kennt den Zusammenhang, weiß den Grund des Leidens, aber schon der Umstand, daß sie überhaupt gekommen ist, deutet eher auf eine freundliche Haltung.

3. Keinesfalls wird sich die Sphinx, bei erfolgreichem Ausgang für den fragenden Mann, »von einem Felsen« oder überhaupt »in die Tiefe« stürzen, wie es dann später heißt. Und dafür gibt es meines Erachtens einen absolut zuverlässigen ikonographischen Hinweis: Es könnten nämlich im Falle einer Todeswette unmöglich zwei Sphinxe, ganz in der gleichen Art und Zeichnung auf der Rückseite des Gefäßes, noch dazu in riesiger, imponierender Form, in friedlichem Gespräch beieinandersitzen. Es ist ja ganz undenkbar, daß die zwei stattlichen Götterbotinnen ihren angeregten Klatsch betreiben, während sich eine dritte wegen einer verlorenen Wette zu Tode stürzen müßte (was ihr, da sie doch Flügel hat, einigermaßen schwer fallen dürfte).

4. Die Reputation des Ödipus als Weiser, der durch seinen Scharfsinn eine schwierige Frage löst, kann sich nie und nimmer auf ein Rätsel von der Art des »tetrápous, dípous, trípous« usw. bezogen haben. Ein solches

Rätsel zu lösen, wäre politisch (d. h. für die Stadt) ganz belanglos. Sein Ruhm, von dem noch Aischylos und Sophokles in den höchsten Tönen reden, kann ursprünglich nur auf einer echten Leistung, einer Geistestat, beruht haben. Eine solche wäre aber die Behebung eines großen Notstandes für das Volk gewesen, was die Stuttgarter Vase offenkundig suggeriert.
Faßt man alle diese Argumente zusammen, so ergibt sich mit Sicherheit, daß die Situation der Stuttgarter Amphora noch nicht die Rätselversion im Sinne eines »riddles« mit damit verbundener Wissenswette sein kann, sondern daß hier in vollem Ernst die Befragung einer Sphinx wegen einer Schicksalsangelegenheit gemeint ist. Die Analyse der Stuttgarter Darstellung ergibt also noch deutlicher und schärfer, daß die Rätselversion mit einer wilden, im Gebirge hausenden Einzelsphinx eine rein literarische Erfindung ist, die zum Zweck der dramatischen Zuspitzung und ohne jede Rücksicht auf ihre Darstellbarkeit im 5. Jahrhundert, und wir vermuten um 470 v. Chr., kurz vor der Aischyleischen Trilogie, eingesetzt hat.
Zur Abrundung unserer Ergebnisse müssen wir noch eine chronologische Überlegung anstellen, die das vorher Gesagte präzisiert. Es steht außer Zweifel, daß die Figur der Sphinx im letzten Jahrzehnt des 6. Jahrhunderts eine schwere Einbuße erlitten hat. Ein äußerer Umstand könnte dazu beigetragen haben: das erste Gesetz gegen den Gräberluxus, das 509 erlassen wurde und das natürlich nicht die Sphinx allein, sondern jegliche Übertreibung und Prachtentfaltung auf Grabmälern verhindern sollte. Aber die Sphinx, als Grabtier, war natürlich mitbetroffen.

Es scheint jedoch auch, daß sie gegen 500 bereits an innerer Glaubwürdigkeit eingebüßt hatte. Sie war jetzt formelhaft festgelegt als Symboltier für Fragestellung, Wissensprüfung und überhaupt für »ungelöstes Rätsel« allgemein. So erscheint sie bereits um 480 als Kinderschreck auf der Schale des Louvre (Abb. 29). Ihre numinose Überzeugungskraft und dämonische Unnahbarkeit waren dahin. Es ist ja auch bezeichnend, daß die Sphinx am Aphaia-Tempel auf Ägina (also kurz vor der Jahrhundertwende) zum letzten Mal als Giebel-Akroter auftritt. Die prominenten Tempel des 5. Jahrhunderts trugen bereits wieder »normale« Akroterien, zum Beispiel Dreifüße und Viktorien (Nike-Figuren) am Zeustempel zu Olympia oder großartige Palmettenbäume am Parthenon. Das Jahrhundert der Sphinx war vorbei. Insbesondere während der Perserkriege, und noch bis gegen 470, tritt sie in den Hintergrund – es bleibt kaum eine blasse Erinnerung an den einst wichtig genommenen Fragen-Dialog.
Ihre spektakuläre Aufwertung durch die Aischylos-Dramen (und vielleicht auch durch andere Theateraufführungen) kommt also fast einer Wiedergeburt gleich. Jetzt ist sie festes Zubehör der zu tragischem Glanz aufpolierten Ödipusgeschichte. Die Sphinx erhält ein neues Rollenfach, sie muß sich von den Dichtern und Mythographen bis zum bluttriefenden, menschenräuberischen Scheusal herabwürdigen lassen, was aber die Vasenmaler, die von der neuen »publicity« der Sphinx profitieren, wiederum nicht im geringsten stört. Sie kehren sich einfach nicht an den rhetorischen Bombast der Chorstrophen, sondern machen aus der Sphinx im Gegenteil ein besonders apartes, hervor-

ragend frisiertes, großstädtisch-elegantes Mädchenwesen, eben die »klassische Sphinx«, für deren Typus nun die vatikanische Schale (Abb. 32) das bis heute bewunderte Vorbild liefert.

Aber mit diesem neuen Aufrauschen, das knapp zwanzig Jahre anhält, ist es dann auch getan. Die Aufführung der Stücke von Sophokles und Euripides im

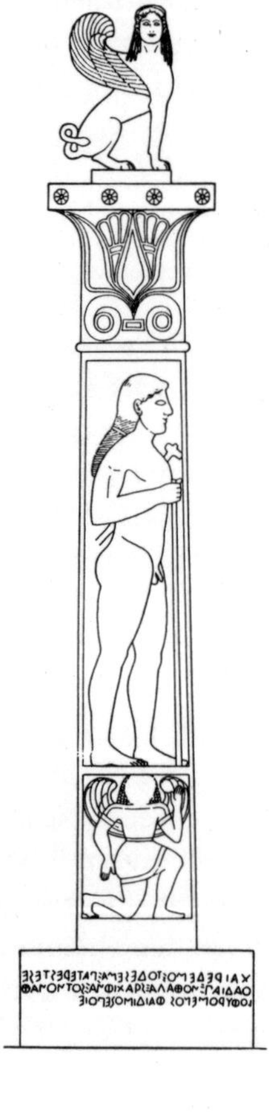

Fig. 2: Idealzeichnung einer attischen Grabstele, Mitte 6. Jh. v. Chr.

letzten Viertel des 5. Jahrhunderts (und damit in der Zeit des Peloponnesischen Krieges) vermag, wie auch Ulrich Hausmann (S. 13) bemerkt, keinen neuen Impuls mehr hervorzubringen.

Die Sphinx gehörte nun zum beliebig verwendbaren Versatzstück aus der mythologischen Requisitenkammer. Die Götter, deren unabänderlichen Willen sie einst verkündet hatte, waren selbst zu menschenfernen Schemen verblaßt, die, von den Philosophen mild belächelt, in der allgemeinen »Idealität« aufgingen.

(11) Die Namen der Ödipus-Sage (Übersicht)

Die Eigennamen sind im Falle der Ödipus-Sage so essentiell für das Verständnis der Sagenentwicklung und ihrer mythisch-poetischen Substanz, daß es erforderlich schien, die hierauf bezüglichen Erklärungen in einen etymologischen Exkurs zu verweisen (siehe S. 239). Wir stellen hier lediglich, ohne nähere Begründung, die Ergebnisse zusammen:

Oedipus ist die falsch geschriebene und falsch betonte latinisierte Form des griechischen Oidípous. Oidípous (Οἰδίπους) bedeutet ursprünglich nicht, wie die heutige Etymologie es wissen will, »Schwellfuß« oder »der mit dem geschwollenen Fuß«, sondern (nach der Zusammensetzung oid-dípous) soviel wie »der Mann, der sich auskennt«, der »Kundige«, »Verständige«, und schließlich, besonders im Drama, »der Weise«. Als der »Weise« ist er auch ausschließlich Thema der Vasenmaler im späten 6. und im 5. Jahrhundert.

Kreon ist der, der die (wirkliche) Macht hat, der Herrscher.

Antigone bedeutet (wie Adelheid) »die durch edle Geburt Hervorragende«.

Ismene ist die »kraftvoll Gesinnte«, ein thebanischer Lokalname.

Iokaste ist ein Name des 5. Jahrhunderts und weist auf die Gestalt der von Zeus in Liebesraserei verfolgten *Io* (Ἰώ), die in Ägypten zur Göttin Isis wird. Io-káste bedeutet soviel wie »gezüchtigt« oder »gereinigt« im Zeichen der Io.

Laios, der (angebliche) Vater des Ödipus, heißt an sich »der aus dem Volk«. »Laios« ist also kein Fürstenname, sondern ein zu der schon vorhandenen Ödipus-Fabel hinzuerfundener Kunstname mit einer Färbung in Richtung »der Tölpel«, der »Dummkopf« – vielleicht auch der »Ahnungslose«, der »Gehörnte«, im Gegensatz zu dem »Wissenden«, dem »kundigen« Ödipus.

Labdakos ist ein im Hinblick auf den seit Anfang des 5. Jahrhunderts »klumpfüßigen« Ödipus und seinen »linkischen Vater« Laios ausgeklügelter Spitzname. »Labdakos« heißt eigentlich »Lambdakos« = einer mit zwei ungleichen Beinen (weil das alte L = lambda mit zwei ungleich langen Strichen geschrieben wurde: Λ).

Insonderheit dient aber dieser »hinkende« Labdakos dazu, seinen Enkel Ödipus über einen weiter hinzuerfundenen »Polydoros« (den »reich Beschenkten«) mit dem sagenhaften thebanischen Stammvater und Städtegründer *Kadmos* zu verbinden, wodurch Ödipus ein Abkomme der vorerwähnten *Ió* oder Isis wird

(Ió war, über Agenor, Libya und Epaphos, die Ur-Urgroßmutter des Kadmos). Diese (zu Beginn des 5. Jahrhunderts noch gar nicht existierende) Stammtafel begründet wiederum die Namenswahl der Iokaste (die bei Homer noch »Epikaste« heißt) bei den Dichtern des 5. Jahrhunderts.
Sphinx ist ein wahrscheinlich Ende des 7. Jahrhunderts aus dem primitiveren »Phix« oder »Phika« gebildeter Tiername und steht in nächster Nähe der schon bei Homer vorkommenden »Sphäx« oder »Sphika« (= Wespe). »Sphinx« bezeichnet demgegenüber etwas Edleres: ein schlankes Mädchentier, aber gefährlich; eine »Wespe vom Thron des Zeus«.
Teiresias schließlich ist eine alte Berufsbezeichnung, abgeleitet wahrscheinlich von »téras« (τὸ τέρας = übles oder warnendes Vorzeichen), also »der Zeichendeuter«, der Seher.

(12) Das einfältige Rätsel der Sphinx

Heinz Politzer spricht in seiner Studie HATTE ÖDIPUS EINEN ÖDIPUS-KOMPLEX (S. 37) von dem »im Grunde einfältigen Rätsel des Ungeheuers«. Warum es aber einfältig ist und wieso es einzig aus dem Gleichklang von »dípous, trípous, tetrápous« mit dem Namen Ödipus lebt, kann er aber auch nicht angeben.
Carl Robert (I, S. 57) äußert sich zu der Rätselfrage: »Mir scheint, der Einfall, ein männermordendes Ungetüm zu einer scharfsinnigen Rätselstellerin zu machen, die nur dann überwunden werden kann, wenn

sich jemand findet, der ihr an Witz gewachsen ist, kann schwerlich älter sein als die Blüte der griechischen Rätselpoesie.« Leider läßt aber C. Robert an diesem Punkt die Frage der Zeitbestimmung wieder fallen und fährt dann fort: »Daß jedoch die Fassung mit Rücksicht auf den Namen ›der Fußkundige‹ gewählt sei, der seinen Träger zur Lösung des Rätsels gewissermaßen prädestiniere – diesen Gedanken halte ich, auch abgesehen von der sehr bedenklichen Etymologie, für keine glückliche Ausgeburt modernen Scharfsinns.«

Um von rückwärts anzufangen: Die Deutung Οἰδίπους = der Fußkundige ist natürlich Unsinn, genau wie die nur spezifisch und temporär zu verstehende Deutung Ödipus = Schwellfuß (vgl. Anhang, S. 239). Indem sich Robert entsetzt von dieser etymologischen Monstrosität abwendet, übersieht er aber das darunter versteckte Goldkorn, nämlich daß er *Name* eben doch, und zwar unmittelbar, mit der »Fassung« des Rätsels zusammenhängt, und mehr: daß der Name das Rätsel provoziert, denn Οἰδίπους ist der »Weise«, der Rätsellöser. (Die Sphinx hätte ja, theoretisch, irgendwelche ganz gleichgültige Rätsel vorlegen können.) Weil aber das »poús« in »dípous« (= der Mensch) drinsteckt, war es ein unendliches Vergnügen, zu diesem Namen das Wortspiel mit »dípous, trípous, tetrápous« dazuzuerfinden, was denn auch geschehen ist.

Man sieht überdies, daß die Frage der Sphinx im Grunde gar kein »Rätsel« ist, denn jedes der vorkommenden Wörter war einem Hellenen eben *auch* in der Bedeutung der Sphinxfrage bekannt. Freilich: »tetrápous« im Sinn von »am Boden krabbelndes kleines

Kind« steht in keinem Wörterbuch – man muß das in einer thessalischen Bauernstube selbst gehört haben. Übrigens freuen sich die Griechen über solche Wortspiele und lachen dazu. Das vermeintlich »schicksalhafte« Rätsel der Sphinx ist für sie ein Spaß.

Nun aber zu der von C. Robert leider nur flüchtig berührten Zeitbestimmung. Die »Blüte der griechischen Rätselpoesie« – wann war sie? Nun, nicht allzu lange nach dem Aufkommen der Wortspiele und Spruchweisheiten überhaupt. Wenn dieses Reimen, Necken und Raten zu Beginn des 6. Jahrhunderts einsetzt (Thales von Milet als Protagonist, vgl. Anm. 34), so kann man sich leicht ausrechnen, daß die »Blüte« solcher Beschäftigung wohl nicht vor der Mitte des 6. Jahrhunderts und wohl eher in dessen zweiter Hälfte gelegen haben kann. Wir sind also, auf Roberts Überlegungen fußend, zu der gleichen Zeitbestimmung gelangt, die wir oben (Kap. IV, e) aus anderen Erwägungen heraus schon gefunden hatten.

Schließlich ein Wort zu dem im Sphinxrätsel genannten »trípous«. Hierzu gibt es einen literarischen Beleg, den C. Robert zitiert, ohne dessen Tragweite zu erkennen. Es heißt nämlich bei Hesiod, als er die Schrecken des Winters schildert, wenn die Tiere sich in den Höhlen verkriechen und die Menschen vor der Kälte Schutz suchen (ERGA, V. 533–535): »... dann aber gleichen die Menschen einem Dreifuß (τρίποδι ἶσοι), dessen Nacken gebrochen ist, wenn sie, den Blick auf den Boden gerichtet (zu ergänzen: wie wandelnde Dreifüße eben, nämlich mit dem Stock in der Hand), dahinirren, um dem weißen Schnee zu entkommen.«

C. Robert erkennt richtig, daß die Hesiod-Stelle dem Rätsel jedenfalls vorausgegangen sein muß, *wenn* zwischen beiden überhaupt ein Zusammenhang besteht, was er aber bezweifelt. Nun, einen »Zusammenhang« (im literarischen Sinne) brauchen wir gar nicht zu unterstellen. Die Hesiodschen Verse beweisen ja bloß, daß zu Beginn des 7. Jahrhunderts der Vergleich eines »am Stock« humpelnden Menschen mit einem »trípous« bereits eine jedermann geläufige Metapher war, so daß es wohl nichts mehr zu »erraten« gab, wenn dieses »trípous« 150 Jahre später in dem Kindervers der fragenden Sphinx auftaucht.

(13) Die Rolle der Rätselsphinx

Dies ändert nichts daran, daß der Sphinx im Zusammenhang der Erzählung eine überaus wichtige Rolle zukommt. Sie hat eine mehrfache Funktion:

1. Im äußeren Ablauf ist sie das verbindende Element zwischen dem ersten Teil (mit dem Vatermord als Höhepunkt) und dem zweiten (mit der Mutterehe und der Herrschaft in Theben) – sie ist das »Scharnier« der Handlung (Hausmann, S. 9). In dieser Funktion ist sie sogar unentbehrlich: Irgendeinen Grund muß Ödipus doch haben, warum er bei Theben Station macht, statt nach Orchomenos zu gehen oder in Thessalien ein neues Herzogtum zu gründen;
2. liefert die Sphinx bzw. deren Überwindung das heroische Motiv, das dem taten- und ruhmlosen (und eher verbrecherischen) Ödipus bis dahin fehlt;

3. versorgt sie die Erzählung mit einem reizvollen poetischen Element: Sie verhilft Ödipus zum Status eines jugendlichen »Weisen«, eines höchst verständigen Landfahrers, eines, der sich durch eigenen Instinkt und Mutter-Witz durch die Welt schlägt und dabei Frau und Königreich gewinnt;

4. bildet diese »Hans-im-Glück«-Situation das Sprungbrett für die weitere dramatische Ausarbeitung: Sie ermöglicht die tragische Antithese »Glücklich einst – im tiefsten Elend jetzt«, die schon bei Aischylos die lebhafteste Anteilnahme des Betrachters herausfordert;

5. wird diese Antithese noch vertieft durch folgende Kontraste:

a) *damals* war Ödipus der *Weise*, der das Rätsel löste, damals erschien er als Heiland und Retter der Polis. Jetzt aber, da er sein *eigenes* Rätsel lösen müßte, um die Stadt von der zweiten Plage zu befreien, *jetzt* ist er blind und hilflos und *muß* es sein, weil er ja selbst die Plage ist, das fortwährende Unheil, von dem er die Stadt nur erlösen kann durch Beseitigung und Vernichtung seiner selbst; und

b) durch den Gegensatz: Als Ödipus noch *Augen* hatte, da war er *blind* (nämlich seinem Tun gegenüber) – *sehend* wird er erst, wenn ihn Dunkelheit umfängt (besonders im Dialog Ödipus–Teiresias, V. 413 ff.).

6. Zum höchsten Pathos steigert sich der Gegensatz in den Betrachtungen des Chores: Damals, als Ödipus das Rätsel löste, schien er vor Göttern und Menschen der *Höchstgeachtete* unter allen Sterblichen zu sein –

ja, geradezu hymnisch, emphatisch wird dies sowohl bei Aischylos (V. 755, 4. Chorstrophe) wie bei Sophokles (V. 1198 ff.) verkündet: Nicht nur die Bürger der Stadt, sondern *alle* Zeitgenossen bewunderten ihn, er schien »auf dem Gipfel des Glücks« zu stehen, und eben mit dieser vielbewunderten Tat schuf er sich selbst das äußerste Elend: die Ehe mit der verkehrten Frau, Blendung, Verbannung, Exil und Tod.

Prosaisch ausgedrückt: Der Mensch ist blind. Er merkt es nicht einmal, wenn das vermeintliche Glück, nach dem er greift, in Wirklichkeit sein Verderben ist. Teiresias sagt das in Vers 442, und dasselbe wiederholt der Chor in seinem »Abzugslied« (Epilog), Vers 1524 ff. Was könnte im übrigen deutlicher dartun als diese Übersicht, daß die »Sphinx« bzw. ihre Heimsuchung für den dramatischen Dichter nichts anderes ist als eine »Kunstfigur«, ein Requisit des Dramaturgen, und daß den Tragikern ihr »Wesen«, ihre »wahre Natur« so gleichgültig war wie umgekehrt den Vasenmalern das Drama?

(14) Die Auferstehung der Sphinx

Die Sphinx erlebt eine Auferstehung im 18. Jahrhundert, und zwar im Rokoko-Kostüm, als Steinfigur in Parkanlagen, natürlich ohne Ödipus. Der Klassizismus entdeckt sie für die Malerei. Jetzt wird die Sphinx dargestellt als ein lauerndes, den Mann verlockendes und dann in tödlicher Umarmung verschlingendes Tierwesen – das berühmte »Mysterium Weib«.

Hier ist also bereits der Ton angeschlagen, der dann zum Lieblingsthema des romancierenden 19. Jahrhunderts wird: das Motiv von der »femme fatale«. Heinrich Heine hat ihr, wohl als erster in dieser expliziten Form, Verse gewidmet (BUCH DER LIEDER, Vorrede zur dritten Auflage 1839) und hat damit die Gleichsetzung Sphinx = »Verhängnis Weib« für die neuere Zeit eingeleitet.
Jedoch, was in der Dichtung sich oft geistreich und sinnfällig ausnimmt, das bekommt in der bildlichen Darstellung (des 19. Jahrhunderts) dann leicht einen Beigeschmack unfreiwilliger Komik – wahrscheinlich, weil durch das naturalistische Hervorkehren der *körperlichen* Begegnung deren reale Unmöglichkeit um so penetranter bewußt wird. Merkwürdig ist jedenfalls, daß Sigmund Freud seine Ödipus-Theorie gerade in der Hochblüte dieser Art symbolistischer Sphinx-Darstellungen konzipiert hat. Hier seien wenigstens drei der bekanntesten erwähnt: ÖDIPUS UND DIE SPHINX von Jean-Dominique *Ingres*, 1808 (Louvre), zweite Fassung 1828 (London, National Gallery); dann ÖDIPUS UND DIE SPHINX von Gustave Moreau, 1864; und DER KUSS DER SPHINX von Franz Stuck, 1895. Bei Ingres findet noch ein echt antikes Gespräch statt; unvergleichlich sind die ernste, gefaßte Miene, die gesammelte Aufmerksamkeit bei Ödipus und das »Rätselhafte« der aus dem Felsen vorspringenden Sphinx wiedergegeben. Bei Moreau klettert das Pardelweibchen, das in der Frisur übrigens ein hübsches Krönchen trägt, an Ödipus empor. Bei Franz von Stuck hat die wie eine Seekuh auf dem Felsen gelagerte Sphinx ihren Liebhaber (der also nicht Ödipus sein kann) bereits

an sich gezogen und schlägt ihm die Pranken ins Rükkenmark. Die Flügel der Sphinx hat Stuck weggelassen. Gemeinsam ist allen drei Darstellungen, daß die Sphinx-Begegnung in eine wild zerklüftete, idealisierte, wie man sagte: »heroische« Landschaft verlegt ist. Bei Stuck ist es eine (Böcklin entlehnte) Granithalde, wo das Blutsaugen stattfindet.

Sieht man daraufhin antike Vasenbilder an, so glaubt man in eine andere Welt zu kommen. Kein Gedanke an Dramatik, an Herausforderung oder Gefahr. Die Sphinx hockt auf einem Felsen oder in der Stadt, während Ödipus sehr gelassen, aber würdevoll vor ihr steht oder sitzt. Häufig nehmen weitere Begleitfiguren an der Konversation teil – man diskutiert. Hervorgehoben ist jedesmal der gespannte, konzentrierte Gesichtsausdruck der Sphinx, der aber niemals etwas Grausames, Wildes hat: Sie wartet auf Antwort. Daß die Sphinx ein gefährliches oder gar menschenverschlingendes Wesen sein soll, kann man den Vasenzeichnungen beim besten Willen nicht entnehmen, erst recht nicht, daß sie sich jemals zu einer »Landplage« hätte auswachsen können.

Das Bild von Franz v. Stuck ist übrigens die Antwort auf eine ganze Welle von Sphinx-Darstellungen der französischen und belgischen Symbolisten im letzten Jahrzehnt des 19. Jahrhunderts. An erster Stelle steht hier das Gemälde von Ferdinand *Khnopff* (1858 bis 1921): Die Kunst, die Zärtlichkeiten oder die Sphinx von 1896 (s. Buchumschlag und Abb. 41). Die Flügel der Sphinx fehlen, um so besser kommt das Geschmeidige, Kätzisch-Lüsterne der Leorpardenfrau zum Ausdruck, vor allem auch das Unbedenklich-

Fig. 3: »Die Sphinx und ihr Liebhaber«. Zeichnung (1892) von Alexandre Séon.

Direkte ihrer Liebeswerbung (sie greift dem etwas verdutzt und ratlos blickenden Jüngling geradewegs an den Lendenschurz). Den leichten Schock bekommt man aber erst beim Studium der Gesichter: Sie sind aus einer Form gegossen. Wahrhaftig, die Sphinx-Verführerin ist zugleich die *Mutter* – sie ist Iokaste und Sphinx in einem! Der Maler Khnopff hat also diese Gleichsetzung gesehen, lange bevor die Psychoanalyse auf ähnliche Gedanken kam. Nur hat Khnopff (wie Homer) sofort das Wesentliche erkannt, was den Psychoanalytikern bis heute verborgen blieb: daß nämlich die Mutter es ist, die die Chimäre ausheckt. (Man betrachte übrigens den unglaublichen Gesichtsausdruck der Sphinx-Frau, diesen als »selbstverständlich« empfundenen Besitzanspruch in ihrer Miene.)
In eine ähnliche Richtung deutet eine Zeichnung von Alexandre *Séon,* einem Künstler aus dem Kreise der »Rose Croix«, der Rosenkreuzer, mit denen zusammen er 1892 in Lyon ausstellte. Er zeigte damals ein Gemälde DIE VERZWEIFLUNG DER CHIMÄRE, das sozusagen die Klage der Sphinx, die ihre Wette verloren hat und sich töten muß, in höchst bewegender Weise schildert (vgl. Demisch, Abb. 536). Das Bild soll auf der Ausstellung 1892 »Furore« gemacht haben.
Im gleichen Jahr entstand die Zeichnung von Séon, auf der die Sphinx nun im Gegenteil als die Triumphierende dargestellt ist (Fig. 2). Auch hier ist die Gleichsetzung Iokaste – Sphinx evident. Aber die Situation ist befremdlich: Der Mann, der für einen »Sohn der Sphinx-Mutter« etwas zu alt aussieht, liegt wie betäubt oder in tiefem Schlaf, gleichsam »aufgebahrt«, am Boden, leichenblaß und leichenähnlich,

während die Sphinx ihm mit ihrer Löwenpranke die Brust aufreißt. Séon hat, wie die Zeitgenossen schon bemerkten, in der Sphinx die »femme fatale« der Jahrhundertwende gesehen. Der Mann auf seiner Zeichnung könnte Ödipus, er könnte aber auch Laios sein.

Eine Sphinx-Frage ist wohl auch der tiefere Sinn eines Gemäldes von Salvador *Dali* (geb. 1904 in Figueras): DIE ERSCHEINUNG DER UNGEHEUER (vgl. Abb. 42), dessen Titel in der Literatur beharrlich falsch mit DIE ERFINDUNG DER UNGEHEUER angegeben wird. Dali hat das Bild in Paris begonnen und 1937 auf dem Semmering bei Wien vollendet. Die im Wasser stehenden Pferde deutet der Maler als »weibliche Flußungeheuer«; denn: »Die Erscheinung von Monstren kündigt nach Nostradamus bevorstehenden Krieg an.« Die Attribute der Sphinx (Flügel und Katzenähnlichkeit) sind wie ein Hauch auf das fragende Kind übertragen, das mit hilfesuchend-demütiger Geste vor dem Altar des weiblichen Pferdemonsters kniet. Auch hier also (wie manchmal in der Antike) eine Vertauschung der Rollen: die Sphinx ist die Befragte. Bei Dali neigt sie sich, doppeldeutig und pferdegesichtig, in scheinbarer Teilnahme und mit nachdenklich-besorgter Miene dem ratsuchenden Katzenengel zu, dessen Frage »Was ist? Was kommt? Was wird geschehen?« sie aber auch nur mit einem Hinweis auf die Monstren beantworten kann, die ringsumher aus dem Boden wachsen. Sie sind die Abbilder dessen, was in der Psyche wächst und wuchert.

Salvador Dali war in eben jenen Jahren von Sigmund Freud beeindruckt und gefesselt, dessen Porträt er bereits 1936 aus der Vorstellung gezeichnet hatte. Persönlich lernte er den Wunderman aus Wien etwas später, 1938, ein Jahr vor Freuds Tod, zusammen mit Stefan Zweig und Edward James in London kennen.

(15) Die Keren, Attribut und Sinnbild

Daß man sich gleichwohl hüten muß, die Bilderklärung des Pausanias (V, 11, 2) wörtlich zu nehmen, hat Erika *Simon* in ihrer Untersuchung DIE GÖTTER DER GRIECHEN (München 1969) ebenso geistreich wie überzeugend dargelegt. Sie bemerkt (S. 34), daß die »weggeholten« Jünglinge am Thron des Zeus sicher keine »Thebaner« gewesen sein können (da sich ein Unikum wie die Sphinx der Ödipus-Sage nicht »dekorativ verdoppeln« läßt). Die Sphinxe an diesem berühmtesten Kultbild der Antike waren zur Zeit der Entstehung (ca. 440/30 v. Chr.) vielmehr Attribute des Zeus, Sinnbilder für »die Macht des höchsten Gottes über Leben und Tod«; sie hatten also etwa die Funktion der homerischen »Keren«. Erst in der verwaschenen Auffassung der Spätzeit war es möglich, in dieser – sicher sehr eindrucksvollen – Darstellung am Zeusthron zu Olympia eine »Illustration« der thebanischen Sage zu erblicken.

Zu der vielseitigen Verwendbarkeit der Sphinxe vgl. auch Hans *Walter* in ANTIKE UND ABENDLAND (Hamburg 1960), der jedoch ebenfalls in der Rückprojektion von literarischen Äußerungen des späten 5. Jahrhunderts (Euripides!) auf die archaischen Sphinxe m. E. einen Schritt zu weit geht und daher der »blutsaugenden Harpaxandra« der Dichter zuviel Gewicht beilegt. Die wirkliche Einschätzung – auch des fünften Jahrhunderts – geht doch wohl eher aus den weiter unten (s. Anmerkung 26) mitgeteilten Belegstellen hervor.

(16) Das Leitmotiv der »Plage«

Die Ansicht, daß ein »Volk« oder eine Stadt für ein altes, weit zurückliegendes und den meisten gar nicht mehr bewußtes Vergehen zu büßen hat und daß die ungebüßte Schuld in Form einer *»Plage«* über Land und Leute kommt, gehört zu den eingefleischten Grundvorstellungen des Orients.

Das Alte Testament liefert einige zum Teil ungeheuerliche Vorgänge dieser Art. Ein markanter Fall in 2. Sam. 21, 1–9: Plage in Form einer »Teuerung drei Jahre aneinander«. Grund: Saul, der Vorgänger Davids, hatte mit den Gibeonitern einen Nichtangriffspakt geschlossen, später aber trotzdem, unter Verletzung des Abkommens, versucht, sie zu »schlagen«, und ihnen jedenfalls schweren Schaden zugefügt. Wegen dieses ungebüßten Frevels bricht also eine Generation später, nachdem *Saul* längst gestorben ist, eine »Plage« aus: die Teuerung. Der »Herr« gibt sofort bekannt, daß es wegen der alten Sache mit den Gibeonitern ist. Was tun? Man muß ihnen Sühne leisten, das ist klar. Auf ihren Wunsch wird nun den Gibeonitern gestattet, *sieben* Männer »aus dem Stamme Sauls« aufzuhängen. Das geschieht, und zwar »auf einem Berg«. – Übrigens

findet sich eine Art »Antigone« ein in Gestalt der Mutter von zwei der Gehenkten, *Rizpa.* Sie bewacht die schutzlos dem Wetter preisgegebenen Leichen so lange, bis David eine anständige Beerdigung gestattet.
In 4. Mose 25, 6ff. gibt es eine Plage wegen Abgötterei und Hurerei mit Moabiterinnen. Abhilfe: Ein Mann wird als Sündenbock herausgegriffen und samt seiner Buhle durchbohrt, und zwar »durch den Bauch«. Erfolg: »Da hörte die Plage auf von den Kindern Israel, und es wurden getötet in der Plage vierundzwanzigtausend.« – Eine Plage wegen »Lüsternheit« und Völlerei: 4. Mose 11, 30 ff. Der Anlaß ist rätselhaft: Es wurden zu viele Wachteln gegessen.

(17) Zur Geographie der Sage

Hier ist nebenbei einzuschalten, daß Aischylos den Ort des Totschlags in die Nähe von Potniai, knapp zwei Kilometer südlich von Theben, verlegt, was dem wahrscheinlichen Sachverhalt irgendwie nahekommt, während Sophokles, schon ganz im Zeichen der delphischen Sagen-Beeinflussung (vgl. Anm. 22), die Tat an eine Wegegabelung knapp westlich von Levadia, d. h. rund 65 km entfernt von Theben, wegschiebt, was mystischer und interessanter wirkt und zahlreiche Gelehrte veranlaßt hat, sich auf Eseln in das steinige, von mannshohen Felsentrümmern übersäte Bergland westlich von Levadia zu begeben, um das »Grab des Laios« aufzustöbern, was natürlich sinnlos ist.
Dies übrigens ein weiterer Beleg für die fast nicht zu

brechende Prädominanz des Sophokles in Sachen der Überliefung: Potniai wäre ein sehr guter Platz, um einem König Laios aufzulauern; aber nein, die wildverlassene, urweltlich-wüste Felsengegend zwischen Helikon und Parnaß wird allgemein als Ort der Begegnung akzeptiert, so schon bei Pausanias (X, 5, 3). Wenigstens haben C. Robert (I, S. 92) und vor ihm schon Richard C. Jebb (Introduction, S. XVIII) eine plausible Erklärung für diese Tatort-Verlegung angegeben: In Potniai befand sich ein Heiligtum der »Eumeniden« (der ποτνιάδες Θεαί; Euripides, OREST, V. 318), was ausgezeichnet zu der »Geschlechterfluch-Theorie« des Aischylos paßt; hingegen wird bei Sophokles mehr der strafende Bann des delphischen Apollon ins Licht gerückt, weshalb er die Tat im Lande Phokis, im Umkreis des Orakels, geschehen läßt.

(18) Die Ankunft des Ödipus

Hier zeigt sich wieder die Problematik jeder Übersetzung. Vers 737 lautet wörtlich: »Ganz kurz, bevor du die Herrschaft dieses Landes habend erschienest« (σχεδόν το πρόσθεν ἢ σὺ τῆσδ' ἔχων χθονὸς ἀρχὴν ἐφαίνου). Das »échon« ist nähere Bestimmung zum Prädikat »ephainou«, das heißt, Ödipus *hatte* die Macht, als er erschien: Er kam *als Herrscher.* Aber natürlich läßt das Verb »phainomai« auch den anderen Sinn zu, nämlich: Ödipus, der nach Theben gekommen war, »erschien« eines Tages, d. h. er *präsentierte* sich, zeigte sich, trat auf als (neuer) Herrscher. Der Satz

heißt dann einfach: »Ganz kurz, bevor du Herrscher dieses Landes wurdest.«
Zwischen beiden Deutungen liegt ein Abgrund: Die erste ist ein kaum verhüllter Zynismus, eine saloppe, nur Ödipus verständliche Anspielung auf das alte Mutter-Sohn-Komplott, vermöge dessen Ödipus zur Herrschaft kam. Die zweite Lesart hingegen ist ein verwaschen-ungenauer Ausdruck für das, was *alle* wissen: daß Ödipus von irgendwoher kam und kurze Zeit darauf zum »basileus« (V. 1202) gemacht wurde. Da nun aber, kraft geheiligter Tradition, sowohl Ödipus wie Iokaste als »nicht wissend« gelten müssen, wählen die Übersetzer (»aidreíesi nóoio«) die »weichere«, ungenaue Interpretation, die aber der Stelle eben die feinere Pointe nimmt. So Buschor, mild und ästhetisch: »Ganz kurz, bevor du *anfingst,* in diesem Land zu herrschen, ward es (sc. das Desaster) der Polis kund gemacht.« Ähnlich fast alle deutschen und englischen Übersetzer, voran der scharfsinnige Richard C. Jebb. Daß dabei die ganze Würze verlorengeht, nämlich der von Sophokles hineingelegte Sarkasmus und Doppelsinn, dürfte einleuchten.

(19) Der nicht geschriebene Brief des Ödipus

Der Leser wird bemerken, daß wir unter »Widerspruch« oder »Antinomie« nicht die sagen- oder märchenhaften Züge der Erzählung *als solcher* verstehen, sondern ausschließlich diejenigen Ungereimtheiten, die bei der späteren unkritischen Weiterbearbeitung der

Sage zu Widersprüchen innerhalb der Erzählung selbst führen. Zum Beispiel ist es in der Version des Sophokles doch sehr verwunderlich, daß Ödipus, nachdem er glücklich Stadtkönig von Theben geworden ist und dort »herrscht«, nicht ein einziges Mal eine Nachricht nach Korinth schickt, etwa des Inhalts:

Liebe Eltern,
ich bin nun endlich hier in Theben gelandet, und stellt Euch vor – für eine kleine Gefälligkeit, die ich der Stadt erweisen konnte, und weil der vorherige Stadtkönig (man sagt, er habe Laios geheißen – habt Ihr jemals von ihm gehört?) gerade abgängig war (er soll auf dem Weg nach Delphi verunglückt sein), wurde ich hier zum neuen König gewählt und ausgerufen.
Das alles ging so schnell, daß ich Euch nicht einmal eine Vermählungsanzeige schicken konnte. Ach so, das wißt Ihr noch gar nicht: Mit der Polis bekam ich zugleich die verwitwete Königin geschenkt. Sie ist zwar etwas älter als ich, aber nicht unflott und jedenfalls sehr intelligent. Ich denke, wir werden uns ganz gut vertragen.
Ihr glaubt ja gar nicht, wie ich mich nach Euch sehne!
Hoffentlich gibt es bald wieder ein Wagenrennen in Korinth, damit ich einen Grund habe, hinzufahren. Ach so, das wollte ich noch sagen – in Delphi wurde mir ein Unsinn prophezeit, daß mir jetzt noch ganz schlecht wird, wenn ich daran denke. Aber darüber mündlich! Es ist wirklich grotesk, was sich diese Wahrsager neuerdings herausnehmen.
Alles Liebe und Gute! Ich sende Euch mit gleicher Post

ein Tanagra-Figürchen, das ist nämlich unser Export-Artikel. Tausend liebe Grüße!

Euer getreuer Sohn
Oidipous

Bei Aischylos hätten wir das Fehlen einer so oder ähnlich lautenden Botschaft wahrscheinlich *nicht* beanstanden können, weil Aischylos einen Aufenthalt des Ödipus in Korinth (und folglich die Adoption durch das dortige Königspaar) gar nicht kannte. Die Metamorphose vom wild aufwachsenden Waldhüterbuben zum Prinzen von Korinth ist also ein Zug, der Sophokles eigentümlich ist. Bei ihm kritisieren wir daher das Fehlen einer solchen Nachricht und müssen irgendeine *Erkärung* dafür finden.

Unsere Lösung ist folgende: Weil die ältere Sage, die noch auf dem Standpunkt der »schnellen Entdeckung« steht, dem Ödipus gar keine Zeit läßt, Ansichtskarten oder Briefe zu schreiben, ist auch das Element einer von Theben nach Korinth gelangenden Nachricht nicht in ihr enthalten. Sie hätte also dazuerfunden werden müssen. Für den *Dramatiker* bestand natürlich kein Anlaß, sich mit einer solchen Bagatelle abzugeben. Das wäre allenfalls Sache eines Erzählers gewesen.

Nun wird man einwenden, es sei überhaupt kindisch, in einem so gewaltigen Schicksalsdrama nach Briefen oder Ansichtskarten zu fragen; man habe es mit Sophokles und nicht mit Ludwig Ganghofer zu tun. Richtig – aber Sophokles selbst widerlegt den Einwand. Sophokles *realisiert*, was es für den Vater Polybos für ein Schmerz sein muß, den Sohn so *lange Zeit* zu vermissen, denn er läßt Ödipus bei der Nachricht von

Polybos' Tod sofort folgenden Gedanken aussprechen (V. 969/70): »... nun liegt er tot, und nicht von meiner Hand – es sei denn, er wäre aus Sehnsucht nach mir gestorben – *dann* freilich wäre ich schuld an seinem Tod!« Umgekehrt aber: *Daß* Nachrichten von Stadt zu Stadt gelangen, und zwar (in der Vorstellung des Dichters) ziemlich prompt und zuverlässig, beweist jener Bote aus Korinth (ab Vers 924) zunächst einmal durch sein Auftreten selbst, denn er wußte doch offenbar sehr genau, wohin er zu gehen hatte, um Ödipus zu finden, sodann aber auch durch seine Botschaft; denn nach seinen Worten (»... mich schickt Korinth« usw., Vers 936) sind die Bürger am Isthmus durchaus darüber informiert, daß der in Theben regierende »Tyrann« der in Korinth abgängige Prinz sei.

(20) Das Zerfließen eines Mythos

Dieses Verblassen und Zerfließen einer einst mächtigen dichterischen Idee verdiente eine eigene Betrachtung. Der oben (S. 55) zitierten Londoner Henkelvase im Stile des Meidias-Malers (vgl. Abb. 36) entspricht exakt jene Chorstelle in den PHOINISSEN des Euripides (Vers 1018 ff.) mit ihrer verblasenen Rhetorik und ihrem sinnentleerten theatralisch-allegorischen Bombast (»Du kamst, du kamst, Flügelwesen, Kind der Erde und vom Hadesgezücht, Räuberin von Kadmos' Stamm« usw. bis zu der Stelle: »donnergleich Gestöhne [!] war, und Jammer, wenn aus der Stadt die geflügelte Jungfrau einen der Männer entführte«).

Was für Männer da entführt werden, ist schon nicht mehr auszumachen – sind es Leute aus Untertheben (der Wohnstadt allgemein) oder bezieht sich »Kadmos' Stamm« nur auf die Angehörigen der in der »Kadmeia« wohnenden »nobility«, die also besonders gefährdet gewesen wäre? Kurzum, denken darf man bei diesem Schwulst nicht mehr allzuviel.

Im 4. Jahrhundert wird das tragische Thema Gegenstand der Burleske, der Groteske und der Travestie (vgl. Ulrich Hausmann, Abb. 28, 29, 31 und 33; eine besonders derbe Darstellung, Abb. 30, schon um 450 datiert).

Wie sich die Sage langsam wieder in ihre Bestandteile auflöst, bezeugt eine Stelle bei Pausanias (PHOKIS, X, 5, 3). Pausanias schildert das »Grabmal« des Laios »und des ihn begleitenden Dieners« (also nur eines), erwähnt, daß das Unglück des Ödipus eben mit diesem Mord am Dreiweg begonnen habe, und setzt ganz unbeteiligt dazu: ». . . und die Thebaner haben darüber hinaus die Sage von der Ehe des Ödipus und der Untat des Eteokles.« Die im Drama zusammengeschmiedete Abfolge: Vatermord – Mutterehe – Entdeckung – Leiden des Ödipus, wird schon gar nicht mehr als Handlungseinheit empfunden.

Erschütternd ist aber bereits die kühle Abfuhr, die *Antigone* ihrem armen Vater erteilt, als dieser (Euripides, PHOINISSEN, V. 1728 ff.) wieder einmal anfängt, von seiner längst vergessenen Heldentat, der »Lösung des Rätsels«, zu phantasieren, und sie ihm das Wort abschneidet mit einem: »Nun hör' schon auf mit deinen alten Prahlereien, Vater . . .« (gemeint ist: in dem namenlosen Elend, in dem wir jetzt stecken, kann uns das auch nichts mehr helfen); im Grunde läßt Antigone hier durchblicken, daß die angebliche Rätsellösung eben nur Teil des Iokaste-Komplotts war, und Euripides würde dem nicht widersprochen haben, denn er läßt seine Iokaste sagen: »... damit das Entsetzliche vergessen würde, das zu verbergen es schon so vieler Kunstgriffe (σοφισμάτων) bedurfte« (Euripides PHOINISSEN, V. 64).

Diese früh einsetzende *Skepsis* schon Ende des 5. Jahrhunderts und der gänzliche Zerfall des (geglaubten) Mythos im 4. Jahrhundert sind das fast notwendige Korrelat zu der künstlichen Entstehung und schnellen Verbreitung der Sage ab Ende des 6. Jahrhunderts – im Gegensatz zum echten vorhomerischen Mythos. Welche Heroentochter alten Schlags hätte jemals die Taten eines Herakles, eines Perseus, eines Jason in Zweifel gezogen?

(21) Zur Datierung der Ödipus-Sphinx-Begegnung

Man stelle sich einen Augenblick vor, ein Zweikampf Ödipus–Sphinx im Sinne einer Heros-Monster-Begegnung wäre altes, vorhomerisches Sagengut gewesen – wie hätten sich die Vasenmaler und Bildhauer des früharchaischen Stils auf ein solches Thema gestürzt! Das ganze 7. Jahrhundert ist erfüllt von einer Suche nach »Tat-Motiven«, nach sinnfälligen darstellbaren Handlungen – und mit welchem Eifer werden gerade jene Episoden aufgegriffen, in denen sich Bravour, Körperkraft und List des Helden schildern lassen!

»Bellerophontes überwindet die Chimaira«, »Die Boreaden vertreiben die Harpyien«, »Odysseus blendet den Polyphem«, »Herakles im Kampf mit dem Typhon«, »Das Schiff mit den athenischen Jünglingen erreicht das Ufer« (nach ihrer Errettung durch Theseus) sind vielbewunderte Beispiele. Und immer wieder die Eberjagden, die Amazonenkämpfe, die Taten des Herakles und – geradezu ein Leitmotiv des 7. und 6. Jahrhunderts – die »Enthauptung der Gorgo Medusa durch Perseus«.

Mit anderen Worten: der *vorhandene* Bestand an Heroentaten in der bildenden Kunst macht deutlicher als jedes Wort, daß das tastende Herangehen der Maler an den Ödipus-Stoff, wofür nun die Stuttgarter Amphora das früheste eindeutige Zeugnis ist, eben einer *ganz anderen, neu einsetzenden* literarischen Überlieferung entspricht. Wenn die Stuttgarter Amphora um 530 entstanden ist, so haben wir damit ein wohl untrügliches Indiz für die *kurz vorher* erfolgte Verschmelzung von älterer Ödipus-Sage mit dem literarischen Sphinx-Motiv. Mehr noch: Der Vergleich mit der lückenlos zu belegenden Reihe der Perseus-Gorgo-Darstellungen macht den Beweis zwingend.

(22) Das Delphische Orakel

Das Delphische Orakel wird im Laufe der Erzählung mehrfach bemüht: Zuerst erteilt es dem *Laios* die dreimalige strikte Warnung, keine Nachkommen in die Welt zu setzen, da diese ihn und die Stadt ruinieren würden (Aischylos, SIEBEN GEGEN THEBEN, V. 715 bis 722). Daraufhin wird der trotzdem gezeugte Säugling Ödipus im Gebirge ausgesetzt. In Korinth bekommt der inzwischen heranwachsende Ödipus Zweifel an seiner Abstammung. Er beschließt, (heimlich) das Delphische Orakel zu befragen, und erfährt von der Pythia eine ihn in noch größere Verwirrung stürzende Weissagung.

Obwohl ihn das Orakel warnt, er werde einst seinen Vater erschlagen, hat er nichts Eiligeres zu tun, als bei nächster Gelegenheit einen vornehmen Herrn umzubringen, der dem Aussehen und Alter nach sehr gut sein Vater sein könnte. Nach der Vorstellung der Tragiker geschieht das noch in Kanonenschußweite von der heiligen Auskunftsstätte entfernt.

Nun wird geheiratet und ca. 19 Jahre in Freuden gelebt. Als es im 20. Jahr duster wird und guter Rat teuer zu sein scheint, schickt man Herrn Kreon – wieder nach Delphi, obwohl man inzwischen Grund hätte, den pythischen Sprüchen zu mißtrauen. Kreon kommt pünktlich wie ein Telegraphenbote zurück und übermittelt die Weisung, man solle jetzt endlich mal den Mörder des Laios am Kragen packen. Die Suche wird von Ödipus mit Eifer und mit dem Ergebnis betrieben, daß er selber der gesuchte Königsmörder ist.

In der klaren Erkenntnis, daß die schönen Tage in Theben gezählt seien, beschließt Ödipus (nachdem er sich bereits geblendet hat) auszuwandern und bittet den Schwager Kreon, ihm die Ausreisegenehmigung zu erteilen. Kreon weiß auf diese (relativ bescheidene) Bitte nichts Intelligenteres zu antworten, als daß er zuvor die pythische Behörde in Delphi konsultieren

müsse, und zwar sagt er das – »for rubbing it in« – gleich dreimal (K.Ö., Vers 1439, 1445 und 1520).
Daß soviel Delphi-Gläubigkeit nicht einer Sage angehört haben kann, die im 14. Jahrhundert wurzelt, erhellt schon daraus, daß das pythische Orakel erst im 8. Jahrhundert anfing, eine offiziell aufgesuchte Auskunftsstätte zu werden. Dies hat wenigstens *einer* bemerkt und ausgesprochen: Carl Robert (I, S. 69/70).
Wir haben damit einen konkreten Fall von »Einmischung in die Sagenbearbeitung« vor uns: Delphi hat sich in den Ödipus-Stoff »hineingedrängt« und hat dabei die frühere Prophetenkapazität, den thebanischen Teiresias, etwas auf die Seite gedrückt. Ganz verdrängen oder auslöschen konnte man ihn aber doch nicht, so daß jetzt Teiresias »wie eine Doublette« neben dem Delphischen Orakel steht (Robert I, S. 69).
Für uns ist vor allem die Zeitbestimmung wichtig: Ein solches Hineindrängen und Hineinzwängen konnte erst betrieben werden, als Delphi schon über genug Autorität verfügte, sich nicht nur politisch, sondern auch literarisch bemerkbar zu machen, und das kann nicht vor Ende des 6. Jahrhunderts gewesen sein. Man bedenke, daß erst um 650 v. Chr. der erste Steintempel in Delphi errichtet wurde (die vorangehenden waren aus »Lorbeer«, aus »Bienenwachs« und der dritte »aus Bronze« – merkwürdige Bezeichnungen, die aber, wie die neuere Forschung annimmt, einen baugeschichtlichen Sinn haben).

(23) Ödipus als »Jahreskönig«

Hierzu hat Robert von Ranke-Graves die Erklärung gegeben, daß der Tod beim Wagenrennen eine typische Form ist, wie der »Jahreskönig« oder »Mutter-Königin-Gemahl« nach Ablauf seiner Amtszeit rite zu verunglücken hat. Es liegt eine gewisse Ironie darin, daß der Tod des Laios, als »Folge eines Verkehrsunfalls« genommen, was wie ein Witz klingt, dem ursprünglichen Sinn des Geschehens ganz nahekommt.

Ausgangspunkt ist wohl – wie schon in Ägypten – die Bewegung der Sonne am Himmel, die als eine *»Fahrt«* interpretiert wird, bei den Griechen natürlich als eine Fahrt mit dem Pferdegespann. Phaethon, der Sohn des Helios, verunglückt (oder wird von Zeus mit einem Blitz vom Wagen geschleudert), weil er das Gespann nicht richtig zu lenken versteht. Nimmt man dazu noch das rasende Interesse der Hellenen an Pferden und Wagenrennen (siehe Ilias XXIII, 362 ff.), so ist der Sinnzusammenhang mehr als deutlich.

Man wird übrigens auch sonst bemerken, daß solche weit zurückliegenden, halbverblaßten Bilder manchmal wie zartes Mondlicht in die härtere Saga hineinleuchten. Sie erklären ab und zu – nicht immer! – gewisse Eigentümlichkeiten der Anschauung und der Ausdrucksweise, haben aber nicht mehr die Kraft, dramaturgisch oder formbestimmend einzuwirken. So ist es zum Beispiel sehr hübsch und einleuchtend, wenn Robert Ranke-Graves gewisse dreiteilige Mischwesen (wie die Sphinx) aus dem alten Kalender ableiten will, da dieser drei Jahreszeiten hatte. Aber ob das nun im ein-

zelnen Fall wirklich zutrifft, ist eine sehr schwierige Frage, die jedesmal gesondert zu prüfen ist.
Im Falle der griechischen Sphinx ist die Frage glatt zu verneinen. Wir können uns hier – entgegen der poetischen Vermutung von Ranke-Graves – auf eine Fülle archäologischer Zeugnisse stützen. Die Sphinx als Symboltier ist keine Schöpfung der Griechen; sie wurde als fertige Ikone vom nahen Orient übernommen. Die neuerlichen Funde, besonders in Syrien, im Libanon und auf Zypern, setzen *diesen* Teil ihrer Genese (nämlich den formalen) außer Zweifel. Daß sich dann, nach erfolgter Rezeption, ihre mythische Rolle, ihr »Repertoire« sozusagen, gewaltig erweitert, steht außer Frage (und bildet einen Teil unserer Untersuchung).
Andererseits kann man sich der vereinfachenden Formulierung von Ernst Buschor, der die Übernahme ins 7. Jahrhundert setzt (»die Sphingen ... gehören nach Löwen und ›Kentauren‹ gleichsam einer dritten Einwanderungswelle östlicher Raub- und Fabeltiere an«, Buschor, S. 27), nur mit Vorbehalt anschließen. Die Sphinx, d. h. das schreitende Katzentier mit Mädchenkopf und mit Flügeln, spaziert bereits auf den mykenisch-böotischen »Larnakes« (Tonsärgen) des 14. und 13. Jahrhunderts herum, und zwar in respektabler Größe (relativ zum Gefäß), und unverkennbar schon in ihrer klassischen Rolle als Wächterin, Aufpasserin, Anstandsdame und Repräsentantin dämonischer Zuständigkeiten.
Wir möchten daraus schließen, daß die grab- und tempelhütende Mädchenkatze in mehreren Schüben, deren Abhängigkeit voneinander noch zu klären ist, nach Hellas transportiert und hier »weiterbearbeitet« wur-

de. Soviel ist sicher: Die Sphinx ist, ebenso wie Greif und Löwe, in der kretisch-mykenischen Epoche bereits »präsent«, wenn auch vorerst mehr in heraldischer Funktion und ohne sonderlich aktiv zu werden; sie tritt dann während der kriegerischen Einbrüche des 12. bis 8. Jahrhunderts in den Hintergrund, erlebt Ende des 8. Jahrhunderts eine Wiedergeburt und nimmt erst während des 7. und 6. Jahrhunderts die uns bekannten Züge der »griechischen Sphinx« an, womit merkwürdigerweise eine Annäherung ihres Habitus an den des *Hundes* einhergeht. Tatsächlich wird die Sphinx von den Dichtern stets per κύων (=Hund) angeredet; vgl. die in Anm. 26 zitierte Grabinschrift und den Ausdruck κύων ῥαψῳδός für rätselstellende Sphinx, K. Ö., Vers 391.

(24) Die Frau des Potiphar

Phaidra, die Tochter des Minos und der Pasiphae, ist berüchtigt wegen ihrer unglücklichen Leidenschaft für ihren Stiefsohn Hippolytos, den Sohn des Theseus und der Antiope. Da sie nicht zum Ziele kommt, schreit sie um Hilfe, erhängt sich am Türstock ihres Gemachs (!) und hinterläßt eine Nachricht für Theseus, mit welcher sie Hippolytos verleumdet.

Ebenso frappant ist die Ähnlichkeit mit der Geschichte des Bellerophontes. Auch diese Episode endet mit der Rehabilitierung des Helden und der Entlarvung der mannstollen *Anteia* (s. Kap. IX, 3) – also wieder die »Aufdeckung einer Schuld«.

Phrixos, der Sohn des Athoamas und der Nephele (d.h. »Wolke«), soll von seiner Tante *Biadike,* der Gattin des Kretheus, verführt werden. Den Tenes, Sohn des Kyknos und der Prokleia, beschuldigte seine Stiefmutter *Philonome* der versuchten Vergewaltigung. Sie wurde, als die Wahrheit ans Licht kam, von Kyknos lebendig begraben.

Kretheis, die Gemahlin des Akastos, wird von Peleus, den sie verleumdet hatte, selbst getötet, nachdem sich die Gattin des Peleus, Polymela, vorher erhängt hatte – ausnahmsweise erscheint hier die um ihr Glück bangende eigene Gemahlin als erstes Opfer der Liebesverweigerung.

Sehr markant ist ferner ein Selbstmord (nicht aus Liebeskummer, sondern aus Liebesschande), den die Jägerin und Artemis-Dienerin *Arrhippe* begeht, nachdem sie der König von Lydien, Tmolos, ausgerechnet im Heiligtum der Artemis vergewaltigt hatte. Auch sie erhängt sich an einem »Pfosten«.

Dieser immer wiederkehrende Begleitumstand – am »Pfosten des Gemachs«, wie schon bei Homer – macht es wahrscheinlich, daß der Tod durch Erhängen eine typische, fast schon ritualisierte Art des Freitods von gekränkten Frauen ist.

Der Standort der *Iokaste* (in der ersten Form der Sage) wäre nach all dem mit geometrischer Präzision zu bestimmen: Es sind zwei Grundfiguren übereinandergeblendet (man möchte fast sagen: aufeinanderkopiert): die aktive Mutter in einem Edward-Ödipus-Komplott und die leidende, im Liebesschmerz sich aufgebende Mutter-Geliebte. Und eben diese beiden Grundzüge werden bei der Ausarbeitung der Erzählung zum Typus der »späten Entdeckung« bis auf winzige Spuren, die der moralisierenden Mythen-Retusche entgehen, ausgetilgt.

(25) Der Ödipus des Ionesco

Ausgerechnet bei einem Autor des modernen »absurden« Theaters, nämlich bei Eugène *Ionesco,* findet sich ein Stück AMÉDÉE ODER WIE WIRD MAN IHN LOS, das in geradezu frappanter Weise das »Gewahr- oder Sichtbarwerden« einer seelischen Verknotung in einem szenischen Vorgang demonstriert. Es sind sogar *zwei* Komplexe ineinander verschlungen:

Amédée, ein Schriftsteller, der nichts tut und nichts verdient, der monatelang über einem einzigen Satz brütet und seine Frau (Madeleine) zur Verzweiflung treibt, hat vor 15 Jahren deren Liebhaber erschlagen (was ihm allerdings, schlapp und läppisch, wie er auf der Bühne erscheint, niemand zutraut). Da Amédée aber nicht wußte, wie er den Leichnam »loswerden« kann, hat er ihn ins Nebenzimmer gelegt, wo der tote Körper auf unheimliche Weise wächst: Es müssen immer neue Möbel weggeschoben werden, um dem toten Riesen Platz zu machen, ja, dieser wächst schließlich mit den Füßen voran in das – die Szene darstellende – Wohnzimmer hinein, dessen Tür er mit den Stiefelsohlen aufgesprengt hat. Außerdem wachsen aber in der ganzen Stube unaufhaltsam Pilze, eine Art Champignons. Sie sind nicht auszutreiben und vermehren das häusliche Chaos. Diese Pilze sind leicht zu dechiffrieren: sie sind Symbol für die wuchernde Fäule, die tödliche Leere, die »noia« und den Lebensekel der beiden Ehepartner.

Trotz der überdeutlichen Anspielung mit den immer größer werdenden Füßen (hier also »Schwellfüße«) kommt an keiner Stelle des Stücks (das ganz bizarr weiterläuft – Amédée und Madeleine werfen den Leichnam schließlich auf die Straße hinaus, das heißt, sie machen ihn »öffentlich«) auch nur die leiseste Ahnung oder Reminiszenz an das Sophokles-Stück auf. Um so überraschender daher bei Ionesco (*Io-nesco* = ein Isis-Geborener) der szenische Ansatz einer in Form einer »Plage« sich äußernden seelischen Bedrängnis.

Verblüffend auch, daß ein Mord, den man dem Helden gar nicht zutraut und den dieser nicht als »seine Tat« akzeptiert, den Beginn der Verwicklungen einleitet, und daß die alte Tat in Form von *»Füßen«* in die Stube hineinwächst.

Ferner bedenke man auch, daß der Schriftsteller Amédée, der ja nichts verdient, von seiner Frau »ernährt« werden muß, die damit unweigerlich in eine mutterähnliche Position gerät; und schließlich, daß das Problem des Amédée, genau wie das des Ödipus, darin besteht, »wie man ihn loswird«, nämlich den Schuldkomplex.

Eine Parallele enthält auch die Problemstellung selbst: Natürlich ist der »Mord« von damals *irreal*; der Schuldgedanke ist in Wahrheit das Symbol für die fortbestehende »Abhängigkeit von der Mutter-Gattin«. Während aber Ödipus die Schuld (nach unglaublichen Widerständen) *auf sich* nimmt, sie akzeptiert und unter ihr zusammenbricht, zeigt Ionesco den Weg zu einer anderen Lösung, nämlich einer Befreiung: Amédée wirft den Gedanken an Mord, Mutter und Leichnam »über Bord« und entschwebt per Luftballon in mutterlose Freiheit. Daher auch der Stücktitel, der den wesentlichen Vorgang angibt: AMÉDÉE OU COMMENT S'EN DÉBARRASSER.

(26) Die literarische Sphinx

Im ganzen gibt es mindestens drei literarische Belegstellen, aus denen die in der Zeit von etwa 540 bis 460 v. Chr. maßgebende Charakteristik von Sphinx und Greif eindeutig und unwiderlegbar hervorgeht. Die erste ist die schon erwähnte Beschriftung der Glaukytes-Archikles-Schale (München) »chaíre – éla – häde« (s. Kap. IV, b). Die zweite steht bei Aischylos (DER GEFESSELTE PROMETHEUS, V. 801/802): Der an den Felsen gefesselte Prometheus warnt die umherirrende Io »vor den sprungbereiten Hunden des Zeus, den fürchterlich beißenden Greifen!« »Hunde des Zeus«, das sind, wie die Sphingen am Zeusthron in Olympia, auf Wink und Pfiff gehorchende Vollzugstiere. Und schließlich drittens die von P. Friedländer 1938 erstmals publizierte Inschrift am Sockel einer Gräbersphinx aus Thessalien, die (sich an den Vorbeigehenden wendend) etwa besagt: »O Sphinx, Hündin des Hades, wen bewachst du da, sitzend auf Wache über der Urne des Verstorbenen?«
Die Archikles-Schale ist um 540 zu datieren, die Grabinschrift nicht früher als 460 und die PROMETHEUS-Stelle des Aischylos um 450. Die gewaltige Wächter-

Sphinx des Aphaia-Heiligtums auf Ägina geht dem erstgenannten Datum nochmals um 30 Jahre voraus: Beweis für eine mindestens 100jährige ungebrochene Kontinuität in der Auffassung von Greif und Sphinx in der griechischen Kunst.

Dies also die »gerade Linie«. Die Fragen stellende, das geplagte Land (auf eigene Faust) heimsuchende »Rätselsphinx« ist die Abweichung, d. h. die nur in der Fabel existierende Ausnahme.

(27) Das Wort für »Plage«

Man wird wohl keinen Anstoß daran nehmen, daß es im Altgriechischen kein spezielles Wort für den von Luther so eindrucksvoll gebrauchten Ausdruck »Plage« gibt (vgl. engl. »plague« = Plage, Seuche, Pest). Allenfalls wird »κακόν« (kakón = Übel, Schaden, Nachteil) verwendet oder, für den subjektiven Zustand, das S. 74 erwähnte, ebenfalls sehr prägnante »νοσεῖν« (noseín = krank sein, leiden). Im übrigen wird der zu Besorgnis Anlaß gebende Zustand einfach beschrieben, wie gleich zu Anfang durch den Zeuspriester (V. 22 ff.).

In der Sache selbst gibt es jedoch keinen Zweifel an der Vorstellung der »zwei Plagen«, von denen Ödipus die erste (durch Lösung der Rätselfrage) beseitigen konnte, während die zweite sich als sein eigenes Problem erweist, mit dem er nun fertig werden muß. Unter den Kommentatoren findet man dies besonders bei J. C. Kamerbeek (Ödipus-Kommentar, Leiden 1967, S. 25) sehr deutlich und entschieden ausgesprochen.

(28) Die Selbstblendung des Ödipus

Warum sich Ödipus im Schauspiel des Sophokles (wie vorher schon bei Aischylos) blendet, und zwar – was kein Psychologe unterläßt, tiefsinnig anzumerken – mit den goldenen Spangen vom Kleid der Mutter (V. 1269), das läßt der Dichter ihn ausführlich sagen: Ödipus kann weder leben und die Menschen sehen (seine eigenen, ihm so lieben Kinder würden ihn stets an die entsetzlichste Schande erinnern, aus der sie hervorgegangen sind), ins Reich der Toten kann er aber noch weniger fliehen, denn seine Eltern, an denen er sich freventlich vergangen hat, würden ihm dort begegnen (K. Ö., V. 1385–1389). Nicht der Tod von eigener Hand, sondern das Auslöschen jeglicher Wahrnehmung, das Abschneiden aller Beziehungen erscheint Ödipus daher als die letzte, einzig mögliche Handlung: Er hat Platz in keiner Welt.

In der 15 Jahre früher entstandenen ANTIGONE läßt Sophokles seine Hauptheldin einen ähnlichen Gedanken aussprechen: »Ich Unglückselige! Noch lebend, habe ich doch keine Wohnung, weder bei den Lebenden noch bei den Toten!« (V. 853) Und als ihr Ismene (gleich zu Beginn des Stückes) vorhält, man müsse sich denen, die an der Macht sind, fügen, da erwidert Antigone mit einem ebenso subtilen wie (für ihre Zeit) erstaunlichen Argument: Nicht diesen hier (auf der Erde), sondern denen da unten (den Toten) muß ich mehr gefallen, denn mit ihnen bin ich die längere Zeit zusammen – bei ihnen werde ich immer sein! (V. 74 f.)

Die im Drama vorgeführte Selbstblendung des Ödipus

ist also keine aus einem szenischen Bedürfnis oder einem subjektiven Moment hervorgehende Symbolhandlung, sondern ein zentrales Stück sophokleischer Weltanschauung: Die *Toten* sind es, die den strengeren Befehl erteilen – ihnen muß man letzthin gehorchen. Eine psychologisierende Erklärung der Blendungsszene ist also völlig fehl am Platz, und es ist nicht nötig, den ganzen Apparat der Psychoanalyse zu strapazieren, um sie zu verstehen.

(29) Der strafende Gott

Teiresias, der ja zweimal zur Audienz gebeten werden muß (V. 288), erscheint mißmutig, widerwillig und voll schlechter Laune. Die drei Zeilen, mit denen er sich vorstellt (V. 316–318), lauten in der Übersetzung von Buschor: »O wehe! – O Wissen, das den Weisen schlimm belohnt! Mein klares Ahnen schlug ich in den Wind, sonst wär' ich nie an diesen Ort gelangt.« Diese Antwort knüpft unmittelbar an die vorhergehende Bitte des Ödipus an, er (Teiresias) möge doch sein ganzes Wissen, seine ganze Kunst aufbieten, um an der Entdeckung der Laios-Mörder mitzuwirken.
Evident ist aber auch, daß Teiresias das »Wissen« (hier »φρονεῖν«, eigentlich »im Sinne haben«, verstehen, wissen) sogleich in einem engeren, speziellen Sinn verwendet, nämlich als »sein Wissen« über den Mörder des Laios (der vor ihm steht). Aus dieser Situation heraus erklärt sich der erste Teil der Antwort, wenn Teiresias sein »Wissen« zum Teufel wünscht, da es ihm,

preisgegeben, ja nur Ärger bringen kann (»er würde schlimm belohnt« – klar: wer zeigt schon gern den regierenden Stadtkönig wegen Mordes an). Das Wort »Wissen« ist also doppelsinnig verwendet.

Im zweiten Teil seiner Antwort fährt Teiresias fort, in dem von ihm gemeinten *speziellen* Sinn »seines Wissens« (über den Mord) zu reden: Er bestätigt nämlich, daß er das alles »sehr wohl« gewußt, seine Kenntnis aber (im Lauf der Jahre) »vergessen und begraben« habe; jetzt aber solle er dieses alte Wissen wieder hervorzerren (was ja nur neues Unheil heraufbeschwören muß), und er schließt mit dem Gedanken: ›Hätte ich nur geahnt, worüber ich hier aussagen soll, dann wäre ich gar nicht erst gekommen.‹

Das alles ist dem Wortlaut – erst das ταῦτα γὰρ καλῶς ἐγὼ εἰδὼς (»genau war mir das alles bekannt«) und dem nachfolgenden διώλεσα (»und hab's auch wieder vergessen«, eigentlich »vernichtet«, »unterdrückt«, »subdued«) zwingend zu entnehmen.

Man kann nicht behaupten, daß diese zwar knappe, aber ganz exakte Beschreibung der psychischen Mechanik (erst »gut gewußt«, dann »vergessen« und jetzt ein widerwilliges Erinnern) in den deutschen Übersetzungen zum Ausdruck kommt. Die Umschreibung mit »klares Ahnen« bei Buschor führt zu der falschen Interpretation, als habe Teiresias damals nur »geahnt«, was los ist, habe aber seine schüchternen Überlegungen »gehorsamst« (man ist ja Untertan) »in den Wind« geschlagen und komme jetzt erst zu der einem Seher doch wohl zustehenden genauen Kenntnis.

Aber im Text steht es anders: *Genau* hat es Teiresias damals gewußt (nicht »geahnt«), hat aber dieses Wissen »verdrängt« (diólesen, eigtl. vernichtet, unterdrückt) und schaudert jetzt bei dem Gedanken, es wieder hervorholen zu müssen.

So genau schreibt also Sophokles – und so schwierig ist es, derlei in einer anderen Sprache wiederzugeben. Zum Ruhm der englischen Gelehrsamkeit sei's gesagt: Sowohl Gilbert Murray wie Richard C. Jebb übersetzen korrekt und deutlich, der letztere auch mit dem zutreffenden Kommentar.

Es kommen aber bei dieser Ödipus-Teiresias-Begegnung (V. 316–462) noch weitere Tatsachen von zum Teil erstaunlicher Tragweite zum Vorschein:

1. ist hier die psychologische Formel angegeben, die ja im höchsten Grad auch auf die übrigen Beteiligten, besonders aber auf die beiden Haupttäter (im Falle der »späten Entdeckung«) zutrifft (siehe »Formel des Sophokles«, Kapitel XIV).

2. ist damit auch der psychische Zustand der ganzen Polis bis kurz vor der »Enthüllung« angegeben: ein »im Grunde Wissen, aber öffentlich nicht davon Reden«. Es wird so dahingeschlampt und dahingeschludert, und dieser lähmende Dunst eines dumpfen, lallenden »Nicht-mehr-Wissens« ist ja der Stoff, aus dem die »zweite Plage« gemacht ist – eine Verwahrlosung.

3. wird an dieser Stelle klargestellt, daß es sich bei dem Verdrängen und Verhuschen geschehener Untaten nicht etwa um eine private Angelegenheit des Ödipus und seiner Mama, sondern um einen staatspolitischen Vorgang handelt. »Man spricht nicht mehr davon« – das gebietet die Autorität des Ödipus, der hier (V. 408) von Teiresias zum ersten Mal als »týrannos«, als Selbstherrscher, angesprochen wird, wobei nicht zu verges-

sen ist, daß die Laios-Witwe mit voller Macht (des Unterdrückens und des Aufrechterhaltens einer Fiktion) am Werke ist. (Übrigens geht auch dieses signifikante »tyrannein« in Vers 408 in sämtlichen mir bekannten Übersetzungen verloren; es wird summarisch mit »Herrscher« oder »König-sein« übertragen.)

4. dämmert in dieser Szene auch etwas von dem politischen Auftrag und Hintergrund der Tragödie (die ja ein athenisches »Staatsschauspiel« war): Die Polis lebt während der »langen Sündenzeit« in einem Zustand der Unwahrheit, einer vom Tyrannen aufgenötigten Lüge und erzwungenen Verstellung: »als ob« niemand wüßte, daß er ein Mörder, Usurpator und Frevler ist. Aber die ausbrechende Plage erzwingt die Klärung und Offenlegung. Und die ist Sache des Apoll, des »Offenbarmachers« und strafenden Gottes.

Als *dessen* Vollstrecker fühlt sich Teiresias, wenn er der »tyrannis« des Ödipus (V. 408) ihre Grenzen weist. Aber sein Gegenspieler ist nicht so sehr *Ödipus* (der bald an seinem »Muttergehorsam« ersticken wird), sondern *sie*, die buhlende Burgherrin, die hochmykenische Lady. Um ihren Kragen geht es, sobald erst Apollon ins Spiel kommt. Sie auch ist es, die den erbittertsten Widerstand gegen die Wahrheit leistet, gegen die »Strahlen Apolls«, und, als der Kampf verloren ist, mit einer dem armen Ödipus gar nicht gegebenen Entschlußkraft den Schild hinwirft – mit dem Siege der Apollo-Wahrheit ist ihr Spiel aus, ihr Wesen vernichtet!

(30) Der Mutter-Witz des Bernard Shaw

George Bernard Shaw hat zu dem hier behandelten Punkt einen unschätzbaren Beitrag geliefert. Er hatte, wie H. Politzer erzählt (S. 29), zusammen mit der Wiener Schauspielerin Lilly Palmer in London eine Aufführung des ÖDIPUS TYRANNOS besucht, in der Sir Laurence Olivier die Titelrolle spielte. Olivier (geb. 1907) soll sich dabei mächtig ins Zeug gelegt und besonders gegen Ende der großen »Entdeckungsszene« die hier fälligen Klagerufe zu einem wahrhaft schauerlichen Geheul gesteigert haben. Nach der Vorstellung soll nun Shaw zu Lilly Palmer gesagt haben: »By the way – I fail to see why this fellow Oedipus get's so upset at the discovery that he is married to his mother. This should have *added* to his affection.« (Ich verstehe nicht recht, warum dieser Bursche Ödipus sich so darüber aufregt, seine Mutter geheiratet zu haben. Dies müßte seine Zuneigung doch eher noch verstärken!)
Politzer zitiert diese Äußerung mit einer gewissen Indignation, als Zeichen für das Unverständnis von Shaw, den nicht einmal der furchtbare Eindruck der soeben vorgeführten Katastrophe davon abhalten konnte, die erhabenen Erkenntnisse der Psychoanalyse mit einem billigen Witz abzutun.
In Wirklichkeit enthält die Bemerkung von Shaw einen Kritizismus von ganz anderer, und zwar höchst geistreicher, Art. Was ihn frappierte, war das absurde Mißverhältnis zwischen dem »make believe« der Aufführung, dem vorgeblichen Unschuldsstatus der Hauptpersonen und ihrer *maßlosen*, ohne Besinnen und wie

auf Stichwort *sofort* einsetzenden extremen Schuldreaktion nach der Entdeckung.
Iokaste wartet ja das Stichwort gar nicht ab, sondern rennt spornstreichs zum »hochragenden Balken« des Gemachs, Ödipus braucht keine Sekunde, um die ihm passend erscheinende Form der Selbstbestrafung (durch Ausstechen der Augen) zu vollziehen – anstatt sich in aller Seelenruhe erst mal den zuständigen Standesbeamten vorzuknöpfen.
G. B. Shaw hatte also – provoziert durch die wahrscheinlich anglikanisch-bigotte Unschulds- und Nichtwissens-Darstellung der Londoner Aufführung – blitzartig das groteske Auseinanderfallen von *causa data* und *causa secuta* in der Inszenierung des Dramas erkannt – das, was sich uns in der Diskrepanz der beiden übereinanderliegenden Formen (a) und (b) aufdrängte – und knüpft daran die Bemerkung, die ja weiter nichts ausdrückt als die Verwunderung über den Ausbruch so maßloser Emotionen, die doch unmöglich die adäquate Reaktion im Falle der vorher behaupteten *absoluten Unschuld* und des *»Nichts-gewußt-Habens«* der Hauptpersonen sein können!
Bernard Shaw (geb. 1856) müßte übrigens zum Zeitpunkt dieser Londoner Aufführung gut 80 Jahre alt gewesen sein. August Graf von Platen (1796–1835), der Verfasser der ungeheuerlichsten literarischen Persiflage, die je geschrieben wurde (DER ROMANTISCHE ÖDIPUS, 1829), war mit 33 Jahren zu dem gleichen Ergebnis gekommen, wenn er seine Iokaste, nach einer flüchtigen Erkennungsszene, zu Ödipus sagen läßt: ». . . ich eile fort und hänge schleunig mich an einen Baum!«, worauf Ödipus, nach einer längeren An-

sprache, sich mit den Worten »Will *ohne* Schuld, doch solcher Taten Täter / lebendig steigen in die Gruft der Väter«, in einen bereitstehenden Sarg legt.

(31) »Wahnsinn der Leidenschaft«

Der Wortlaut ist: παράνοια συνᾶγε νυμφίους φρενώλεις (»paránoia synáge nymphíous phrenóleis«). J. J. C. Donner (Stuttgart 1854) übersetzt richtig, aber m. E. etwas zu schwach: »Die verblendeten Gatten einte wilder Wahnsinn.« Das »Wilde« des Wahnsinns ergibt sich aber genauer aus dem Wort »nymphíous«, was zwar »Verlobte«, »Brautleute« heißen kann, aber hier doch ganz prägnant im Sinn der »gegenseitigen Liebeserwartung« gebraucht wird. »Phrenóleis« schließlich bedeutet »zerrütteten Geistes«, »cervello rotto«, »hirnverbrannt«.

Die Farben des Aischylos sind an dieser Stelle viel kräftiger als die des Sophokles, fast gauguinesk, expressionistisch. Man muß, um die Tragweite der herangezogenen Stelle (SIEBEN GEGEN THEBEN, Wechselgesang des Chores, ab V. 720) zu ermessen, die ganze dritte Strophe zitieren. Zuerst ist die Rede von Laios, den das Delphische Orakel dreimal gewarnt hat, keine Nachkommenschaft zu erzeugen, wenn er sein Leben und »die Stadt« retten wolle. Dann heißt es (V. 749 ff., wobei wir uns bemühen, eng am Wortlaut zu bleiben): »(Aber) übermannt (überwältigt) vom Unverstand süßer Liebe, erzeugte er sich (eben doch) den eigenen Mörder, den vatertötenden Ödipus, der (wiederum)

den Samen auf den heiligen Acker (= Schoß) der Mutter ausstreute, aus dem er selbst entsprungen war, und den blutbefleckten Stamm weiterpflanzte: Wahnsinn der Leidenschaft führte die verblendeten Gatten zusammen.« Was für eine Sprache, was für ein Wühlen in Peinlichkeiten, wenn doch beide Partner – »nymphíoi« – so ahnungslos und gutgläubig waren, wie es die Nach-Schwabschen Kommentatoren voraussetzen!
Aber auch die Auskunft, das am Ende stehende »phrenóleis« beziehe sich wieder zurück auf den eingangs genannten Laios, wie es J. C. Kamerbeek (soweit ich sehe, als einziger) vorschlägt, führt m. E. nicht weiter. Was soll denn dann der hier angeschlagene Ton äußerster Abscheu, wenn das »Vergehen« des Laios, wie eingangs gesagt wird, nur »aus Unbedacht« (ἐκ... ἀβουλιᾶν) begangen war, während die Wendung am Schluß (»heller Wahnsinn«) doch einen ganz anders gearteten, verbrecherischen Trotz und Tatvorsatz treffen will: und damit kann nur das blutschänderische Treiben des Ödipus gemeint sein.
Abgesehen davon wäre die Wortwahl »nymphíos« (Bräutigam oder junger Ehemann) gegenüber Laios ganz deplaciert, sehr passend hingegen bei Ödipus.

(32) Der Weg zum »Ödipus-Komplex«

Der Weg, auf dem Sigmund Freud von der Traumdeutung zum Ödipus-Stoff gelangt ist, läßt sich, dank Freuds penibler Darstellung, ganz gut nachzeichnen. Einen Hinweis liefert vor allem die einleitende Bemerkung zu Abschnitt D im fünften Kapitel der Traum-

DEUTUNG: »Das Traummaterial und die Traumquellen«. Das genannte Kapitel V gliedert sich in vier Hauptabschnitte, nämlich

A. Das Rezente und das Indifferente im Traum
B. Das Infantile als Traumquelle
C. Die somatischen Traumquellen
D. Typische Träume, und zwar aufgegliedert in
   α) Der Verlegenheitstraum der Nacktheit
   β) Die Träume vom Tod teurer Personen
   γ) Der Prüfungstraum

Freuds Gedankengang ist: Nicht *alle* Träume lassen sich aus dem individuellen Erinnerungsmaterial des Träumenden auflösen. »Unzugänglich« bleibt »eine gewisse Anzahl von Träumen, die *fast* jedermann in derselben Weise geträumt hat, von denen wir [daher] anzunehmen gewohnt sind, daß sie auch bei jedermann dieselbe Bedeutung haben«. Freud vermutet nun, daß diese »typischen Träume« bei allen Menschen aus den gleichen Quellen stammen.

Nun kommt der zweite Schritt: Diese »gleichen Quellen« entspringen mit Sicherheit gewissen Grundsituationen, das heißt vorbewußten Erlebnissen, die naturgemäß auf sehr alte, vorindividuelle Erfahrungen zurückgehen und die wir (zum Glück) wenigstens in Umrissen beim kleinen Kind (vor allem bis zum dritten Lebensjahr) noch beobachten können, z. B. den Wunsch nach dem »toten Brüderchen«.

Dritter Schritt: Zu solchen infantilen, atavistischen Grunderlebnissen gehört u. a. *auch* das Erlebnis des kleinen Kindes von der Geborgenheit bei der Mutter und vom bösen Vater, der störend dazwischentritt und das Kind »aus dem Grübchen« verweist.

In diesem Stadium wird jetzt der Gedanke der frühkindlichen Sexualität angekoppelt, nämlich: Bei der Berührung mit der Mutter, vor allem der Brüste (lat. »mamma«), wird die leise schlummernde erotische Bereitschaft affiziert (etwas, was den Erzählern der Herakles-, der Achilleus- oder der Gargantua-Geschichten bereits geläufig war), und es findet eine erste »Fixierung« auf die Mutter als Liebesobjekt statt (wovon die Sage nichts berichtet).
Viertens: Diese frühe »Fixierung« in den »zarten Kinderjahren« (ALLGEMEINE NEUROSENLEHRE, 21. Vorlesung) wird, nach einer Latenzzeit, mit Eintritt in das Pubertätsalter von neuem lebendig, das heißt, es werden »die alten familiären und inzestuösen Objekte wieder aufgenommen und von neuem libidinös besetzt«.
Dies nun ist das eigentlich Freudsche Spezifikum, sozusagen der Angelpunkt der zur (vermeintlichen) »Ödipus-Situation« führenden psycho-neurotischen Störung: eine nunmehr mit der Stärke des Sexualtriebs sich vollziehende Reprise frühkindlicher Fixierungen im kritischen Alter von etwa 15 bis 18 Jahren. Daß eine solche »Reprise« in der Beobachtung des täglichen Lebens nicht einen Hauch von Bestätigung findet, soll uns hier nicht beirren. Es handelt sich ja zunächst um eine »Analyse der Analyse«. Deren letzter Schritt ist nun leicht zu erraten: Der Jugendliche muß sich von der alten Bindung befreien, das heißt
Fünftens: er steht vor der »großen Aufgabe der Ablösung von den Eltern«, nach deren Lösung er erst »aufhören kann Kind zu sein, um ein Mitglied der sozialen Gemeinschaft zu werden. Die Aufgabe besteht für den Sohn darin, seine libidinösen Wünsche von der Mutter

zu lösen, um sie für die Wahl eines realen fremden Liebesobjektes zu verwenden, und sich mit dem Vater zu versöhnen, wenn er in Gegnerschaft zu ihm geblieben ist ...«

Man sieht, wie sich in den fünf Schritten dieser Deduktion die Argumente aus NEUROSENLEHRE und TRAUMDEUTUNG ineinander verhaken.

Dazu tritt aber noch eine andere Überlegung, die Freud aus seiner früheren Beschäftigung mit den Phänomenen der Hysterie her übernimmt, ohne sie im Rahmen der TRAUMDEUTUNG nochmals zu begründen: er war von den STUDIEN über die Hysterie (1893) zu einer SEXUELLEN ÄTIOLOGIE DER HYSTERIE (1896) gelangt, als deren Hauptstück ihm ein »Trauma durch Verstoß gegen ein Inzestverbot« vorschwebt. Damit war die Affinität seiner Überlegung zum Modell der Ödipus-Sage vollends gegeben, und es bedurfte dann nur noch der ominösen Stelle von den »Träumen« (K.Ö., V.981, s. Anmerkung 33), um die Identität von dem, was Freud meint, und dem, was die Sage auszudrücken schien, für alle Anhänger der Freudschen Lehre in den Rang eines »unumstößlichen Dogmas« zu erheben.

Man wird zugeben, daß Freud in den zwanzig Jahren seiner Beschäftigung mit dem Mutterkomplex (1896 bis 1916) nicht gerade auf dem einfachsten und kürzesten Weg zu der Sache vorgedrungen ist, die er eigentlich sagen wollte: Erst in den VORLESUNGEN, Teil III, erscheint das erlösende Wort, die einigermaßen klare Formulierung von der Neurose als einer nicht gelösten (oder bewältigten) Mutterbindung.

Damit war allerdings in der Sache selbst nichts Neues gesagt. Freud hatte es aber fertiggebracht, inzwischen

Abb. 21: *Die Boreaden verfolgen die Harpyien durch die Luft; von einer chalkidischen Trinkschale, um 530 v. Chr. Würzburg. Vgl. Abb. 5.*

Abb. 22: *Sphinx zwischen drei männlichen Gestalten. Merkwürdig ist die auffallende Linkswendung der Köpfe. Darstellung noch nicht gedeutet. Von einer schwarzfigurigen Kanne, um 520 v. Chr. München.*

Abb. 23/24: *Chalkidische Amphora, um 530/520 v. Chr. Stuttgart. Links die Rückseite mit zwei monumentalen Sphingen in Gesprächshaltung. Rechts dieselbe Amphora, Schauseite: der »Weise«, umgeben von trauernden Frauen,*

im Gespräch mit der Sphinx. Die älteste, mit Sicherheit auf die Ödipus-Erzählung zu beziehende Darstellung eines Sphinx-Dialoges, die nichts mit einem »Überfall am Wegrand« gemein hat.

Abb. 25: *Chalkidische Amphora, Ausschnitt aus Abb. 24. Interessant ist der »Klappstuhl«, auf dem Ödipus sitzt.*

Abb. 27/28: *Die Jagd auf den kalydonischen Eber. Die Szene wird flankiert von zwei Sphingen, deren anfeuernde Zurufe auf beiden Seiten angeschrieben sind. Sie lauten dem*

Abb. 26: *Tanzende Jünglinge zwischen zwei Sphingen; chalkidische Amphora von 540/530 v. Chr. Bonn.*

Sinn nach: »Freut euch, nur Mut, vorwärts!« Von der Archikles-Glaukytes-Schale in München, Antikensammlungen.

Abb. 29: *Die Sphinx greift von ihrer Säule nach einem erschreckt sich umblickenden Schüler; um 480 v. Chr.* Paris.

Abb. 30: *Reifen spielender Knabe mit seinem Hund; attisch, gegen 490/480 v. Chr.* München.

Abb. 31: *Theseus bezwingt den Raubmörder und Menschenquäler Sinis; von einer attischen Schale, um 490/480 v. Chr.*

Abb. 32: *Ödipus und die Sphinx; von einer rotfigurigen Trinkschale des »Ödipus-Malers«, um 470/460 v. Chr.*

Abb. 33: *Ein »Sphinx-Colloquium« vom Typus des »Versammlungsbildes«; auf einer rotfigurigen Pelike (Henkelvase) des Hermonax, um 450 v. Chr.* Wien.

Abb. 34: *Ödipus als »Wanderer« mit Hut und Bambusstab vor der Sphinx, die auf einem Felsen hockt; ein Werk des »Achilleus-Malers«, 450/440 v. Chr. Berlin.*

Abb. 35: *Ödipus vor der Sphinx-Säule; rotfigurige Strickhenkelamphora, Umkreis des Polygnot, um 440 v. Chr. München.*

Abb. 36: *Ödipus tötet die Sphinx in Gegenwart von Göttern und Heroen; bauchige Lekythos in der Art des Meidias-Malers, um 415 v. Chr. London.*

Abb. 37: *Ausschnitt mit dem speerwerfenden Ödipus auf dem Mittelfeld.*

Abb. 38: *Junge Frau am Grabmal sitzend, vor ihr ein junger Mann, der sie tröstet; rotfigurige Kleeblattkanne, um 430 v. Chr. Berlin.*

Abb. 39: *Sphinx und Silen – die Umkehrung der Rätselfrage; Glockenkrater aus Santa Agatha dei Goti, paestanisch, 2. Hälfte des 4. Jh. Neapel.*

Abb. 40: *»Ödipus und die Sphinx«. Gemälde (1808, Ausschnitt) von Jean-Auguste Dominique Ingres (1780–1867). Paris, Louvre.*

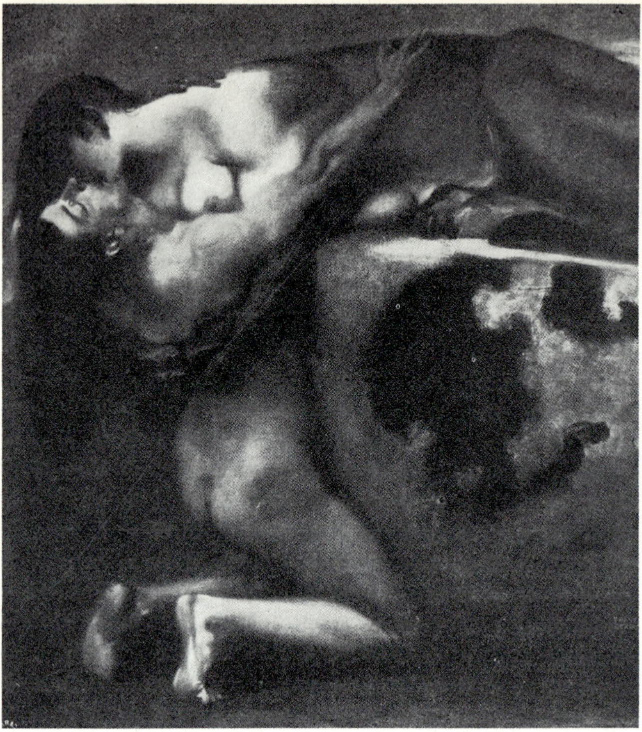

Abb. 43: *»Der Kuß der Sphinx«*. Ölgemälde *(1895) von Franz v. Stuck (1863–1928). Budapest.*

Vorhergehende Seite:

Abb. 41: *»Die Erscheinung der Ungeheuer«*. Gemälde *(1937/38, Ausschnitt) von Salvador Dali (geb. 1904). Chicago, Ill.*

Abb. 42: *»Die Kunst, die Zärtlichkeiten oder die Sphinx«. Gemälde (1896, Ausschnitt) von Fernand Khnopff (1858 bis 1921). Brüssel.*

einen so ungeheuren Ballast an Einzeltatsachen, Beobachtungen und Begriffen in das große Scheunentor »Ödipus-Komplex« einzufahren, daß in der Dunkelheit wahrhaftig nicht mehr zwischen Kraut und Rüben zu unterscheiden war.
Bei Licht besehen umfaßt die Freudsche Hypothese ein ganzes Sammelsurium von verschiedenen Teilkomplexen bzw. Phänomenen innerhalb des gewaltigen Pakets der Generationen-Problematik (von der die Eltern-Kind-Beziehung ja auch nur ein Teilaspekt ist), angefangen von Nestwärme-Komplexen, kindlichem Egoismus, atavistischen Instinkten, banalen Regressionen, Zerstörungs-, Oppositions- und Aggressions-Tendenzen bis zu den sämtlichen Komplikationen der Pubertätszeit und den damit zusammenhängenden Partnerschaftsproblemen. Sie alle über das eine Modell einer (noch dazu mißverstandenen) Ödipus-Situation scheren zu wollen, ist natürlich ein vergebliches Unterfangen.

(33) Der Traum vom »Bett der Mutter«

Wer glauben mag, Iokaste zitiere hier einen ihr zugänglich gemachten »Kinsey-Report« über das Traumverhalten junger Männer, der läßt sich ein kostbares Stück Iokaste-Zeichnung entgehen. Sophokles setzt ihrem Charakter-Porträt an dieser Stelle ein Glanzlicht auf. Wir stellen einige Standard-Übersetzungen zusammen (V. 981 f.):
v. Wilamowitz-Moellendorff: »Die Mutterehe voll-

ends fürchte nicht / die hat so mancher schon im Traum vollzogen.«
Roman Woerner: »So mancher sah in Träumen schon sich zugesellt / der eigenen Mutter.«
Ernst Buschor: »Im Traum vielleicht / da sah sich mancher schon im Bett der Mutter!«
Wolfgang Schadewaldt: »So mancher von den Sterblichen hat schon im Traume / gelegen bei der Mutter!«
Hingegen hat die von Freud benützte Übersetzung des preußischen Altmeisters J. J. Donner: »Denn *viele* Menschen sahen auch in Träumen schon / sich zugesellt der Mutter.«
Die Stelle lautet im griechischen Text: σὺ δ᾽ εἰς τά μητρὸς μὴ φοβοῦ νυμφεύματα / πολλοὶ γάρ ἤδη κἀν ὀνείρασιν βροτῶν / μητρὶ ξυνηυνάσθησαν. Ἀλλὰ ταῦθ᾽ ὅτῳ / παρ᾽ οὐδέν ἐστι, ῥᾷστα τὸν βίον φέρει.
Man sieht, daß von den deutschen Übersetzern nur J. J. Donner das »polloí« (viele) wiedergibt – *viele* Menschen sahen sich im Bett der Mutter liegen – ein Irrealis! Buschor und Schadewaldt haben, wie schon Woerner, einen Horror vor dem (für sie schon freudianisch eingefärbten) »polloí« – so viele, dachten sie, sind's nun auch wieder nicht.
Nun die englischen Gelehrten: Gilbert Murray (vgl. S. 97) bringt das Wort von »Mutters Bett« nicht über die Lippen. Er faßt die fragliche Passage sozusagen mit Handschuhen an, gibt aber den Sinn der Stelle mit erstaunlichem Geschick wieder, nämlich: »And thou, fear not they mother. Prophets deem / a deed *wrought* that is wrought but in a dream.« – Man ist versucht, seinen Reim mit ähnlichem Klingklang nachzuahmen: »Hab' keine Angst vor Muttern, Junge, – denn, was

Seher sehen / das ist so gut als sei's im Traum geschehen!«

Richard C. Jebb schließlich übersetzt annähernd wörtlich (in Prosa): »But fear not thou touching wedlock with they mother. Many men ere now have so fared in dreams also; but to whom these things are as nought bears his life most easily.« Erstaunlich an dieser Übersicht ist, daß ausgerechnet der viktorianische Moralist Gilbert Murray – und nur er! – den eigentlichen Sinn der Stelle trifft: Nur bei ihm wird evident, daß die Wendung mit den »Träumen« keine affirmative Tatsachenbehauptung ist, sondern eine Relation: »Das *eine* ist so nichtig wie das *andere* – Hirngespinste – leerer Wahn ... nur ein *Narr* kann solche Orakelsprüche ernst nehmen!«

Was Sophokles die Iokaste vorbringen läßt, ist also keine wie immer geartete »Information« über Trauminhalte, sondern eine frech und dreist an den Haaren herbeigezogene Ausflucht: Sie will den Sohn-Gatten, der durch einen Orakelspruch beunruhigt ist, *ablenken*, seinen Argwohn beschwichtigen und ihn (wahrscheinlich zum hundertsten Mal) zu seiner dämmernd dahingeschleppten Halbsicherheit zurückbringen, dieser »uneasiness«, die ihm allmählich zur Qual wird: »Nimm's nicht so tragisch – Sehersprüche sind eitel Lug und Trug – wie Träume!« Mit anderen Worten: Sie weiß es wieder einmal »am besten«! (Vgl. dazu S. 109.)

Die eigentliche Pointe, der sublime Witz dieser »Traum«-Stelle, liegt also darin, daß Iokaste den Wortsinn ihrer Rede, ohne es zu merken, selbst widerlegt durch ihren Tonfall, ihre Diktion: Sie redet »wie eine Mutter« – wie *seine* Mutter.

Unverständlich ist in diesem Punkte die Meinung von Richard C. Jebb. Er kommentiert (zu V. 1213): »ἄκονθ' –, not as if he had been a criminal who sought to hide conscious guilt; but because he had not foreseen the disclosure which was to result from his inquiry into the murder of Laius. –«
Wir müssen sagen: Doch, der Chor betrachtet und behandelt den Ödipus hier »as a criminal«. Denn schon der Wortsinn ergibt ja, daß Ödipus sich nicht gegen das Verhör sträubt – das im übrigen niemand eifriger betreibt als er –, sondern er hat sich *vorher*, während der langen Sündenzeit, noch im Gehorsamsbann der Iokaste, gegen die Entdeckung gesträubt. Das »ákontua« (dich Widerstrebenden) darf also nicht auf den kurzen Moment des Verhörs bezogen werden, sondern auf die lange Dauer seiner Greuel. Aber die Zeit, die alles Sehende, arbeitet im Stillen, sie sitzt sozusagen am längeren Hebel – und sie bringt schließlich den Sachverhalt ans Licht. Daher übersetzt denn auch Wolfgang Schadewaldt ganz korrekt mit: »Entdeckt hat gegen deinen Willen dich die alles sehende Zeit.«
Die »Zeit« – χρόνος – bewirkt also beim Typus der »späten Entdeckung« das, was bei Homer noch sehr schnell und schlagartig (»áphar«) die Götter besorgen. Das Schönste ist aber, daß Sophokles die Wendung mit dem »πάνθ ὁρῶν χρόνος« nicht einmal zu erfinden brauchte: Jedes Schulkind in Athen kannte die Fragen an den Philosophen Thales und dessen Antworten: Was ist das Älteste? – Was das Schönste? – Was das

Größte? – Und: »Was ist das Weiseste?« Antwort: »Die Zeit; denn sie findet alles heraus!« (τί σοφώτατον; – χρόνος· ἀνευρίσκει γὰρ πάντα).

(35) Apollon, der Gott der Seuchen und der Mäuse

Als Gott der Krankheiten und Seuchen (vgl. ILIAS I, 51 f.) oder der plötzlichen, rätselhaften Sterbefälle (ODYSSEE III, 280) ist Apollon für das heimgesuchte Theben sozusagen »zuständig«. Der Gott, der die Schickung verhängt, die »Plage« sendet, ist auch derjenige, der sie wieder fortnehmen kann. Da aber die Seuche wegen eines »Greuels« (vgl. S. 77) gesendet wurde, hat die Aufhebung der Plage unbedingt die Versöhnung (d. h. Zufriedenstellung) des Gottes zur Voraussetzung.

Wie eine Musterkarte dessen, was von einem unversöhnten Gott noch alles zu befürchten steht, nimmt sich der Katalog von Entsetzlichkeiten aus, den der junge Orestes (Aischylos, DIE CHOEPHOREN, V. 269 ff.) dem darob keineswegs erstaunten Chor vorrechnet: insgesamt Übel der unerfreulichsten Art (δυστερπῆ κακά, V. 277) für den Fall, daß Orestes die Forderung des Gottes, Rache zu üben, mißachtet; sodann aber, im einzelnen: scheußliche Krankheiten, ein »Aussatz, der tief ins Fleisch frißt« (V. 280), die Sehnen aufzehrt und das Haar weiß färbt; unaufhörliche Wahnvorstellungen und schreckhafte Träume (V. 288), die den Drückeberger keine Minute mehr ruhen lassen; weiterhin: als von Apollon gebrandmarkt, verfällt der Frevler allgemeiner Ächtung, Gastfreundschaft und Teilnahme an religiösen Feiern sind ihm versagt, er ist in »Acht und Bann« – ein »outcast«, ein landflüchtiger Bettler.

Man sieht, wie sich (für den zuhörenden Griechen) schon mit der ersten Anrufung Apollons im TYRANNOS die Vorstellung dessen, was Sophokles dann im KOLONOS ausmalt, unausweichlich verbinden muß.

Jedoch, es steht in der brillanten »Rechtsdarlegung« des aischyleischen Orestes noch ein Wörtchen, das leider in manchen Übersetzungen (z. B. der von J. G. Droysen) verloren geht. Orestes gibt nämlich (DIE CHOEPHOREN, V. 278 f.) zu verstehen, daß durch Mißwuchs und Mißernte auch *das Land* sehr peinlich mitbetroffen werde. Und da haben wir wieder das »Syndrom«, den unausweichlichen »Regelkreis«, durch den im Falle einer *»Plage«* der einzelne, der der Täter ist (der »Beschmutzer«), und die Gemeinschaft aneinandergekettet sind.

Die »Pest« und Drangsal, von der Theben zu Beginn des OIDIPOUS TYRANNOS heimgesucht wird, ist daher kein beliebiges Malheur, keine Angelegenheit für »Technischen Notdienst«, für »Soforthilfe« oder fliegende Ambulanzen, sondern etwas Fundamentales, die Existenz Berührendes. Und von hier aus sieht man erst in voller Bedeutung, daß die »Gelöbnisse« und Versprechungen an Apollon im Verlauf dieses Dramas keine frommen Redensarten sind, sondern Ausdrücke für das zentrale psychische System einer antiken Verfassung.

(36) *Die »heilige Hochzeit«*

Es gibt eine Stelle, an der die merkwürdige Affinität der homerischen Götterwelt zum Stil der kretisch-mykenischen Epoche geradezu in die Augen springt. Es ist die berühmte Stelle (Ilias XIV, 342 ff.), wo Zeus den Verlockungen der Hera nachgebend ein Liebeslager auf dem Ida-Gebirge bereitet und auf die (geheuchelte) Besorgnis der Hera, man könne dort oben »gesehen werden«, antwortet: »Weder ein Gott noch ein Mensch wird uns sehen, denn ein solches Gewölk umhüll' ich dir ringsum, strahlend von Gold, nie würd' uns hindurchspähen Helios selber, der doch scharf vor allen mit strahlenden Augen umherblickt.«

Und dann heißt es weiter: »Unten nun sproß die heilige Erd' aufgrünende Kräuter, Lotos mit tauiger Blum' und Krokos samt Hyakinthos, dichtgedrängt und weich, die empor vom Boden sie trugen; hierauf ruheten beid' und hüllten sich rings ein Gewölk um, schön und strahlend von Gold, und es taueten glänzende Tropfen.«

»Goldenes Gewölk«, von Tropfen funkelnd, am Boden ein Blumenteppich, der die Gestalten umhüllt, den Vorgang zugleich verbirgt und als Mysterium – ἱερὸς γάμος – aufleuchten läßt, und insgesamt: das Gespür für das Atmosphärische, für Wolke, Hauch und Duft – das ist so ganz und gar die Gefühls- und Erlebniswelt der kretischen Hochblüte und der damit korrespondierenden Amarna-Zeit, daß ein einziger Blick auf den weich bewegten, welligen Duktus der entsprechenden Bildzeugnisse genügt, um die Zugehörigkeit der originalen Mythe zu *dieser* Bild- und Vorstellungswelt evident zu machen. Die griechische Archaik – und besondern das 7. und 6. Jahrhundert – mußte sich einen Zugang zu dieser Welt erst schaffen. Manches, und vor allem eben das Atmosphärische, blieb ihr aber unzugänglich: Ihre Stärke und Besonderheit lag eben in einer ganz anderen Richtung: in der geometrischen Klarheit und dann in der alles besagenden, unfehlbaren Linie. Es ist diese epochenhafte Metamorphose im Stil- und Formbegriff, die auch die Verwandlung der Ödipus-Legende vom 14. bis zum 5. Jahrhundert mit umfaßt.

(37) Ödipus, ein »Sonderfall«

Ein Charakteristikum – innerhalb des kretisch-griechischen Kulturzusammenhangs – ist das absolut Einmalige, Isolierte, Singuläre der Erscheinung und der Situation. So wie der Name Οἰδίπους (s. Anmerkung 11) etwas Künstliches ist und eigentlich mehr eine Formel als ein Eigenname, so steht er auch genealogisch ganz außerhalb und abseits des gesamtgriechischen Zusammenhangs. Er ist kein »Heros«, vor allem aber kein Vorbild, kein Typus. Die griechische Mythologie ist ein genealogischer Kontext, ein dichtes Geflecht von weit über 2000 Einzelnamen. Es gibt in diesem ungeheuren, phantastischen Beziehungsfeld nicht einen einzigen Namen, der über seinen Träger etwas Nachteiliges, Herabsetzendes aussagt. Die griechischen Namen sind (soweit sie nicht etymologisch unauflösbare ältere

Nomina darstellen) ausschließlich »gute Wünsche«, Verheißungen – »auguri«. Ein »Schwellfuß« ist (abgesehen von dem medizinischen Unsinn) undenkbar für einen Fürsten des 14. Jahrhunderts.

Und ebenso wie dieser »Ödipus«, dieser »Schlaukopf«, wie er eigentlich hieß, an den imaginären Stammbaum der »Labdakiden« (der Hinkebeine) angeknüpft ist, so verliert sich auch wieder seine imaginäre Nachkommenschaft im Niemandsland. Aber auch seine »Tat« ist nicht die eines Heroen. Ödipus wird in den ersten 500 Jahren seiner mythischen Existenz als ein Verbrecher aus besseren Kreisen geführt, dem es aber, trotz Aufdeckung seines Thron-usurpierenden Anschlags – θεῶν ὀλοὰς διὰ βουλάς. (»nach dem verderblichen Ratschluß der Götter«) – bestimmt ist, unter »vielen Schmerzen« weiterhin über die Kadmeionen zu herrschen.

»Ein verpfuschtes Leben« müßte man eigentlich sagen. Es fehlt seiner Gestalt ganz und gar das Leuchtende, das »fernhin Strahlende« der echten Heroen, die, mögen sie noch so tragisch enden, immer von einer Aura der Unsterblichkeit umgeben sind, selbst die späten wie Jason, Theseus, Patroklos oder Achilleus.

(38) Die Läuterung des Ödipus

So wie mit dem »Fluch« die *bewußten* Taten des Ödipus gemildert und schließlich gerechtfertigt werden – worauf sich der Täter im KOLONOS ja ganz trotzig beruft (vgl. Anm. 4) –, so mußte die Sage auch das, was

vor seinem Auftritt auf der böotischen Bühne geschehen war, peu à peu schmackhaft und erzählbar machen, der Geruch nach Komplott und Palastrevolution mußte getilgt und durch ein unbewußtes Handeln der jetzt edler und edler werdenden Iokaste ersetzt werden.
Hier, in der Konstruktion der Vorgeschichte, lag aber auch die Crux der ganzen Erzählung: Wie mußte das Ödipus-Kind von den Eltern entfernt worden sein, damit es diesen später wieder begegnen konnte, ohne von ihnen erkannt zu werden?
Die verschiedenen, zum Teil sich ausschließenden Varianten zu diesem Thema lassen erkennen, wie sehr und angelegentlich gerade an diesem Punkt herumgedoktert und -getüftelt worden ist. Sogar das aus der Moses-Geschichte bekannte »Körbchen« oder »Kästchen« wird wieder hervorgeholt. Eine späte Moses-Parallele ist ja auch die von Sophokles verwendete Adoption an einem fremden Königshof. Übrigens wird auch Moses, wie Ödipus, zum Laertes, zum Erretter eines Volkes, und auch er muß zuvor einen Mann erschlagen (den ägyptischen Aufseher).
Selbstverständlich soll damit keine direkte Abhängigkeit der beiden Erzählungen behauptet werden, aber man kann doch sehen, wie nah und wie dicht die Sagen-Motive im ägäisch-ägyptischen Zusammenhang beieinander liegen!

Nachwort

Die Geschichte von König Ödipus lernt man nicht an einem Tag, und bestimmt nicht an dem Tag, an dem man die Sage zum erstenmal gehört hat. Freud führt sie an der erwähnten Stelle seiner TRAUMDEUTUNG in sein analytisches System ein (vgl. S. 99 und Anm. 32) und kommt später wiederholt darauf zurück, fast immer im Zusammenhang mit der »Regression der Libido auf Eindrücke der kindlichen Entwicklung« und jedesmal im Tonfall einer sicher gewonnenen, fraglos untermauerten Erkenntnis, die, einmal formuliert und in Sätze gebracht, keiner weiteren Stütze oder Rechtfertigung mehr bedarf. Dabei hat Sigmund Freud insgesamt nicht mehr als vier bis fünf Manuskriptseiten auf die Begründung des »Ödipus-Konfliktes« verwendet, den er schon bald darauf als den »Kernkomplex jeder Neurose« bezeichnete (so in TOTEM UND TABU, 1912, Bd. IX, S. 414, und später noch entschiedener und ausführlicher in den VORLESUNGEN von 1916, Bd. I, S. 330 ff.).

Fest steht, daß Freud die Sage nicht etwa nur als ein »Gleichnis«, als eine mythologische Metapher für etwas psychisch Gegebenes auffaßte, sondern daß er sie so, wie er und seine Generation sie kannten, wörtlich nahm: ›Ödipus tut das, was alle Söhne tun würden‹, wenn nicht ein mit Repression und blutigen Strafen drohender kultureller Überbau sie daran hindern würde. Es gibt keine Stelle in seinem späteren Werk, das dieser Auffassung widerspricht.

Hingegen erscheinen merkwürdige Sätze und Erklärungen immer dann, wenn Freud sich in defensiver Argumentation mit möglichen Einwänden gegen das zum Sakrament und Glaubensartikel erhobene Theorem auseinandersetzt. Im allgemeinen ist er gekränkt, wenn ihm Tatsachen oder Beobachtungen entgegengehalten werden, die womöglich dem »Alltagsleben« entnommen sind – dem Alltagsleben, das er selbst doch wiederum so gern für seine Deduktionen heranzieht und das er in einer berühmt gewordenen Schrift ZUR PSYCHOPATHOLOGIE DES ALLTAGSLEBENS (1907) als Beobachtungsfeld recht eigentlich erschlossen hat.

Eine der merkwürdigsten Stellen findet sich in eben dieser Schrift, und zwar in Kapitel VIII (»Das Vergreifen«). Freud geht hier, indem er einen »Fehlgriff« bei der Behandlung einer neunzigjährigen Patientin beschreibt (er hatte aus Versehen das zur Behandlung der Augen bestimmte Fläschchen Kollyrium mit einer schwachen Morphinlösung verwechselt), sofort auf die Redensart »Er hat sich an der Alten vergriffen« über. Nun ist schon wieder der Ödipus-Komplex aufgerufen, und Freud sieht sich zu einer kurzen Erklärung genötigt, warum das Alter der »Mutter« (hier: der Greisin) in der Entwicklung der ödipalen Beziehung keine Rolle spielt: Denn man müsse bedenken, »daß es sich bei der Verliebtheit in die eigene Mutter niemals um deren gegenwärtige Person handelt, sondern um ihr jugendliches Erinnerungsbild aus den Kinderjahren«.

Wie elegant scheint diese Ausflucht zu sein – und wie verräterisch ist sie in Wirklichkeit! Denn an dieser Stelle wird in peinlicher Weise offenbar, daß Sigmund Freud lieber von einem Extrem ins andere flüchtet, als sich darauf festlegen zu lassen, wer oder was das Objekt dieser mysteriösen Liebesbindung eigentlich sein soll – die Mutter, wie sie dem Vierzehn- bis Sechzehnjährigen normalerweise vor Augen steht, oder ein Phantom, ein Wunschbild, das der mit Zoobesuch, Luftgewehr, Spielzeugeisenbahn und ersten Bekanntschaften überfütterte Wicht von fünf Jahren eingefangen haben soll, um es zwecks späterer Neurosenbildung zu verdrängen ...

Wir wollen, um der leidigen Sache endlich auf den Grund zu kommen, noch eine Überlegung anstellen, die Freud zwar einmal im Vorübergehen streift, die aber, wenn man schon die »Regressionen auf das frühe Kindesalter« in Betracht zieht, von fundamentaler Wichtigkeit ist, nämlich: Was tritt ein, wenn die »Mutter« gar nicht die wirkliche (leibliche) Mutter ist, sondern eine zweite Frau des Vaters – oder überhaupt das »weibliche Wesen in der Nähe«? Wirft sich der »ödipale« Mechanismus (da unentrinnbar) dann auf diese? Oder setzt das Walten des Komplexes das »eigene Blut« voraus (wobei wir dann unversehens bei einer Art unbewußter Rassentheorie der Psychoanalyse angelangt wären)?

Die Sache erfordert Nachdenken, zumal ein so engagierter Freud-Anhänger wie Heinz Politzer allen Ernstes die Frage aufwirft: »Hatte Ödipus einen Ödipus-Komplex?«

Politzer, dem natürlich (wie allen Freudianern) nur die

Sophokleische Variante vor Augen steht, bekennt sich nach manchem Hin und Her zu einem etwas unsicheren »Ja«. Wir hingegen müssen, und zwar vom Standpunkt der Theorie, mit einem entschiedenen »Nein« antworten. Denn da Ödipus bis zum Jünglingsalter bei seiner Pflege- und Adoptivmutter in Korinth weilte, hätte er bei ›Funktionieren‹ des Komplexes sich wohl mit aller Macht in diese verlieben müssen bzw. beim späteren Herumirren in der Fremde in das Idealbild, das er, der ziellos wandernde Fußkranke, mit sich herumtrug.

Man sieht schon an solchen »Gegenproben«, daß der Mythos und das, was Freud sich darunter vorstellte, nicht aufeinanderpassen; es findet sich selbst in der letzten, der Schwabschen Version keine Ähnlichkeit des inneren Vorganges. Wir wollen daher an dieser Stelle festhalten, was die Literaturforschung inzwischen längst erkannt hat, nämlich daß »die für die neuere Literatur folgenreichste Adaption der Ödipus-Thematik – der von S. Freud geprägte Begriff des ›Ödipus-Komplexes‹ – auf einer eklatanten Umdeutung des von Sophokles im ›König Ödipus‹ gestalteten antiken Mythos beruht« (Egidius Schmalzriedt in Kindlers Literatur-Lexikon).

Wir müssen also, wenn wir je hoffen wollen, zu einiger Klarheit zu gelangen, *drei* Dinge kategorisch auseinanderhalten:

a) den mythischen Komplex, dessen geheime Verwandlungen und Korruptionen wir in diesem Buch verfolgt haben,

b) das Freudsche Theorem, und

c) die Tatsachen des Lebens, wie sie uns aus eigener Anschauung, aus Literatur, Zeitungsbericht und klinischem Material täglich entgegentreten.

Daß der erste mit dem zweiten nicht übereinstimmt, haben wir mittlerweile gesehen, und wir bleiben auch bei dieser Einsicht, da sie uns bei jeder Detailuntersuchung nur noch deutlicher und lebhafter entgegentritt. Das allein wäre allerdings kein Grund, an den Dogmen der Psychoanalyse Kritik zu üben oder uns mit ihnen überhaupt auseinanderzusetzen; denn es wäre nicht das erste Mal, daß eine falsche Annahme in der Wissenschaft den Anstoß zu weitreichenden und geradezu umwälzenden Entdeckungen gegeben hätte und daß später von der dadurch errungenen neuen Position aus die erste Annahme revidiert und den Tatsachen entsprechend richtiggestellt werden konnte. Von einer solchen Umkehr und Rückbesinnung kann jedoch im Bereich der Psychoanalyse nicht die Rede sein. Im Gegenteil, was hier irritiert und zu einer Beanstandung herausfordert, ist, daß sich die Psychoanalyse mit dem Mythos (wie sie ihn versteht) geradezu identifiziert, und zwar in zunehmendem Maße und in einer emphathischen, hymnischen Weise.

Zweifellos ist dieser Identifikationsanspruch (Sigmund Freud = Löser des Rätsels = Ödipus = Löser *aller* Rätsel) ein Phänomen vorwiegend der zweiten Jahrhunderthälfte, wenn auch seine Wurzeln weit in die Lebenszeit von Freud zurückreichen.

Vor kurzem brachte ein französischer Verlag es fertig, Sigmund Freud (unter Verwendung des Gemäldes von Ingres, vgl. Abb. 40) in Person als Ödipus vor der fragenden Sphinx darzustellen. Ein erster Schritt in diese Richtung war bereits die Anbringung einer Bildnisbüste Freuds im Arkadenhof der Wiener Universität (1955) mit der Aufschrift: »Er, der die berühmten Rätsel löste, mächtig wie sonst keiner« (Sophokles, K.Ö.V. 1525: ὃς τὰ κλείν᾽ αἰνίγματ᾽ ᾔδει καὶ κράτιστος ἦν ἀνήρ). Und wir wissen durch Freuds Schüler, daß sowohl die Anbringung der Büste wie die gewählte Inschrift einem sehnlichst gehegten Wunsch des großen Lehrers entsprach. Angesichts der merkwürdigen Tatsache, daß Sigmund Freud schon in seiner Abitur-Prüfung auf den Ödipus-Stoff gestoßen war (er mußte 33 Verse aus König Ödipus übersetzen), und in Anbetracht seines brennenden Ehrgeizes, der Menschheit eine neue Erkenntnis zu schenken (und dadurch ein κράτιστος ἀνήρ, ein sehr bedeutender Mann, zu werden), kann man hier wohl eine Lebenslinie herauslesen, eine fast schicksalhafte Prädestination, und es wird einigermaßen schwierig, einer solch ominösen Vorbedeutung gegenüber einen eigenen Standpunkt einzunehmen und festzuhalten.

Wir bestreiten also der Psychologie nicht ihre Berechtigung, sich zur Verdeutlichung bestimmter Gedankengänge mythologischer Vorlagen oder Modelle zu bedienen, und niemand wird leugnen, daß psychologisches Material in vielen Sagen angedeutet liegt. Wir behaupten lediglich, daß im vorliegenden konkreten Fall, nämlich in der thebanisch-attischen Ausarbeitung des Ödipus-Stoffes, nur eine flüchtige, scheinbare und rein äußerliche Ähnlichkeit des Geschehens mit dem, was die Psychoanalyse behauptet, gegeben ist und daß in einem tieferen Sinne nicht die geringste Übereinstimmung des einen mit dem anderen besteht.

Dies wäre nun freilich, wie es sich im Hauptteil dieses

Buches darstellt, eine Feststellung *in mythologicis,* die niemanden zu kränken bräuchte.
Aber unglücklicherweise kommt als drittes, ungemein erschwerendes Moment hinzu, daß wiederum die Psychologen in einem langdauernden und nie endenden Kleinkrieg mit einem noch stärkeren Gegner begriffen sind, und das sind die Tatsachen des Lebens und dessen Erscheinungsbilder, wie sie jedermann vor Augen stehen.
Von allen Tieren ist der Mensch dasjenige, bei dem das Junge am längsten in Eltern-Abhängigkeit bleibt und es am schwersten hat, sich endgültig frei zu machen. Man bedenke, was es bedeutet, daß der Mensch in der heutigen Zivilisation in der Regel ein Drittel seiner gesamten Lebenszeit in wirtschaftlicher Abhängigkeit von den Eltern lebt, und daß eine seelische Verbindung gewöhnlich die ganze Lebenszeit anhält. Rechnet man dazu die ungeheure Variationsbreite der menschlichen Veranlagung und der Charakterunterschiede, so muß man sich fast wundern, daß die Sache im großen und ganzen so glimpflich abläuft. Bedenkt man ferner die ungeheure Vielfalt der tatsächlich vorkommenden Erscheinungsbilder und die sternenhafte Streuung der Schicksale, so kommt man im Grunde zu einem positiven Ergebnis. Die Menschheit empfängt ihren Tadel und eine mitunter vernichtende Kritik ihres Treibens fast täglich, und das mit Recht. Wollte man sie einmal loben, so müßte man eigentlich das in der Mehrheit erfreuliche Eltern-Kind-Verhältnis zu ihren positiven Leistungen und besonderen Vorzügen rechnen. Wahrscheinlich hätte sie im anderen Fall schon längst zu bestehen aufgehört.

Erst vor diesem Lebensteppich, der das dichte Gewebe der psychischen Realität ausmacht, wird die Konsequenz und Bedeutung der Versagerfälle, der ganz deutlich sich abzeichnenden Ausnahmen, deutlich. Sie sind von so markanter Eigenart, daß es wahrlich keiner jahrelangen Verhöre bedarf, um den inneren Mechanismus dieser merkwürdigen Abhängigkeiten zu erforschen.

Gemeinsam ist in allen Fällen ein Defizit – ein *Minus* an seelischer Spannkraft und Elastizität, ein Zurückbleiben in der Lebensplanung und der unternehmerischen Energie des Heranwachsenden, vor allem auch des Mädchens, eine Schwierigkeit der Ablösung und des Freiwerdens, die zunächst einmal den Boden für das weitere vorbereitet. Kommt dazu eine Iokasteähnliche Veranlagung der Mutter, und begünstigen auch die äußeren Umstände ein Zusammenleben und Zusammenbleiben, dann kommt es zu den eigenartigen Bildern einer »verlängerten Ehe« (meistens der Mutter mit dem in Abhängigkeit gebliebenen Sohn), die die seltsamsten und oft skurrilsten Zustände hervorbringt.

Die Ödipus-Rechnung geht dabei nie auf: Weder ist der Sohn (der keiner Fliege das Bein krümmen könnte) der Sophokleische Leidensmann, der mit dem Schwert die Kammer aufbricht und gegen die eigenen Augen wütet, noch ist die Tochter, die zur stummen Dienerin und zum Aschenputtel der (von Vitalität strotzenden und ihren Mann um das Doppelte überlebenden) Mutter wurde, eine Elektra, die ein Ende mit Schrecken herbeisehnt und herbeiführt.

Hier greift kein Mythos ein; hier wird ein defizitärer

Seelenzustand, der keinen Mythographen interessiert (denn der Mythos verlangt Handlung, Persönlichkeitsgepränge und Konsequenz bis zum Katastrophenschluß), in stiller Weise zu einer wenn auch noch so bescheidenen Lebensmöglichkeit umstilisiert. Auch Inzest wird der forschende Analytiker hier selten vorfinden – dagegen sprechen schon die relative Dauer und Stabilität solcher Mutter-Symbiosen; im schärfsten Gegensatz zu den (fast ausschließlich vorkommenden) Fällen des eklatanten Vater-Tochter-Inzestes, der in sich unstabil ist und gewöhnlich mit einem Knalleffekt auseinanderplatzt mit dem ganzen Betrag von freiwerdender Energie, wie er vorher auf die Erzwingung des Verhältnisses von seiten des Vaters verwendet wurde.

Die statistischen Verhältnisse sind hier die wahren Indikatoren. Sie besagen, wo die Schwerpunkte liegen und wo die wirklich starken, auch rigorose kulturelle Schranken durchbrechenden Triebkonstanten ansetzen. Jeder Bearbeiter einer Kriminalstatistik weiß, daß die sogenannten »Inzestdelikte« an sich einen kleinen Teil der von der »Sitte« umschriebenen Straftatbestände ausmachen, daß aber innerhalb der Inzestverbindungen das Vater-Tochter-Delikt geradezu das tägliche Vorkommnis der Polizeireviere aller Länder und Klimazonen darstellt, während man echte Fälle von flagranten Mutter-Sohn-Verbindungen mit der Lupe suchen muß – sie beschäftigen nicht einmal die Phantasie des Kriminalisten.

Was tun? Wir sind am Ende unserer Betrachtungen angelangt, und die Aussichten sind nicht rosig, daß es jemals in den hier behandelten Punkten zu einer Einigung kommen könnte. Keine Wissenschaft trennt sich ohne zwingenden Grund von ihrer Terminologie. Und die analytische Wissenschaft wird es um keinen Preis tun, denn das »jurare in verba magistri«, das Beharren beim Wortlaut der Lehre, ist ihr eingeboren, ist ihre zweite Natur geworden. Und das hat seine sehr verständliche Ursache. Sigmund Freud ist des Wortes in einem Grad mächtig, der sogar den Neid arrivierter Nur-Schriftsteller erwecken muß. Seine Kunst der Darstellung ist unübertroffen, seine Schilderungen sind suggestiv bildhaft und plastisch lebensnah, seine Darstellung elegant, präzis und gewinnend, seine Formulierungen sind von einer abschließenden, imponierenden Sicherheit. Das Wort ist bei ihm nicht nur Medium, Instrument der Wiedergabe, sondern Gestaltungsmittel. Er fasziniert, bevor er überzeugt, und er überzeugt durch die Bündigkeit und die knappe Form seiner Darlegungen. Als Schreibender steht er auf der Höhe seiner Zeit, er besteht zwischen Arthur Schnitzler und Karl Kraus und hat darüber hinaus noch den Vorteil völlig neuer Fragestellungen, packender Problematik und einer frappierenden, aus seiner Stellung als Arzt sich ergebenden Nähe zum Objekt. Sein Hauptwerk, die TRAUMDEUTUNG von 1900, ist überdies ein Meisterwerk und man kann es mit seinen eigenen Worten (gegenüber Hermann Fließ) bestätigen, von einer unglaublichen »intellektuellen Schönheit«. Es ist ein Jahrhundertwerk und wird bestehen, solange Bücher gelesen werden.

Auf der anderen Seite erleidet sein Werk, als Ganzes gesehen, Einschränkungen, die zum Teil aus seiner eigentümlichen Befangenheit innerhalb seiner Zeit

(und es ist die Zeit des Symbolismus und des Jugendstils), ihrem emotionellen Klima und dem besonderen »Aroma« der zur Neige gehenden bürgerlichen Décadence resultieren, zum Teil aus seiner persönlichen Stellung und Herkunft, zu einem großen Teil aber auch aus seiner zwar genialen, aber sehr zur Spekulation neigenden Veranlagung, die ihn gerne von der Evidenz und Schlüssigkeit einer ersten Annahme auf die Allgemeingültigkeit der daraus gezogenen Folgerungen schließen ließ. Sigmund Freud, das geht aus der Biographie hervor, stand unter »Erfolgszwang«.
Insbesondere halten manche Partien seines Werkes, die sich mit Problemen der Vorgeschichte, der Ethnologie und Religionswissenschaft beschäftigen, einer heutigen kritischen Prüfung nicht mehr stand. Von einzelnen Schriften (so besonders TOTEM UND TABU, 1912) wird das in der psychoanalytischen Literatur jetzt auch zugegeben, jedoch sind wir von einer sorgfältig und kritisch angesetzten Revision seiner Theorien noch weit entfernt. Die verständliche Bewunderung seiner Adepten und Nachfolger hat den Blick für eine objektive Bewertung auf lange Zeit verstellt.
Zu erhoffen wäre eine Reinigung des Vokabulars, eine Revision der Begriffe. Es ist umständlich und ermüdend, wenn nie das Ding gemeint ist, von dem die Rede geht, und wenn mit Begriffen operiert wird, die das Gemeinte gar nicht erfassen – wenn zum Beispiel von dem Trauma eines Kindes gesprochen wird, während in Wirklichkeit die Dominanz des Mutteranteils im Persönlichkeitsaufbau des Kindes zu diskutieren wäre.
Die Verwirrung ist groß, und es wird ein Menschen-

alter beanspruchen, um nur zu einem *modus loquendi* zu gelangen. Falls das gewollt ist. Eine Klarstellung der mythologischen Dinge könnte dabei von Nutzen sein.

Anhang

Die Namen der Ödipus-Sage, eine etymologische Untersuchung

Ödipus

In den neueren Handbüchern wird dieser Name gewöhnlich als »Schwellfuß« erklärt, mit den beiden Bestandteilen »oid-« (von οἰδάω = anschwellen, bzw. οἰδάνω = schwellen machen, aufblähen) und »pous« (πούς = Fuß). Wir lassen zunächst dahingestellt, daß eine Zusammensetzung aus »oidáo« und »poús« niemals die Form Oidipous ergeben würde. Die verzweifelten Bemühungen der Philologie (vgl. Roscher, Ausführliches Lexikon der griechischen und römischen Mythologie, Bd. III, Sp. 740 f.), diese Herleitung gleichwohl als möglich und glaubhaft erscheinen zu lassen, beweisen eher das Gegenteil.

Wichtiger ist zunächst die Überlegung, daß die Bedeutung des »geschwollenen Fußes« einzig und allein in Verbindung mit der Fußverletzung des Ödipus Sinn hat und daß diese wieder untrennbar ist von der Aussetzung des Säuglings im Felsgebirge. Die Fußverletzung soll die Grausamkeit der Behandlung durch die eigenen Eltern anzeigen, die eine lebenslängliche Entstellung zur Folge hat und dem Kind daher wie ein Brandmal anhaftet. Alle diese Merkmale gewinnen jedoch erst Sinn und Zusammenhang mit der Drama-
Brandmal anhaftet.
Alle diese Merkmale gewinnen jedoch erst Sinn und Zusammenhang mit der
Dramatisierung des Stoffes, und das heißt *frühestens* seit Ende des 6. Jahrhunderts.

Nun ist aber gerade diese Zeit (etwa zwischen 530 und 450 v. Chr.) noch ganz und gar von der Vorstellung des »weisen Ödipus« beherrscht. Das früheste Zeugnis (um 530) haben wir neuerdings durch Hausmanns Deutung der Stuttgarter Vase vor Augen, ein später Beleg ist die Erwähnung in der 4. Pythischen Ode (V. 263) des Pindaros (462 v. Chr.), in der »die Weisheit« des Ödipus als etwas so Selbstverständliches zitiert wird wie »die Stärke des Herakles«, die »Listen des Odysseus« oder der »Zorn des Achill« (γνῶθι νῦν τὰν Οἰδιπόδα σοφίαν).

Ferner deckt sich diese Auffassung von einem Ödipus = οἰδ-δίπους als dem »verständigen Wesen« ganz und gar mit der allgemeinen Charakteristik, wie die Sage den mythischen Vagabunden in Theben eintreffen läßt, damit er – durch Rätsellösung und Heirat mit der Königswitwe – dortselbst gewissermaßen »fortune« mache.

Eben diese Situation ist es, die sich später auch in allen auf die Persönlichkeit und Verdienste des Ödipus anspielenden Stellen (vor allem in den Chorstellen bei Sophokles) spiegelt, und zwar mit solcher Entschiedenheit und Emphase, daß es eine ans Närrische grenzende Mißachtung jeglicher Methode wäre, diesen eindeutigen, durch Wortklang, Bildzeugnis und dichterische Auslegung dreifach erhärteten Wortsinn des Namens »oidípus« außer acht zu lassen. Man bedenke, daß es selbst in den PHOINISSEN des Euripides, also der letzten »klassischen« Stelle, immer noch der Trost des verzweifelnden Ödipus ist, daß er einmal – in glücklicher Zeit – das Richtige »gewußt« habe (Eur., PHOIN., V. 1732 f.)!

Der Name bedeutet also jedenfalls in der älteren Sage eindeutig: der »Wissende«, der verständige Mensch. Es gibt aber einen unmittelbaren Beweis dafür, daß das griechische Publikum, *auch* im 5. Jahrhundert, den Namen Oidípous beim Hören nicht als »Schwellfuß«, sondern in der Bedeutung »der Kundige« auffaßte: es ist Vers 397 mit seiner subtilen Anspielung von ἐγὼ ὁ μηδὲν εἰδὼς Οἰδίπους (ich, der »nichtswissende Wissende«), die natürlich in der Übersetzung verlorengeht und nur in der delikaten Alliteration des Originals erkenntlich ist.

Ödipus bezieht sich hier in höhnischer Form auf den (präsumptiven) Anspruch des Sehers Teiresias, daß er, obwohl er blind, doch die verborgensten Dinge sehen könne, und repliziert nun: »Aber damals, als es um die Plage der Sphinx ging, da wußte niemand Rat – nur *ich*, der (angeblich) *nichts sehende Oidípous*, ich machte der Not ein Ende« (ἀλλ' ἐγὼ μολών, ὁ μηδὲν εἰδὼς Οἰδίπους, ἔπαυσά νιν).

Die Wortbedeutung von Οἰδίπους war also auch im 5. Jahrhundert jedermann so geläufig, daß selbst eine flüchtige, ironische Anspielung sofort und instinktiv verstanden wurde, während die Sache mit den »geschwollenen Füßen« (K. Ö., V. 1036) erst umständlich erläutert werden mußte. Das heißt aber: Ödipus war von Anfang an der »Schlaumeier«, der Mann, der sich auskennt, und sein Name ist ein »concetto«, ein künstliches Gebilde, in dem witzigerweise das »dipous« mit einem verschmitzten »oida«, »oide« (er weiß) verschmolzen wurde (das »d« gehört also zu beiden Bestandteilen).

Wir betrachten daher diese, durch immerhin 120 Jahre

(von etwa 530 bis 410 v. Chr.) zu belegende, konsequent festgehaltene Wortbedeutung als die für die *ältere* Sage (und das heißt jedenfalls die des 7. Jahrhunderts) zutreffende und für die Entstehung des Namens ausschließlich maßgebende Etymologie und fragen nunmehr, im Hinblick auf das Drama, umgekehrt: Wie konnte sich, *neben* der Grundbedeutung, eine zweite, ihr offenbar widersprechende oder doch sehr inkongruente, nämlich die von Ödipus dem »Schwellfüßigen«, dem Hinkebein, festsetzen und behaupten?
Die Lösung ergibt sich sofort, wenn wir den Zusammenhang mit der Sagenentwicklung beachten. Das »oidáo« (= anschwellen) hat nämlich eine ebenso verbreitete, sehr häufig und gern verwendete übertragene Bedeutung im Sinn von »in Zorn geraten«, aufwallen, aufbrausen, im Unmut losbrechen (man sagt z. B. auch im Bayerischen: »Einer geht auf«, wenn gemeint ist, daß er in Zorn gerät). Diese im Wortklang von »oiddípous« noch liegende zweite Bedeutung mußte sehr willkommen sein, als es daran ging, den Wanderer Ödipus zunächst einmal von dem Vorwurf des vorsätzlichen Vatermordes freizusprechen: Er hat ihn »im Jähzorn« erschlagen – das war der erste Schritt zu einem »gereinigten«, weil ahnungslosen, im Grunde gutmütigen, nur eben leicht verletzlichen und daher »jähzornigen« Ödipus. (Daß es trotzdem noch eine unsinnige und der wirklichen Heroensage geradezu Hohn sprechende Vorstellung ist, daß zwei »Verkehrsteilnehmer«, der eine auf einem Maultierkarren, der andere zu Fuß, nicht aneinander vorbeikommen und sich deswegen erschlagen müssen, fällt beim Märchenerzählen nicht weiter auf; es ist eben »Sage« – wir

sahen aber, daß es gerade nicht Sage ist, sondern Sagenbearbeitung.)

Es ist übrigens im höchsten Grade bemerkenswert und wird erst bei dieser Gelegenheit verständlich, warum und wie kunstvoll Sophokles gerade dieses »Aufbrausen« des Ödipus, dieses Losbrechen im Jähzorn sowohl dem Tattergreis Teiresias wie dem nicht ganz so tatterigen Kreon gegenüber, ausmalt und als wesentlichen Zug seines Charakters hervorhebt. Teiresias wird (V. 300 ff.) »wie ein alter Halunke« davongejagt und Kreon in der an Wahnsinn grenzenden Auseinandersetzung (V. 532 ff.) nach orientalischer Satrapenmanier gleich mit »Tod oder Verbannung« bedroht. Aber schon die vorausgehende Begegnung mit dem Zeuspriester und die durch Kreons Botschaft ausgelöste, fast hysterische Reaktion gegenüber dem imaginären Täter (V. 234: ›und wenn er von meinem Tellerchen ißt, und wenn er in meinem Bettchen schläft‹) wirkt wie ein vorbereitender Anlauf zu solchen Ausbrüchen des οἰδάνεσθαι.

Wir schließen daraus: Die neben dem oid-dípous, dem Weisen, bestehende *zweite* Bedeutung des »tyrannischen«, des aufbrausenden Ödipus war dem Drama bereits geläufig und hat sicher schon Ende des 6. Jahrhunderts die Färbung und Charakteristik des Namens mitbestimmt.

Nun, auf diesem »Jähzorn«, den kein Kommentator gehörig anzumerken unterließ und dem auch Gustav Schwab ein liebevolles Verständnis zuwendet, beruht die erste, primäre Anwendung des »oidáo« bzw. des »oidáno« (Ilias IX, 554) oder (Medium) des »oidánomai« (Ilias IX, 646): Ödipus als einer, der gern »aufgeht«, dem leicht »der Kamm schwillt«, der beim geringsten Anlaß »aufbraust« und ähnlich.

War aber das »οἰδάνεσθαι«, das »Aufgehen«, erst einmal als Bestandteil des Ödipus-Namens akzeptiert, so war es nur noch ein kleiner Schritt zu einer weiteren, nun sehr plumpen und direkten Auslegung, nämlich zu der gezwungenen, philologisch falschen, und auch klanglich unschönen Zusammensetzung aus »oidáo« und »poús« mit dem Ergebnis eines »geschwollenen Fußes« (was immer das bedeuten soll). Das war nun eine etymologisch nicht mehr gerechtfertigte, nur auf den dürftigen Buchstaben gestützte Interpretation, die sich nicht mehr auf den ganzen Menschen (»dípous«) bezog, sondern auf dessen anatomischen Teil, den Fuß, und die auch aus dem Wort nicht mehr herauszuhören war, sondern »hinzuerklärt« werden mußte – daher Vers 1036 und überhaupt die an sich überflüssige, nur der Worterklärung dienende, höchst unlogische Einlassung V. 1035/36, die übrigens von manchen Autoren als nicht authentisch erachtet wurde (sehr entschieden z. B. Adolph Schöll in der kommentierten Sophokles-Ausgabe der Hoffmannschen Verlagsbuchhandlung, Stuttgart 1867, K. Ö. V. 58).

Wozu aber dieses merkwürdige Beharren und zähe Kleben an der, selbst einem Zuhörer von ca. 430 v. Chr. nicht geläufigen und jedenfalls nicht selbstverständlichen »Schwellfuß«-Version? Auch das ist jetzt kein Rätsel mehr. Die ganze »Fuß-Frage« dient ja nur dem einen Zweck, nämlich der außer jeden Zweifel zu stellenden Identität des regierenden Königs und »Tyrannen« Ödipus mit dem einstigen Findelkind, Pflegesohn, Emigranten und Vatermörder. Drei- und vierfach soll die Beweiskette geschmiedet werden, kein leisester Zweifel darf bleiben. Einen König und Stadtfürsten überführt man nicht aufs bloße Gerede, aufs Hörensagen hin, nein: Zeugenbeweis, Kreuzverhör, Gegenüberstellung, und dann obendrein der Augenschein, das Merkmal der Fußnarben, das alte »Zeichen seiner Herkunft« – jetzt ist der Beweis erbracht, die Kette geschlossen, und der Angeklagte bricht unter der Last der Indizien zusammen.

Wir sehen übrigens zum Überfluß, daß sich unter dieser Mühe und Angelegentlichkeit des »Beweisens« wieder das Problem des Dramatikers versteckt, den ursprünglich kurzen und simplen Sagen-Sachverhalt auf die neue Version der »langen Sündenzeit« zu bringen. Bei Homer (siehe oben S. 20) gab es noch kein Problem der Identität. Aber hier, wo zwischen Vatermord und Aufdeckung der Taten fast zwanzig Jahre verstrichen sind, wird die Feststellung der Identität zu einer *Kernfrage;* und es ist bei sämtlichen Nachdichtern des Sophokles (von Seneca bis Corneille und Voltaire) zu merken, wie sie sich mit diesem lästigen Beweisproblem (das nur ein »side-issue« der Dichtung sein dürfte) herumschlagen müssen.

So muß nun die aus dem alten, schon zur Formel erstarrten Ödipus-Namen herausgezwirnte »Schwellfuß«-Bedeutung als Zeichen der Identität herhalten – in den wirklichen und echten Sagen tut's eine Narbe oder ein Muttermal. Und Ernst Buschor übersetzt denn auch instinktiv, die Logik des Beweises rettend, mit »alte Narben«, wo es bei Sophokles ganz allgemein (und unanschaulich) »altes Übel« heißt: οἴμοι, τί τοῦτ᾽ ἀρχαῖον ἐννέπεις κακόν (V. 1033). Schon die umständlich-unnatürliche Herleitung des »Zeichens« von den »geschwollenen« (weil früher einmal durchstochenen) Füßen ist ein deutlicher Hinweis, daß die ganze Fuß-Angelegenheit *zu allerletzt* an den Sagenstoff angeklebt worden ist.

Doch war man mit dem »Geschwollensein« weit über das Ziel hinausgeschossen, denn das Geschwollensein, das von einem »oidánomai« herrührt, ist die eitrige Geschwulst. Der alte Ödipus müßte, um diesen Namen verdient zu haben, zeitlebens mit »Eiterbeulen« herumgelaufen sein. Tatsächlich hängt das altgriechische οἰδάω sowohl mit »Euter« (das »Geschwollene«, über οὖθαρ) wie auch mit »Eiter« zusammen. Heute noch kennt man auf dem Land die »Aiß« oder »Oisen« und versteht darunter – Furunkel, eitrige Pickel. Und siehe da, der jüngere Seneca, jedes Wort wörtlich nehmend, war denn auch platt und plump genug, in seiner Trivialbearbeitung des Dramas den Ödipus richtige »Eiterfüße« haben zu lassen, V. 812/13: »forata ferro gesseras vestigia / tumore nactus nomen ac vitio pedum« (von der Geschwulst und dem Gebresten der Füße kommt dein Name), zusammen mit V. 856/59: »ferrum per ambos tenue transactum pedes / legibat artus, vulneri innatus tumor / puerile foeda corpus urebat lue« (die – den Füßen – beigebrachte Wunde hatte sich entzündet und verpestete mit ihrem scheußlichen Eiter den kleinen Körper); W. A. Swoboda übersetzt: »Die Wunde schwoll, und garst'ger Eiter fraß des Knaben zarten Leib.«

Doch abgesehen von all dem: Glaubt man denn wirklich, Sophokles hätte seinen Haupthelden gleich zu

Beginn des Dramas sich mit den Worten »Ich, der allbekannte, hochberühmte Oidipous« vorstellen lassen (V. 8; vgl. S. 81), wenn der Name als solcher nicht eine achtbare, ehrenvoll klingende Bedeutung gehabt hätte? Und wie gut paßt gerade an dieser Stelle der Sinn des »Wissenden« – des »weisen, erfahrenen Oidipous«, des Mannes, den man nicht vergeblich um Hilfe angeht!

KREON, ANTIGONE, ISMENE, IOKASTE, LAIOS, LABDAKOS, SPHINX

Kreon (Κρέων) ist weniger ein Name als eine Amtsbezeichnung, ein Rollenfach: der die (wirkliche) Macht hat, der in Wahrheit Herrschende. Beleg: Aischylos, DIE SCHUTZFLEHENDEN, V. 555: Zeus wird als »aiónos kréon apaústou« (αἰῶνος κρέων ἀπαύστου), als der »endlos ewigen Zeiten Herrscher« angeredet.

Antigone (Ἀντιγόνη) ist die durch edle Geburt Hervorragende, so wie Antigenes, ihr männliches Gegenstück, der durch seinen Adel Hervorragende ist. Antigone entspricht dem altd. »Adelheid«, wie Antigenes dem »Albrecht«.

Ismene (Ἰσμήνη) ist die kraftvoll Gesinnte, ähnlich wie die homerische Alkmene (Ἀλκμήνη). Ismenos war der Fluß bei Theben, nach ihm gab es ein Heiligtum des Apollon Ismenios (Ἀπόλλων Ἰσμήνιος).

Iokaste (Ἰοκάστη): Beide Bestandteile, das »Io« wie das »kaste«, sind unklar. Bei Homer gibt es keine mit »Io« zusammengesetzten Eigennamen, auch der Name der Ἰώ (der späteren Göttin Ió = Isis) kommt nicht vor. Dies muß verwundern angesichts ODYSSEE, XI, wo die von Zeus in Liebesverlangen verfolgte Io sehr wohl in den Katalog der durch Liebesabenteuer berühmten Frauen gepaßt hätte.

Bei Homer erscheinen lediglich mit »io« zusammmengesetzte *Adjektive*, die sich zum Teil von iós (ὁ ἰός), der Pfeil, zum Teil von tò íon (τὸ ἴον), das Veilchen, ableiten, z. B. ioeidés (ἰοειδής), veilchenfarbig, purpur- oder dunkelblau.

Woher nun plötzlich die zahlreichen mit »Io« gebildeten Personennamen im 5. Jahrhundert? Hier wird das Bild sehr verworren; manchmal paßt die Erklärung mit »íon«, manchmal wieder nicht. Zum Beispiel ist die Iole (Ἰόλη) einwandfrei eine »Viola« oder »Violetta«. Ebenso akzeptiert man die Iocheaira (Ἰοχέαιρα) als die »mit dem Wurfgeschoß Vertraute«, die »Bogenkundige«, die »Pfeile Ausschüttende« (vgl. altd. »Gertrud«).

Hingegen liegen bei Männernamen wie Iobátes (Ἰοβάτης), Iólaos (Ἰόλαος) oder Iophōn (Ἰοφῶν) doch offenbar neue Bedeutungen vor. Man behilft sich mit Umschreibungen wie »kraftvoll, göttlich, glänzend«. Das in den Namen Iókastos (Ἰόκαστος) und Iokáste (Ἰοκάστη) enthaltene »kastos« soll angeblich von dem Verbum »kaínymai« (καίνυμαι = übertreffen, überragen, hervorstechen) abgeleitet sein. Danach hieße Iokastos soviel wie »der göttlich oder herrlich Glänzende«, Iokaste würde dementsprechend die »glänzend« (oder »unvergleichlich«) Schöne bedeuten.

Alle diese Deutungen übersehen jedoch den bisher weder untersuchten noch geklärten Umstand, daß die Mutter des Ödipus bei Homer noch »Epikaste« heißt und daß unsere »Iokaste« erst im 5. Jahrhundert, d. h.

im Drama, auftaucht. Noch dazu wird sie erst bei Sophokles so angeredet, und zwar im TYRANNOS, während die beiden vorangehenden Dramen, die uns erhalten sind, nämlich Aischylos, SIEBEN GEGEN THEBEN, und Sophokles, ANTIGONE, den Namen der Ödipus-Mutter an keiner Stelle erwähnen. Beide Dramen begnügen sich mit Umschreibungen (»Mutter«, »Gemahlin«, »Sie«, die »Frau« usw.). Der Name selbst wird wie ein Tabu gemieden, und man hört auch nur von »Kindern des Laios«.

Bei solcher Unsicherheit der Herleitung, aber andererseits der doch offenbar spezifischen Bedeutung der Namen (wozu sonst ihre Änderung?) sei hier eine Erklärung angeboten, die mehr auf ihre mythologische Situation Bezug nimmt.

»Epikaste« ist eine, die sich »hinterher« (nach geschehener Untat) selbst bestraft. Das Wort ἡ καστεία (die Reinigung, Läuterung, Züchtigung) für »asketische Praktiken« ist belegt (vgl. lat. »castus«). Epikaste kommt nach Sündentat und Sündenfall noch zur Reue und zur hinterher verhängten »Reinigung« (= Sühne). Ihr Name wäre demnach eine ähnliche Bildung wie »Epimetheus« (Ἐπιμηθεύς, der hinterher Überlegende).

Bei Io-kaste schiebt sich offenbar ein anderer Gedanke in den Vordergrund. Ich möchte den Bestandteil »Io« hier, wie auch bei einigen anderen Io-Namen des 5. Jahrhunderts, unmittelbar auf die Gestalt der Inachos-Tochter, der von Zeus verfolgten, beziehen. Eine Stütze dafür scheint mit der Name Iokles zu bieten. Die herkömmliche Erklärung als der »göttlich Berühmte« ist höchst unbefriedigend, weil flach und nichtssagend.

Von »Ió« abgeleitet, wäre er hingegen eine ganz verständliche Parallel-Bildung zu Hera-klés (der durch Hera Berühmte oder auch »der den Ruhm der Hera verkündet«): ebenso Io-klés, einer, der den Ruhm der Ió verkündet. Ganz ähnlich wäre auch das Namenspaar Iophōn und Iophōssa zu erklären.

Warum nun aber eine Ió-Bezüglichkeit gerade im Ödipus-Drama? Dazu ist zweierlei zu sagen. Erstens scheint die Inachos-Tochter, die über Epaphos, Libya und Danaos zur Stammutter der Argiver wird, überhaupt eine Lieblingsgestalt des 5. Jahrhunderts geworden zu sein, wie schon aus Aischylos' SCHUTZFLEHENDEN (um 462) hervorgeht, wo sie in einigen Chorstrophen verherrlicht wird, sodann aus Aischylos' PROMETHEUS, wo sie in Person auftritt. Und selbst bei Euripides (PHOINISSEN) findet man noch einen deutlichen Hinweis (V. 676ff.), wo Epaphos als »Sproß der Ió, Sohn der Ahnenmutter« angerufen wird.

Wir wollen es so ausdrücken: Die Gestalt der Ió war seit Beginn des 5. Jahrhundert mythologisch »präsent«. Und nun bedenke man zweitens, daß Ödipus, vorher ohne Stammbaum, nunmehr, im Drama, über die erfundene Genealogie Laios – Labdakos – Polydoros (darüber unten, zu »Laios«) seit dem frühen 5. Jahrhundert an den Stammbaum der »Kadmeionen« angeknüpft wird. Damit ist aber die »Ahnenmutter« Ió, die Urgroßmutter des Kadmos, plötzlich auch eine Ahnfrau des Ödipus. Io-káste als Mutter des Ödipus würde also besagen: die Frevlerin, die durch einen Ió-Sprößling (der zugleich ihr eigener ist) zu Fall kommt, oder ganz allgemeine: »gereinigt und gesühnt im Zeichen der Ió«.

Nun zu *Laios* (metr. dreisilbig lá-i-os), dem angeblichen Vater des Oidipous. Laios, ein unschöner Name, erweckt von vornherein den Verdacht, kein echter Königsname zu sein. Wir müssen drei Möglichkeiten untersuchen.

1. Carl Robert vermutete eine Identität des Laios mit einem gewissen »Eleonos«, dem Patron des Dörfchens Eleon (des späteren Andritsa bei Tanagra). Eleon (Ἔλεον) ist aber ein »Olivendorf« (so, wie Miliés die »Apfelstadt« ist), und demnach wäre unser Laios ganz simpel ein »Elaios« (Ἔλαιος), das heißt, »einer vom Olivenhain«. Interessant und wichtig an dieser Herleitung ist zunächst, daß »Laios« jedenfalls ein »herbeigeholter Name« ist, ein »Füllname«, der erst in dem Augenblick in Erscheinung trat, als »der Mythos ... für Ödipus einen Vater brauchte« (C. Robert, I, S. 11). Und wann war das? Wir werden sehen.

2. Die überwiegende Meinung bringt heute »Laios« mit »laós« in Verbindung (λαός = Volk, vgl. lat. »Publius«), und hierin liegt wohl der entscheidende Ansatz. Die mit »laós« zusammengesetzten Personennamen sind außerordentlich beliebt und verbreitet, und einer davon ist heute noch in Umlauf: der spätantikfrühchristliche Nikolaos (Νικόλαος = der dem Volk Sieg verleiht), unser Nikolaus. Ebenso:

Menélaos (Μενέλαος)	=	der dem Volk beständig Bleibende
Arkesílaos (Ἀρκεσίλαος)	=	der dem Volk Schutz gewährt
Agesílaos (Ἀγησίλαος)	=	der das Volk antreibt, anführt

Archélaos (Ἀρχέλαος)	=	der vor dem Volk herzieht (Herzog)
Protesílaos (Πρωτεσίλαος)	=	der »Erste im Volk« (Fürst)
Laomédon (Λαομέδων)	=	der dem Volk (wohl) Gewogene
Laértes (Λαέρτης)	=	der dem Volk Stärke gibt.

Dazu weibliche Entsprechungen, wie

Laodámeia (Λαοδάμεια)	=	die »Völkerbezwingende«
Laodíkeia (Λαοδίκεια)	=	die dem Volk Gerechtigkeit gewährt
Laothóë (Λαοθόη)	=	die das Volk Antreibende (vgl. altd. »Liutswinda«).

Schon diese Aufzählung bringt ans Licht: Alle die alten, d. h. adeligen Laos-Namen sind *Fürstennamen* und sie folgen dem gleichen Bildungsgesetz, nämlich daß sie eine »günstige«, enge und (für beide Teile) *vorteilhafte* Beziehung zwischen Herrscher und Volk zum Ausdruck bringen.

Davon kann nun bei Namen wie »Laios« oder seiner weiblichen Entsprechung, der »Laïs«, keine Rede sein. Sie sind offenkundig von λαός (»laós«) abgeleitete adjektivische Bildungen und entnehmen ihren ganzen Inhalt diesem einen Begriff. So ist »Lais« z. B. eine »Tochter des Volkes«, hier aber mit dem hämischen Nebensinn von Laïs — die »Öffentliche«, die jedermann Zugängliche. Wir versuchen daher

3. die *Art* dieser Abhängigkeit bei »Laios« näher zu bestimmen. Hierfür bieten sich zwei Hilfen an:

a) Von »laós« kommt der in allen europäischen Sprachen seit 2000 Jahren eingebürgerte Ausdruck für »Laie« (franz. laique, ital. laico, engl. lai, lay, aber schon seit dem altd. in unzähligen Varianten verbreitet: leikr, leek, lek, laia, lekman, leikmadr, mhd. leige, leie usw.). »Laie« ist, kirchlich wie weltlich, immer »der Mann, der nicht vom Fach ist«, der es nicht so gut versteht, und schon im Altgriechischen gibt es die Bezeichnung la-i-kos (λαικός = allgemein »zum Volk gehörig«); daneben existiert aber
b) die speziellere Adjektivform »laiós« (λαιός) für links (lat. laevus), später auch »linkisch«, ungeschickt.
Der Sinn liegt nah: die linke Hand ist die »ungeschickte«, die es nicht so gut kann wie die rechte (altbair.: die »gerechte«!), die wiederum die »richtige«, die verständige ist.
Von »la-i-kós« zu »la-i-ós« ist also kein weiter Weg; man bleibt im Bereich der Laós-Bedeutungen, und wir dürfen mindestens einen *Nebensinn* von Laios = Dummkopf, ungeschickter Mensch, in Anschlag bringen. Jedoch erübrigt sich eine weitere Vertiefung in diesen Gegenstand, wenn wir uns jetzt dem »Opa« des Ödipus zuwenden, der also der »Vater« des Laios wäre, dem zum erstenmal bei Sophokles (K. Ö., V. 267) so geschriebenen *Lábdakos.* Hier wird es nun ganz duster. »Lábdakos« ist so wenig ein Fürsten- oder Heroennamen wie der fälschlich so verstandene »Schwellfuß«. Lábdakos ist vielmehr, was schon den Etymologen des Altertums bekannt war (C. Robert II, S. 26, Anm. 5), ein »Lámbdakos«, und das heißt ein »Hinkebein«, da er, wie das alte »lámbda« (Buchstabe L), mit zwei ungleichen Beinen ausgestattet war.

Der Name ist also (äußerst »geistreich« und in echter Mythographen-Manier) zum »Klumpfuß« Oidipous hinzuerfunden. Überdies kann er, worauf Carl Robert (I, S. 59) hinweist, nicht früher entstanden sein, als das ursprünglich V geschriebene Lambda »auf die Füße gestellt« war: Λ.

Der ganze ehrwürdige »Stammbaum« Kadmos – Polydoros – Labdakos – Laios – Oidipous ist also eine witzelnd-geistreiche Schreibstubenerfindung, die mit der Sage als solcher nichts zu tun hat und die dem – als sehr naiv vorausgesetzten – Zuhörer eine Ahnenfolge »Hinkebein« – »Dummkopf« – »Klumpfuß« aufschwätzen möchte – einer jener dümmlich-schlauen Grammatiker-Einfälle, mit denen das 5. Jahrhundert anfängt, die alten Sagen »aufzumöbeln«, sie noch bedeutungsvoller und »tiefsinniger« zu gestalten. Wir erkennen darin die gleiche Machart, dasselbe Strickmuster, nach dem auch der ursprüngliche Οἰδίπους (der »Kundige«) in einen »Schwellfuß« umgedeutet wurde – ja, man möchte fast dieselbe Schreibstube als Ursprung vermuten. Sicher ist nur, daß diese Schreibstube (vgl. Robert, I. S. 11) weder in Theben noch überhaupt in Böotien gestanden haben kann. Es ist das »attische Salz«, mit dem jetzt die einfachen Gerichte der mykenischen Epoche gewürzt werden müssen!

Jedoch, wie glänzend paßt nun die etymologisch erwiesene Schemenhaftigkeit der Namensgebung zu dem gänzlichen Mangel an Persönlichkeit und Gestalt, die wir früher schon im Falle des wagenverunglückten Laios bemerkt hatten (vgl. S. 47 f.)! Als ob ein »Nichts« gestorben wäre – dieses Gefühl stellte sich schon beim Lesen der Sage ein! Dabei hat Laios im Ablauf der

Erzählung immerhin seine »Funktion«. Labdakos hat nicht einmal diese. Er ist tatsächlich ein »nullum«, ein »nobody« (no body – kein Körper, nur ein Namenszeichen, und obendrein ein unechtes.)
Hochinteressant ist ferner in diesem Zusammenhang, daß Laios erst anfängt, ein Motiv auch für die Vasenmaler zu werden, nachdem ihm Euripides (wohl zwischen 420 und 410) eine neue Schandtat angedichtet hatte, die seinem blassen Nichts einen Hauch von Lebensnähe verleihen konnte: den angeblichen »Raub des Chrysippos«, wobei Chrysippos (»der mit der goldenen Mähne«) ein ebenfalls nur zu diesem Zweck hinzuerfundener Sohn des Pelops und der Astyoche zu sein hatte.
Euripides, der Pragmatiker und Individual-Psychologe, brauchte eine solche »Schuld«, einen handgreiflichen Vorgang, weil ihm der mächtige Griff des Sophokles, dieses Fluktuieren der Motive und das Wetterleuchten des Halbbewußten, nicht mehr zu Gebote stand. Es gibt nun im 4. und 3. Jahrhundert einige sehr hübsche Darstellungen von Laios mit dem geraubten Chrysippos, die wir aber (vgl. Kapitel IX) völlig außer Betracht gelassen haben, weil die Chrysippos-Episode mit der Sage absolut nichts zu tun hat: Dies nachgewiesen und als Urheber der Chrysippos-Episode den Euripides ermittelt zu haben, gehört zu den größten Verdiensten von Carl Robert. Trotzdem plappert heute noch jedes mythologische Handbuch den »Raub des Chrysippos« als Motiv der Oidipous-Sage nach.

Schließlich bleibt noch übrig, die *»Sphinx«* etymologisch aufzulösen! Dieses Rätseltier ergibt sich am leichtesten und wird schon in der »Realenzyklopädie« von Pauly-Wissowa gehörig zerzaust. Wir können uns daher summarisch fassen: Die ältere Form ist φίξ (»phix«), Gen. phikós, Akk. phíka, mit dem Stamm ›phik‹. Das vorgesetzte »s« bereitet keine Schwierigkeiten: ein sinnverstärkendes Präfix, das auch im Lateinischen (häufig) und sogar im Deutschen manchmal vorkommt (unser S-pecht ist ein »Pecker« oder »Picker« mit einem kräftigen Schnabel).

Nun aber das wunderschöne -γξ (-nx). Diese nx-Endung ist ein Suffix, ein angehängtes »engýs« (ἐγγύς = nahe beieinander, schmal, engstehend, dicht), manchmal auch »angk« (ἀγκ, z. B. in »Phalanx«, der dicht stehenden Lanzen-Reihe).

Für die Sphinx sind die besten Vergleichsformen die Namen für Wespe, Ameise und Luchs: sphäx, myrminx, lynx. Wir stellen einige Schreibungen dieser Namen zusammen:

Altgriechisch	Neugriechisch (und Dialekt)
ὁ σφήξ	ὁ σφήξ aber auch ἡ σφῆκα und ἡ σφήγκα (gespr. sfiinga)
ὁ μύρμηξ dor. ὁ μύρμαξ	ὁ μύρμηξ aber auch τὸ μυρμήγγι und τὸ μύρμηγξ
ὁ λύγξ (von ὁ λύκος, Wolf)	ὁ λύγξ

Ihre Stammformen (sphäk, myrmig, lyk) verraten das Geheimnis: Das -nx bei der Sphinx ist wie bei der Wespe (σφήξ) ein mit dem k-Auslaut verschmolzenes Suffix. Die Wurzel ist in diesen beiden Fällen das uni-

versale »phy« oder »phi« (φύ) für alles, was wächst, wuchert, sprießt und gedeiht (noch erhalten in lat. »fio«, fieri, fuit, futurum, im Deutschen z. B. in »bin«, »bist«, engl. »to be«). Die bei Hesiod vorkommende φίξ ist also schlankweg ein »Gewächs«, ein »Miststück«, eine »Pflanze« (bayer. »a G'wachs«).
Die veredelte »Sphinx« (mit γξ-Endung) zeichnet sich durch einen auffallend schmalen, auf manchen Zeichnungen fast strichartig dünnen Hinterleib aus, sie ist, wie die Wespe, ein »Tier mit eingeschnürtem Leib« (von sphingo, σφίγγω = zusammenschnüren, pressen, würgen, drosseln), wobei übrigens deutsch »Wespe«, engl. »wasp«, ital. »vespa« völlig analoge Bildungen sind.
Die Ameise hat an Stelle des »phy«-Stammes das indoeuropäische u̯orm (Wurm, engl. worm), das sich in lat. »formica«, franz. »fourmi« erhalten hat. Sie ist, mit Überlagerung eines »myria« (vieltausendfach), das »kleine Würmchen mit der eingeschnürten Taille, das zu Tausenden am Boden herumläuft«.
Nun, ebenso ist die Sphinx das »aparte Wesen mit der schlanken Taille, der herausfordernden Miene und dem ins Tierische übergehenden Unterleib«.
Nicht die Mythologie, nicht die Archäologie, sondern die *Etymologie* hat ihr das Geheimnis entrissen!

Schließlich sind wir auch unserem *Edward* eine Erklärung schuldig, da wir ihn doch (s. Seite 31) genannt haben. Nun, der »ward« ist, wie heute noch, ein Aufpasser, ein Wächter und Bewahrer (dtsch. »Wart«). Und »ed«, eigentlich »eod«, ist das, auf was der Edward aufpaßt: das Erbe, das Vermögen, der Besitz. Könnte der Name »Edward« für das, was der Ballade zugrundeliegt, nämlich ein (Familien-)Besitzstreit, besser gewählt sein?

ADDENDA ET SUPPLEMENTA

1. ÖDIPUS. Einen wertvollen Hinweis liefert W. Papes WÖRTERBUCH DER GRIECHISCHEN EIGENNAMEN. Pape gibt als Hauptbedeutung an: *Jachmann.* »Jachmann« ist aber der »jähe Mann«, der im Zorn Auffahrende, wie oben ausgeführt (οἰδέω + δίπους). Damit ist aber zweierlei gesagt:

a) daß Papes Lexikon der »offiziellen« Etymologie Sophokles, K. Ö., V. 1034–1038 nicht den geringsten Wert beimißt, und

b) daß als Grundbestandteil des Compositums eben *nicht* πούς, sondern δίπους (= Mensch, Mann) angenommen wird. Damit ist aber die von uns angegebene Erklärung von οἶδα + δίπους ebenfalls gerechtfertigt, denn daß andere Ἴδ- (= Οἴδ-)-Namen von οἶδα (mit dem Stamm ἰδ) abgeleitet sind, wird von Pape (vgl. Bemerkungen zu Ἴδας und zu Οἴδας) als selbstverständlich vorausgesetzt.

Der einzige Unterschied unserer Erklärung gegenüber der von Pape gegebenen ist lediglich, daß wir der »Jachmann«-Bedeutung die *zweite* Stelle einräumen und ihr die Lesung Οἰδίπους = Οἴδας zeitlich und logisch vorausgehen lassen. Daß aber selbst bei Sophokles diese Bedeutung immer noch die prinzipielle und die dem zeitgenössischen Hörer unmittelbar eingängliche war, scheint uns nach den gemachten Ausführungen unabweisbar. Das Hauptgewicht liegt jedoch nicht auf den formalen Argumenten als solchen, sondern in der Konzeption und Grundlage des Dramas überhaupt.

Hierzu können wir neuerdings sowohl auf Ernst-Richard Schwinge (in LEXIKON DER ALTEN WELT) wie auch auf Egidius Schmalzriedt (in KINDLERS LITERATUR-LEXIKON) verweisen, die beide mit höchster Entschiedenheit den Gegensatz »Als Sehender blind – als Geblendeter sehend« in den Mittelpunkt ihrer Interpretation des Dramas stellen. Beide betrachten ihn als den Zentralgedanken, als die »Idée fixe« des Dramas. Wörtlich heißt es bei Schmalzriedt: »›Blindheit‹ und ›Sehen‹ sind die ständig wiederkehrenden Zentralworte.« Erst in diesem wohl zu verstehenden Kontext und seiner übergeordneten Bedeutung für die dramatische Anlage wird die Tragweite und das Gewicht der oben herangezogenen εἰδώς-Stelle (ἐγὼ ὁ μηδὲν εἰδὼς Οἰδίπους) klar erkenntlich: Sie erhält geradezu den Rang eines mathematischen Beweises.

2. Es könnte eingewendet werden, daß der Ausdruck δίπους für Zweibeiner (= Mensch) absolut ungebräuchlich sei und eine Zusammensetzung mit δίπους daher als unwahrscheinlich gelten müsse. Die *Feststellung* ist richtig, der daraus gezogene *Schluß* aber falsch. Auch im Deutschen ist der Ausdruck »Zweibeiner« durchaus ungebräuchlich und wird trotzdem, vorkommenden Falles, sofort verstanden. Außerdem ist an die jedem Germanisten wohlbekannte Erscheinung zu erinnern, daß sich gerade in Zusammensetzungen an sich ungebräuchliche und seltene Vokabeln am längsten erhalten. Und mehr noch: daß sie gerade für den Zweck einer Zusammensetzung oft spontan erfunden werden. Ein δίπους für Zweibeiner, Mensch, wäre, selbst wenn es nicht (wie τρίπους, siehe Anm. 12) ohnehin vorhan-

den gewesen wäre, ohne jede Erklärung verstanden worden.

3. Der Vollständigkeit halber sei hier noch die Dialogstelle bei Sophokles, V. 1031–1038 analysiert. Sie lautet:

Ödipus: Aus was für Not und Schmerzen hast du mich (damals) befreit? (1031)

Bote: Deine Fußgelenke bezeugen dies! (1032)

Ödipus: O weh, warum erwähnst du dies mein altes Übel? (1033)

Bote: Ich löste dir die Füße, die durchbohrt (und gefesselt) waren ... (1034)

Ödipus: O schreckliches Schandmal meiner frühesten Kindheit! (1035)

Bote: Und so wurdest du nach deinem Geschick benannt. (1036)

Ödipus: Bei den Göttern! Von Vater oder Mutter, sag'! (1037)

Bote: Weiß nicht; der wird's schon sagen können, der dich (mir, im Gebirge, damals) übergab ... (1038)

Man sieht sogleich, daß es hier mit der Logik, besonders in V. 1035–1037, schwer hapert. Denn wie soll der fragende Ödipus (V. 1037) annehmen können, daß die Rabeneltern, die das Kind zum Tode aussetzen lassen, diesem noch schnell einen Namen geben würden, noch dazu einen solchen, der auf ihre (eigene) Schandtat hinweist?

Ferner aber: Wie sollten denn die thebanischen Eltern wissen können, daß der – *gegen* ihre Absicht und Voraussicht – trotzdem gerettete Säugling infolge seines

Überlebens »geschwollene Füße« haben würde, um den Namen nach diesem für sie gar nicht voraussehbaren Nebenumstand auszusuchen?! Kurzum: die Frage des Ödipus (V. 1037), auf den vorausgehenden Gedankenblitz des korinthischen Boten (V. 1036) bezogen, wäre der schiere Nonsens.

Sie ist aber logisch und folgerichtig, wenn man sie, was Adolph Schöll vorschlägt, auf die zwei Zeilen vorher stehende Mitteilung von den »durchbohrten Füßen« (V. 1034: διατόρους ποδοῖν ἀκμάς) bezieht, und dann sogar sehr inhaltsschwer, wenn man an die Konsequenzen für die Verbrecherin Iokaste denkt. Die zwei Zeilen 1035/1036 sind also »hineingeflickt«, sie unterbrechen den Gedankengang und den logischen Ablauf des Dialogs. Ob man sie deswegen, wie A. Schöll es tut, für nicht authentisch erklären will, ist eine andere Frage, die uns aber hier nicht zu beschäftigen braucht. Für uns hat diese Stelle nur die Bedeutung, daß sie – über den etymologischen Befund hinaus – aufzeigt, wie flüchtig und schlecht verleimt die Ableitung des Namens von »Schwellfuß« in den Text hineingezwängt ist, mit dessen Gedankengang sie gar nichts zu tun hat, so daß sie nun wie eine unmotivierte Abschweifung vom eigentlichen Sinn der Frage (V. 1037) ablenkt.

Zugleich wird aber deutlich, welchen Wert die zwei Zeilen 1035/36 für den Dramatiker Sophokles einzig und allein haben konnten: Hier wird dem Ödipus, der ab Vers 1016 endgültig weiß, daß er *nicht* von den korinthischen Pflegeeltern abstammt, klar gemacht, daß er wirklich jener fatale Findling aus Theben ist. Zwar zeigen seine Füße das an, er kennt (V. 1035) das »Schandmal seiner frühen Kinderzeit«, doch Kinder mit verletzten Füßen könnte es mehrere geben; aber nein, er *heißt* sogar danach – jetzt bricht sein Widerstand zusammen, er wird in seine wahre Identität hineingezwungen.

Das also ist die Bedeutung der Verse 1031–1038, und man sieht, daß ihnen etymologisch gesehen gar keine Beweiskraft zukommt: Sie haben ausschließlich eine dramaturgisch-szenische Funktion. Ja, wir können es jetzt noch schärfer formulieren: Die Stelle zeigt, daß die »Schwellfuß«-Etymologie lediglich eine Erklärung ad hoc ist, eine an den Haaren herbeigezogene Auskunft, um die Identität der Hauptperson noch augen- und sinnfälliger zu machen – Theaterrequisit.

4. Zur Iokaste-Frage: der Name Akastos (Ἄκαστος). Ein Nebengewinn unserer Iokaste-Etymologie (und kein geringer) ist übrigens die Erklärung des Namens Akastos. Akastos wird bei Pape kurz und bündig als »Unwerth« geführt (entsprechend der wenig glaubhaften Ableitung von καίνυμαι). Akastos kommt bei Homer (ODYSSEE XIV, 336) als König der Thesproten vor, und zwar in der Lügenerzählung des Odysseus, dem Sauhirten Eumaios gegenüber, wo also jede ungewöhnliche, Argwohn erweckende Bedeutung ängstlich vermieden sein dürfte, und dann gibt es den berühmten Akastos, den Sohn und Nachfolger des Königs Pelias von Jolkos, Bruder der Alkestis. Dieser Akastos war nach Jason der prominenteste Held von Thessalien und Teilnehmer bei der Fahrt der Argo. Er war dazu ausersehen, den wegen Totschlags angeklagten Peleus von seiner Schuld reinzuwaschen. Ein solcher Mann kann nicht »Unwerth« oder »Nichtsnutz« geheißen haben.

Nach unserer Auffassung ist der Name ganz einfach und simpel als »a-kástos« zu erklären – ein »Untadeliger«, den vor den Göttern kein Vorwurf trifft. So verstanden würde Akastos auch unsere Ἰοκάστη-Ableitung stützen.

Ebenso natürlich würde sich dann auch die bei Homer vorkommende »Polykaste« (Πολυκάστη) erklären. Sie ist (ODYSSEE III, 465) eine »überaus Züchtige«, und das muß sie auch sein, da sie den von der Reise ermüdeten Telemach waschen, baden und salben muß.

5. Eteokles und Polyneikes sind die beiden bekannten Söhne des Ödipus, deren Namen schon bei Homer vorkommen. Beides sind »sprechende« Namen, d. h. poetische Bildungen, die zu der schon vorhandenen oder in Entstehung begriffenen Sage »hinzuerfunden« sind. Dabei bedeutet Ἐτεοκλῆς (ILIAS IV, 386) soviel wie »der (zur Herrschaft) wahrhaft Berufene« (was er in Wahrheit gar nicht ist: Eteokles gibt sich in Tat und Wort als ein frecher Usurpator, vgl. Euripides, PHOINISSEN, V. 506 ff.), Πολυνείκης hingegen der »Streitsüchtige«, der »Zwist Anstiftende«, der »Neiding« (was er bei Euripides ebenfalls nicht ist: er fordert ja nur, und zwar in ganz verständigen Worten – PHOINISSEN, V. 469 ff. – sein Recht). Auf die Wortbedeutung von »Polyneikes« spielt bereits Aischylos (SIEBEN GEGEN THEBEN, V. 812) an, ebenso Euripides (PHOINISSEN, V. 636 f.). Bei Sophokles ist Polyneikes bereits ein »Verruchter« (κάκιστος) und Verfluchter, bei Homer (ILIAS. IV, V. 377) war er noch ein »Göttlicher« (ἀντίθεος = göttergleich). Die Beurteilung changiert also, wie bei Ödipus, im Zug der fortschreitenden Sa-

genentwicklung. Trotzdem: Die Grundbedeutung ist evident, beide Namen sind möglichst eng dem (schon vorhandenen) Inhalt der Erzählung angepaßt: Etheokles, der die Stadt verteidigt, sich im Recht fühlt und »die Heimat« vor dem Feind bewahren will, Polyneikes, der in der Fremde Streitgenossen gesammelt hat und nun entschlossen ist, sein Recht mit allen Mitteln, auch dem des Bruderkriegs, durchzusetzen.
Homer kennt übrigens nicht nur die beiden Brüder mit genauer Bezeichnung ihres »Rollenfachs«, sondern nennt auch noch zwei weitere Angehörige der thebanischen »Jeunesse dorée«, einen »kriegserfahrenen« Polyphontes (der bei Voß mit »Lykophontes« übersetzt wird; Lykophontes wäre ein »Wolfstöter«, ein ausgesprochener »nom de guerre«) und einen gewissen Maion (Μαίων), Sohn des Hämon (Αἵμων), Ilias IV, 394/5. Da diese Namen en passant erwähnt werden, volle Kenntnis des Zuhörers voraussetzend, darf man annehmen, daß sowohl der Kampf der »Sieben gegen Theben« wie auch der einige Zeilen weiter (Ilias IV, 404–410) erwähnte »Zug der Epigonen« zur Zeit Homers voll ausgebildete, jedermann bekannte Sagenstoffe gewesen sind, Stoffe, die, was hier das Entscheidende ist, bereits in dichterischer Bearbeitung vorlagen (daher die »sprechenden Namen«).
Stellt man nun dieses Ilias-Zitat zusammen mit der (Kap. III) besprochenen Odyssee-Stelle (XI, 271–280), so scheint doch einiges Licht in das sonst so dichte Dunkel des 8. Jahrhunderts zu fallen. Es zeichnen sich wie durch fernen Nebel die Hauptkonturen des Epos ab, das später als Thebais zitiert wurde: Der »Machtkampf um den Besitz der Stadt Theben durch drei Ge-

nerationen« ist offenbar das Rückgrat dieser epischen Anlage. Hier fällt einer über den anderen her, noch ganz ohne »Fluch« und Handikap der »Labdakiden«: Es ist mykenisch-helladische »Edward-time«, so wie in allen Epen und Episoden jener Zeit eben auch, vor allem in der ILIAS: Wer etwas will, erschlägt den anderen, dem das nicht paßt – oder umgekehrt.

Man muß hier wirklich jede Spur, selbst den entferntesten Hauch jener erst im 6. Jahrhundert einsetzenden »Moralisierung« der Sagenstoffe, die im Drama kulminiert, weglassen. Dann erst, nun aber ziemlich eindeutig und plausibel, enthüllt sich der wahre Kern der Ödipus-Sage, wie wir sie, zunächst noch ohne Namenskenntnis, aus ODYSSEE XI, 271 ff., entwickelt hatten.

Das Charakteristikum, sozusagen das Stigma, der ersten Handlung ist nun (Akt I), daß eine Frau im Spiel ist und mit ihr Frauenlist und Mystifikation. »Iokaste«, wie wir sie jetzt allgemein nennen, versucht den ihr genehmen (jungen) Liebhaber in den Sattel zu heben, der vielleicht ihr Stiefsohn sein kann, und läßt zu diesem Zweck erst den alten König umbringen, und zwar, wie man dem brutalen »exenaríxas« (ἐξεναρίξας, V. 273) entnehmen darf, durch Überfall aus dem Hinterhalt, also außerhalb des Palastes (ein Merkmal, das sich unverbrüchlich in der Sage erhalten hat). Aber das Liebesspiel kommt auf, Iokaste ist blamiert, sie tritt mit einem ›Ihr werdet noch an mich denken‹ von der Bühne ab, der Junge hat aber, dank vorbereitenden Komplotts, die Palastwache in der Hand und vermag sich in der Herrschaft zu behaupten. Jetzt wird regiert und wieder geheiratet, Kinder wachsen heran und mit ihnen unendlicher Ärger. Nun ist die Szene gestellt für Akt II, den Zug der »Sieben«, die sich aber als Pechvögel erweisen. Erst die nächste Generation, Akt III, die »Epigonen«, machen der Sache ein Ende, und man darf annehmen, daß Theben nach ihrem Einzug nicht viel besser ausgesehen hat als Troja nach der sechsten Zerstörung.

Erst wenn man diese Abfolge der Handlung als Kern der ganzen Trilogie erkannt hat, sieht man auch, daß das erste Stück, mit Laios-Mord und Machtergreifung des Ödipus, anfangs eine ebenso handfeste, brutale Helden- und Totschlags-Sage war wie die beiden anderen Stücke auch und daß alle die später so wichtig und »bedeutungsvoll« erscheinenden Zutaten wie Laios und Zeugungsverbot, korinthisches Intermezzo, Sphinxrätsel, Apollongebote und Sprüche aus Delphi, darin gar keinen Platz hatten. Hätte man die Urbegebenheit verfilmen wollen, so hätte der Titel nicht anders lauten können als »Ein Kampf um Theben«. Nun bot aber der erste Teil über das reine Morden hinaus noch einen literarisch interessanten, psychologisch ausbaufähigen Stoff – Mutterlist, Mystifikation des jungen Mörders, Mutterehe und tragisches Ende der Heroine. Daran setzten das 7. und 6. Jahrhundert mit ihrer weiterschaffenden Phantasie an, bis das komplizierte und keineswegs widerspruchsfreie Kunstgebilde entstanden war, als welches uns die Sage nunmehr – qua Sophokles – entgegentritt.

Hingegen blieben die anderen Stücke – Akt II und III – so stehen, wie sie Ende des 8. Jahrhunderts bereits ausgesehen hatten, nackt und primitiv, das ewige Hin und Her von Totschlag und Rache dafür. Lediglich

Akt II, die Werbung des Polyneikes in Mykene, erfuhr eine poetische Ausschmückung, wovon ein Motiv sogar bei den Vasenmalern Eingang gefunden hat: die Bestechung der Eriphyle durch Polyneikes, deren Name wir jetzt auch als »spezifisch« verstehen: Sie ist es, die den Streit »entstehen« läßt. Doch den literarischen Höhenflug der eigentlichen Ödipus-Sage machten die beiden anderen Hauptstücke nicht mit, weshalb sie nun wie fast nicht zugehörig, oder jedenfalls: wie aus einer anderen Werkstatt kommend, neben der artifiziellen, hochdifferenzierten Ödipus-Thematik stehen.

6. Auch wenn unsere Erklärung des Namens »Sphinx« sonst keinen Wert hätte – das eine Gute könnte sie doch leisten, nämlich die entsetzliche Gedankenlosigkeit zu bekämpfen helfen, mit der die Sphinx immerfort als eine *»Würgerin«* bezeichnet wird.
Unter einer »Würgerin« muß man sich ein Wesen vorstellen, das andere bei der Gurgel packt. Hier laufen aber zwei Mißverständnisse in unheilvoller Weise durcheinander. In der Luther-Bibel findet man häufig den Ausdruck »würgen« für »gewaltsam töten«. »Sie wurden mit dem Schwert erwürgt« heißt es an die zwanzigmal, und in Apostelgeschichte XVI, 27, zog der Kerkermeister (da er glaubte, die Gefangenen seien entwichen) gar »sein Schwert und wollte sich erwürgen«. Desgleichen heißt der »Würger« unter den Sperlingsvögeln nicht etwa (seit dem 18. Jahrhundert) deswegen »Würger« oder sogar »Raubwürger« bzw. »Würgvogel«, weil er Insekten und jungen Mäusen eine Schlinge um den Hals legt, sondern weil er ihnen mit dem Schnabel zusetzt oder sogar Käfer auf Dornen

aufspießt. Mit »Würgen« ist also das »grausame Töten« gemeint, und der »Würgengel« ist ganz allgemein der »Todesengel«.
Nun bedeutet aber das griechische σφίγγω (»sphingo« = zusammenpressen, einschnüren) tatsächlich soviel wie würgen, drosseln (lat. constringere), und da das Wort Sphinx unweigerlich von »sphingo« kommt (nicht umgekehrt), so weiß jeder Altertumsgelehrte nach einem kurzen Blick ins griechische Wörterbuch haargenau, daß die Sphinx eine Bestie ist, die Menschen »erwürgt«.
Das tut sie jedoch sowenig, wie das »Insekt« mit dem Schnitzmesser herumläuft, um anderen Tieren »Kerben« beizubringen. Das Insekt ist ein Tierchen, das selbst »Kerben« (= Einschnitte) hat. Darum heißt es ja auch »Kerbtier« – in schöner Übersetzung des lateinischen »insectum«, von inseco = einschneiden, einritzen, einkerben. Ebenso ist die »Sphinx« keine Zwickerin, sondern eine Gezwickte, ein Mädchentier mit der schmal (oder »enger«) werdenden Hüftpartie, mit dem »sich verjüngenden Unterleib«, so wie die Wespe das Tier mit der (auffallend) eingeschnürten Taille ist (»Taille« von tagliare = einschneiden).

Übrigens ist die »Wespe« (engl. wasp) nicht nur ein Analogon, sondern buchstäblich ebenso gebildet wie ihre homerische Kollegin, die σφήξ (sphäx): das »we« (wa) vertritt den griechischen φύ-Stamm, das »sp« ist (wie das »zw«) ein germanisches Signet für »schmäler Werdendes«: spalten, spähen, spleißen, Spund, Span, Spreißel, Splint, Espe, lispeln (mit schmalen Lippen reden), haspeln (den Faden eng umeinander wickeln),

Spindel, spinnen (aus dem Faserknäuel den dünnen Faden »heraus«-spinnen).
Nun, bei der Sphinx ist das – für den Bildhauer – auffallende »Sich-verjüngen« von der Brust zum viel schmäleren Becken (statt des anatomisch zu erwartenden breiteren Beckens eines Mädchens) der höchst prosaische und unmythologische Ansatzpunkt für die Bildung des Namens, im Griechischen eben ausgedrückt durch das Suffix γξ (aus ἐγγύς).

7. Abzulehnen ist ferner die vereinzelt geäußerte Meinung, die Griechen hätten das Wort »Sphinx« dem ägyptischen šsp-ʿnḫ (= schesep-anch) »abgelauscht«, womit angeblich im Neuen Reich die »Sphinx« von Giza bezeichnet worden sei. Diese z. B. noch von W. Helck im LEXIKON DER ANTIKE vertretene, höchst sonderbare Ansicht verbietet sich schon aus dem Grunde, weil das *Bild* der griechischen Sphinx von dem der ägyptischen Monumentalfigur so grundlegend abweicht, daß eine Ableitung des griechischen Namens (wie der Sache) von dorther schlechthin ausgeschlossen ist. Die ägyptische »Sphinx« ist immer eine *liegende* Figur, die minoisch-helladisch-griechische immer eine *schreitende* bzw. – seit dem 8. Jahrhundert – eine *hockende;* die ägyptische hat nie Flügel, die griechische immer. Abgesehen davon ist die ägyptische Sphinx stets ein Herrscherporträt, die griechische immer ein Gattungswesen, noch dazu ein mürrisches, ohne jeden Porträtcharakter. In der *Sache* ist die griechische Sphinx also exklusiv ein Geschenk des Ostens, speziell Assyriens, das *Wort* dafür aber eine rein griechische Bildung. Daraus folgt aber gerade umgekehrt, daß die Griechen den bei ihnen be-

reits vorhandenen Ausdruck für »Sphinx« bei näherer Bekanntschaft mit den ägyptischen Monumenten kurzerhand auf die dortige »Sphinx« übertrugen, und zwar einfach als summarischen Titel für »Bildwerk mit Menschenkopf, starken Tatzen und löwenähnlichem Unterleib«.

Eine andere Frage, und nicht ohne Interesse, ist es freilich, wann, in welchem Zeitabschnitt, diese Übertragung des Namens auf die so ganz anders geartete ägyptische »Sphinx« erfolgen konnte. Hierfür wären a priori zwei zeitliche Grenzen zu beachten. Einmal mußte der Name selbst überhaupt ausgebildet sein. Wenn aber selbst um 530 v. Chr. immer noch »sphichs« (ΣΦΙΧΣ) geschrieben wurde (vgl. Anm. 9), kann man sich leicht ausmalen, daß die endgültige Schreibung und Aussprache sich erst langsam während des 6. Jahrhunderts durchgesetzt hat, und zwar, wie heute noch, örtlich verschieden.

Die zweite gebieterische Schranke ergibt sich aus der Datierung einer attisch-ägyptischen Kulturberührung überhaupt. Eine erste Möglichkeit dafür könnte sich während der 2. Dynastie von Sais ergeben haben, besonders unter Psammetich I (663–609), der ionische und karische Söldner im Nildelta seßhaft machte. Doch diese Söldner (und Kaufleute) hatten in den ersten Jahren sicher anderes zu tun, als Ansichtskarten aus Giza zu schreiben. Wir vermuten daher, daß die griechische »Taufe« der ägyptischen Sphinx nicht vor Herodot erfolgt ist, also keinesfalls vor dessen Ägypten-Reise 448 v. Chr.

9. Wie oben schon angedeutet, bringt die γξ-Endung, als Suffix gebildet aus ἐγγύς, wie -αγξ oder -αξ aus dem gleichbedeutenden ἀγκ (vgl. ἄγχω = würgen, schnüren, dazu lat. angustus, anxius, angina, usf.), einen bestimmten *Formcharakter* zum Ausdruck. Dies ist das Gemeinsame aller γξ-Wörter und der entscheidende Ansatz zur Aufhellung ihrer Etymologie. Hingegen ist der erste Bestandteil frei gewählt und dem jeweiligen Sachbereich entnommen, also:

ὁ σάλπιγξ (salpinx, Trompete): das »sich verjüngende Schallrohr mit dem großen Tonschwall« (ὁ σάλος = der Schwall, die Erschütterung, das Beben).

ἡ σῦριγξ (sprinx, Hirtenflöte): das »röhrenförmige Blasinstrument mit dem schrillen Ton« (lat. susurrus) – das »röhrenförmig« hier außer Zweifel gesetzt durch die manchmal vorkommende zweite Bedeutung ἡ σῦριγξ = Speerbehälter; der Speer seinerseits ist wiederum ein ἐγγύς-Wort: τὸ ἔγχος, ἡ ἐγχείη.

ἡ φόρμιγξ (phorminx, eine Art kleinere Kithara): die im Vergleich zur wuchtigen »Lyra« kleinere (da stets nur mit vier Saiten bespannte) Zither mit dem »angenehm brummenden Ton« (von βρέμω = brummen, vibrieren).

ἡ φάρυγξ (pharynx): der Schlund, d. h. die im Kehlkopf mit der Luftröhre sich kreuzende Speiseröhre; die pharynx ist die Stelle, wo die Speise (Stamm φαγ-) vom Gaumen in die »enger werdende« Speiseröhre hinunter muß. Ebenso ist

ὁ λάρυγξ (larynx): die Kehle, d. h. die Stelle, wo der »Laut« (von λαλέω = plappern, »lallen«, Laut geben) durch den »engen« Kehlkopf hindurchmuß. Larynx übrigens eine neuere Bildung wohl des 3.

Jahrhunderts. Beides, pharynx wir larynx, sind heute noch medizinische Termini, ebenso »salpinx«!

Die drei wichtigsten -γξ-Tiere sind ἡ μύρμιγξ (Ameise, s. o. S. 258), ὁ ἴυγξ (der Wendehals) und ὁ λύγξ = der Luchs (dagegen ἡ λύγξ, -γγός, das »Aufstoßen«, der Schluckauf).

Sehr merkwürdig, und zunächst rätselhaft, ist der Name Ἴυγξ, der ja zugleich der Name einer Nymphe ist (Tochter des Pan und der Echo), die von Hera in einen Wendehals verwandelt wurde.

Warum Iy-nx? – Naturgeschichtlich bezeichnet ἴυγξ eine kleine, flinke Specht-Art, *Iynx torquilla*, mit perlhuhnartig geschupptem oder gesprenkeltem Oberkleid. Der »Wende«-hals ist dafür bekannt, daß er, wie die Eule, den Hals um 180 Grad zurückdrehen kann, was der Vogel ständig und offenbar mit Vergnügen tut. Dazu stößt er einen eigenartig klagenden, fast weinerlichen Pfeiflaut aus, der wie ›hiudhiudhiudhiud ...‹ klingt.

»Iúzo« (ἰύζω) heißt im Griechischen »rufen«, Laut geben (unserem »Juchzen« verwandt). Das -nx-Suffix steht hier für das »Enge« überhaupt, den Hals. »Iynx« ist also im Grunde genommen der »kleine Schreihals«. Die lateinische Bezeichnung *Iynx torquilla* nimmt das Merkmal des »Halsverdrehens« noch hinzu, so daß wir also wissenschaftlich einen »kleinen, beständig ›hiudhiud‹ schreienden Halsverdreher« vor uns haben.

Die Plastizität und Verwendbarkeit der nx-Endung bewährt sich nun beim »Lynx« auf die verblüffendste Weise. Der griechische λύγξ verhält sich zu seinem großen Bruder und Namensgeber, dem λύκος (Wolf), wie die Σφίγξ zu ihrer Stammform, der σφῆξ oder σφήκα. Beide, der griechische λύκος wie der lateinische »lupus«,

und als Dritter der klassische »vulpes« (Fuchs) kommen von einer archaischen Wurzel, einem indo-europäischen »Schlinger« (Vielfraß), der etwa ›ulfs‹ oder ›vulfs‹ geheißen haben mag, unser »Wolf«, englisch »wolf« (von as. wulf). Man sieht, wie bei lupus, vulpes, wulf die Konsonanten ihre Plätze behalten. Das »Schlingen« und Fressen ist bis heute ihre Kennmarke, etymologisch belegt durch das griechische λυκόω (»lykóo« = auf wölfische Art zerreißen) und das englische »to wolfe« = gierig verschlingen (to devour greedily, ravenously). Im Bretonischen hat sich ein »lonka« = »hinunterschlingen«, gierig fressen, erhalten.
Beim griechischen λύκος kommt aber, die erste überlagernd, eine zweite Bedeutung hinzu: die aus der Wurzel λυκ, »luk« (engl. to look, dtsch. lugen = sehen, spähen, lauern, durch jede ›Lücke‹ hindurch beobachten) abgeleitete Wortbedeutung eines Tieres »mit besonders guten Augen«, eines »Spähers«. »Lýkos« ist also insgesamt der »große Schlinger mit den erbarmungslos spähenden Augen«. »Lynx« bedeutet sinngemäß (mit Berücksichtigung der nx-Bedeutung): »der kleinere Schlinger mit den unvorstellbar guten Augen, der dicht am Boden dahinschleicht und durch die kleinste Lücke kommt«.
Während aber die Bedeutung des »Schlingens« später im Tiernamen aufging und heute nicht mehr realisiert wird, hat sich die zweite, ihr überlagerte des »Sehens, Spähens« von der Vorzeit her überraschend lebendig erhalten. Immer noch ist Λυγκεύς (Lynkeus) der sagenhafte Späher (Sohn des Aphareus, einer der Argonauten, der sogar durch Bäume und die Erde hindurchsehen konnte). Und wir sagen »luchsen«, wenn wir etwas mit

großer Konzentration erspähen (in Modifikation des allgemeineren »lugen«), und wir wollen jemand etwas »abluchsen«, wenn wir erspähten Vorteil mit List und Schnelligkeit an uns bringen. Wie tief muß eine solche Bedeutung von Urzeiten her im Bewußtsein der Sprache stecken!

10. Wenn wir jetzt, nach unserem λύγξ-Exkurs, auf den ursprünglichen Charakter des Sphinx-Namens als eines »Mädchentieres mit der schmaler werdenden Hüftpartie« (vgl. oben Ziffer 6) zurückkommen, so fehlt uns zur vollen Gewißheit noch ein sprachgeschichtlich-chronologisches Moment, nämlich: Warum kommt es erst *Ende* des 6. Jahrhunderts, wie wir gesehen haben, zur endgültigen (und seitdem unveränderten) Fixierung des Namens auf Σφίγξ, nach den plastisch-labilen Vorformen des 7. und frühen 6. Jahrhunderts?
Die Frage wäre aus sich heraus natürlich unlösbar, wenn uns nicht zwei technisch interessante Parallelbildungen zu Hilfe kämen, nämlich die Ausdrücke für Waage (insbes. Waagschale), ἡ πλάστιγξ, und für »Sturmleiter«, ἡ κλῖμαξ (womit dann später überhaupt der Höhepunkt einer Auseinandersetzung bezeichnet wird).
a) Plastinx (πλάστιγξ). Das zugehörige Verbum ist (ausgehend vom allgemeineren πλάζω = schlagen, treffen) πλάσσω (später πλάττω) für formen, bilden, ausarbeiten, gestalten, umgestalten. Durch »Hämmern«, Schlagen, wird Metall zu Blech verarbeitet, d. h. »platt« (frz. »plat«) gemacht (heute noch englisch »plate«). Das Auswalzen der Bleche ist eine Erfindung der Neuzeit; noch für das 17. und 18. Jahrhundert ist der »Plattner« derjenige, der aus getriebenem Blech Rüstungsteile

macht. Und hier sind wir bei der Sache selbst, nämlich der Geschichte der Metallverarbeitung: Das Gießen ergibt die rohe Form, erst der Künstler (ὁ τεχνίτης), d. h. der geschulte Handwerker, erzielt durch Hämmern, »Treiben« und Klopfen die feine Gebrauchsform.

Die Technik des Metall-Treibens, des Feinschmiedens, kam aber für die Griechen aus dem Vorderen Orient, eine handwerkliche Rezeption, die gerade für das 7. und 6. vorchristliche Jahrhundert von höchster Bedeutung war. Wir zitieren hierzu aus dem Vorwort einer Urartu-Ausstellung (München 1976) von Dr. Hans-Jörg Kellner eine Stelle (S. 8), in der von der Ausstrahlung der »Bronce-Industrie« vom Vorderen Orient, und insbesondere von Urartu aus, nach dem Westen die Rede ist: »Daß Einflüsse und Impulse ausgegangen sind, ist . . . unbestritten. Die Jahrhunderte der ersten Hälfte des letzten Jahrtausends vor Christus sind vom Orient bis Mitteleuropa erfaßt von einer ›Broncebelchmode‹, wie sie weder vorher noch nachher begegnet. Die Vervollkommnung technischer Gewandtheit im Ausdünnen des Werkmetalls zu Blechen und Drähten, aber auch in Gießen . . . ist weiterhin zu beobachten.«

Der Sinn eines Wortes wie πλάστιγξ wird somit auf einen Schlag klar. Das Wort soll ein handwerklich bemerkenswertes und neuartiges Produkt bezeichnen, nämlich »eine metallene Schale von geringem Eigengewicht und handlicher Form, die zum Aufnehmen des zu wägenden Gutes geeignet ist und die das Ergebnis der Wägung möglichst wenig beeinflußt«. Und damit ist auch wieder das »-inx« erklärt: Das »Dünne« der Schale ist das Wesentliche und handwerklich Bemerkenswerte an ihr.

b) Klimax. - Ἡ κλῖμαξ ist ein militärgeschichtlicher, insbesondere belagerungstechnischer Ausdruck: eigentlich der Augenblick, in dem die Sturmleiter so nahe an die Mauer gerückt ist, daß das Kommando zum Sturm gegeben werden kann, gebildet aus κλίνω plus ἀγκ, also wieder ein Fachausdruck, der aus einem Verbum unter Beiziehung des ἀγκ = eng, dicht dabei, gebildet ist. Erinnern wir uns jetzt an die schon erwähnten Ausdrücke für Musikinstrumente und die zwei anatomischen Bezeichnungen für »Kehle« und »Schlund«, larynx und pharynx, so läßt sich jetzt folgender sprachpsychologischer Ansatz formulieren: Die -ngx-Namen des 7. und 6. Jahrhunderts sind *Fachausdrücke*, aus der Kenntnis eines Metiers, eines Handwerks oder einer Kunstfertigkeit herrührende Sachverständigen-Namen, sozusagen »intelligente Namen«, im Gegensatz etwa zu den gedankenlos tradierten Ausdrücken älterer Herkunftsschichten.

Nur der *Hersteller*, nicht der *Zuhörer*, der handwerkliche Laie, bezeichnet ein lautes Blasinstrument als σάλπιγξ. Der Verfertiger, der Künstler-Handwerker, ist der Urheber einer solchen Bezeichnung, der Mann, dem es auffällt, wie ein Metallrohr sich verjüngen muß, damit der gewünschte, durchdringende Schall zustande kommt. Und nur dem gewissenhaften Anatomen, der den Verlauf und die Funktion der Gefäße studiert, nicht dem Jäger oder dem Schlächter, fällt es auf, wie Speise- und Luftröhre im Kehlkopf sich kreuzen, und er erfindet die passenden differenzierenden Bezeichnungen.

Genauso möchten wir das Wort »Sphinx« einer genau bestimmbaren handwerklichen Situation zuordnen.

Das Wort bezeichnet den Augenblick, da der Formcharakter der hockenden Sphinx nicht nur physiognomisch, sondern konkret-handwerklich bewußt wurde. Und das heißt: als man dazu überging, das bis dahin nur zeichnerisch oder im Relief wiedergegebene Mischwesen auch als *Großplastik* darzustellen. Für den *Zeichner* ist es kein Problem des Materials oder der Bearbeitung, ob sein Umriß eine Seeschlange, einen Apoll oder eine Gorgo darstellt, wenn er nur innerhalb seines Bildfeldes bleibt. Für den *Bildhauer* und *Steinmetz* hingegen ist es ein großes und oft sehr schwieriges Problem, ob er einen vorgegebenen Steinblock für eine bestimmte Figur verwenden kann.

Für *ihn* spielt nun jede Besonderheit des Formcharakters eine sehr wichtige und für die Realisierung manchmal entscheidende Rolle. Und gerade das in der Großplastik von etwa 620 v. Chr. bis Ende des 6. Jahrhunderts sich vollziehene »Schmälerwerden« des Sphinxleibes, nämlich des in fast hundeartige Schlankheit auslaufenden Hinterteils des Tierkörpers, im Gegensatz zu den gedrungenen, mehr blockartigen Möpsen, die auf den Grabstelen doch des ausgehenden 7. Jahrhunderts hocken, scheint den Anstoß zu der ebenfalls das »Elegante« und »Schlanke« der Sphinxgestalt signalisierenden Wortbildung gegeben zu haben.

Ausgewählte Bibliographie

I. Allgemeine Nachschlagewerke

Artemis-Lexikon der Alten Welt, Zürich/Stuttgart 1965 (Taschenbuchausgabe = *dtv-Lexikon der Antike,* Sp. 3071–3074), hier bes. zum Stichwort „Sophokles"

Kindlers Literatur-Lexikon im dtv, 25 Bde., München 1974, hier bes. zum Stichwort »Sophokles«

Pape, Wilhelm: *Handwörterbuch der griechischen Sprache,* 3. Aufl., bearb. von M. Sengebusch, 4 Bde., Braunschweig 1875–1911, hier bes. Bd. 3: *Wörterbuch der griechischen Eigennamen,* neu bearb. von Gustav Benseler

Pauly's Realenzyklopädie der Classischen Altertumswissenschaft, neue Bearbeitung begonnen von Georg Wissowa. Fortgeführt von Wilhelm Kroll und Karl Mittelhaus, hrsg. von Konrat Ziegler, Stuttgart/München 1893 ff. (abgekürzt Pauly-Wissowa, RE), insbes. zum Stichwort »Sphinx«

Der Kleine Pauly. Lexikon der Antike in fünf Bänden, auf der Grundlage von »Pauly's Realenzyklopädie der Classischen Altertumswissenschaft« unter Mitwirkung zahlreicher Fachgelehrter bearbeitet und hrsg. von Konrat Ziegler und Walter Sontheimer, München 1975 (Taschenbuchausgabe bei dtv, München 1979)

Roscher, Wilhelm Heinrich: *Ausführliches Lexikon der griechischen und römischen Mythologie,* 6 Bde., Leipzig 1884 bis 1937, hier bes. Sp. 740 ff. zur Etymologie des Ödipus-Namens

II. Texte, Übersetzungen, Kommentare

(Um das Auffinden der Herausgeber- bzw. Übersetzernamen zu erleichtern, wurden die Werke entgegen sonstigem bibliographischen Usus hier nach deren alphabetischer Reihenfolge und nicht nach der der antiken Autoren aufgeführt.)

Buschor, Ernst (übertr. u. erläutert): Aischylos, *Thebanische Trilogie*, München 1958

Buschor, Ernst (übers. u. Nachw.): Sophokles, *König Ödipus*, Stuttgart 1972

Buschor, Ernst (übers. u. Nachw.): Sophokles, *Ödipus auf Kolonos*, Stuttgart 1969

Dindorf, Wilhelm, (Hrsg.): *Aeschyli Tragoediae* (griech.), 5. Aufl., Leipzig 1873

Dindorf, Wilhelm (Hrsg.): Sophokles, *Oedipus Rex*, 6. Aufl., Leipzig 1906

Donner, Johann Jakob Christian (Übers. m. Anm.): Aeschylos, deutsch in den Versmaßen der Urschrift, 2. Bd., Stuttgart 1854

Droysen, Johann Gustav (Übers.): Aischylos, *Die Tragödien und Fragmente*, eingel. v. Walter Nestle, Stuttgart 1939

Friedländer, Paul, und Hoffleit, Herbert B.: *Epigrammata. Greek Inscriptions in Verse*, Berkeley and Los Angeles 1948

Hölderlin, Friedrich (Übers.): Sophokles, *Tragödien*, hrsg. und eingel. von Wolfgang Schadewaldt, Frankfurt a. M. 1957 (= Fischer Bücherei Nr. 162)

Jebb, Richard C. (ed.): Sophokles, *The Plays and Fragments*, with Critical Notes, Commentary and Translation in English Prose, Cambridge 1883–96, Reprint: *The Oidipus Tyrannos*, Amsterdam 1966

Kamerbeek, J. C.: *The Plays of Sophokles: Commentaries*, Part IV: *The Oedipus Tyrannus*, Leiden 1967

Kirchhoff, Adolf (Hrsg.): *Aischyli Tragoediae*, Berlin 1880

Pfeiff, Karl Arno (Übertr., Einltg. u. m. griechischem Text): Sophokles, *König Ödipus*, Göttingen 1969 (= Kleine Vandenhoeck-Reihe 278/279/280)

Schadewaldt, Wolfgang (Übertr. m. Erläuterungen): Sophokles, *Antigone,* Frankfurt a. M. 1974 (= Insel Taschenbuch Nr. 70)
Schadewaldt, Wolfgang (Übertr. m. Erläuterungen): Sophokles, *König Ödipus,* Frankfurt a. M. 1973 (= Insel Taschenbuch Nr. 15)
Schöll, Adolph (übers. u. Kommentar): Sophokles, *Die Tragödien,* Stuttgart 1867
Schondorff, Joachim (Hrsg.): *Ödipus. Die vollständigen Texte,* Bd. I: Sophokles, Seneca, Corneille, Voltaire, v. Platen; Bd. II: Hölderlin, Hofmannsthal, Gide, Cocteau, Eliot, m. einem Vorwort von Karl Kerényi, München/Wien, 1968, hier insbes. W. A. Swoboda (Übers.): *König Ödipus* von Lucius Annaeus Seneca
Viehoff, Heinrich (Übers.): Sophokles, *König Ödipus, Ödipus auf Kolonos, Antigone,* Hildburghausen 1866
Werner, Oskar (Übers.): Aischylos, *Orestie,* Griechisch und deutsch, München 1948 (= Tusculum Bücherei)
Wilamowitz-Moellendorff, Ulrich von (Übers. m. einer Einleitung): *Griechische Tragödien,* II. Bd.: Aeschylus, *Orestie,* Berlin 1901
Willige, Wilhelm (Hrsg. u. übers.): Sophokles, *Tragödien und Fragmente,* Griechisch und Deutsch, überarbeitet von Karl Bayer, München 1966
Woerner, Roman (Übertr.): Sophokles, *Tragödien,* Leipzig 1937

III. Werke zur Archäologie, Mythologie, Ikonographie, Etymologie und Kulturgeschichte

Akurgal, Ekrem: *Die Kunst der Hethiter,* mit Aufnahmen von Max Hirmer, München 1976
Andronicos, Manolis, u. a.: *Die Museen Griechenlands,* Athen 1974, deutsche Ausgabe Köln 1976
Bäumler, Alfred: *Das mythische Weltalter. Bachofens romantische Deutung des Altertums,* mit einem Nachwort: *Bachofen und die Religionsgeschichte,* München 1965

Biesantz, Hagen: *Die thessalischen Grabreliefs. Studien zur griechischen Kunst*, Mainz 1965
Buschor, Ernst: *Griechische Vasen*, 2. Aufl., München 1975
Charbonneaux, Jean, u. a.: *Das Archaische Griechenland 620–480 v. Chr.*, München 1969
Chasseguet-Smirgel, Janine (Hrsg.): *Wege des Anti-Ödipus*, mit einem Nachwort von Caroline Neubaur, Frankfurt a. M., Berlin, Wien 1978 (= Ullstein Buch Nr. 3401)
Demargne, Pierre: *Die Geburt der Griechischen Kunst. Die Kunst im ägäischen Raum von der vorgeschichtlichen Zeit bis zum Anfang des 6. vorchristlichen Jahrhunderts*, München 1965
Demisch, Heinz: *Die Sphinx. Geschichte ihrer Darstellung von den Anfängen bis zur Gegenwart*, Stuttgart 1977
Diller, Hans: *Göttliches und menschliches Wissen bei Sophokles*, Kiel 1950
Dirlmeier, Franz: *Der Mythos von König Ödipus*, 2. Auflage, Mainz 1964
Dodds, E. R.: *On misunderstanding the Oedipus Rex* (= *Greece and Rome* 13, 1966); wieder abgedruckt in Dodds: *The ancient concept of progress and other essays on Greek literature and belief*, Oxford 1973, S. 64 ff.
Duruy, Victor: *Die Welt des frühen Griechenland*, Genf 1975
Ernst, Paul: *Sophokles*, Berlin und Leipzig o. J.
Ernst, Paul: *Erdachte Gespräche*, München 1943, hier S. 135 ff.: »Über das Tragische«
Finley, Moses I.: *Die Welt des Odysseus*, München 1979, (dtv)
Freud, Sigmund: *Aus den Anfängen der Psychoanalyse. Briefe an Wilhelm Fließ. Abhandlungen und Notizen aus den Jahren 1887–1902*, Frankfurt a. M. 1950
Freud, Sigmund: *Studienausgabe* in zehn Bänden, mit einem Ergänzungsband, hrsg. von Alexander Mitscherlich, Angela Richards, James Strachey (†) und Ilse Grubrich-Simitis für den Ergänzungsband, Frankfurt a. M. 1970–75
Fuchs, Werner: *Die Skulptur der Griechen*, m. Aufnahmen von Max Hirmer, München 1969

Gordon, Cyrus H.: *Geschichtliche Grundlagen des Alten Testaments,* Einsiedeln, Zürich, Köln 1956
Groddeck, Georg: *Psychoanalytische Schriften zur Literatur und Kunst,* neu ausgewählt und hrsg. von Helmut Siefert, Frankfurt a. M. 1978 (= Fischer Taschenbuch Nr. 6362)
Hampe, Roland: *Ein frühattischer Grabfund,* Mainz 1960
Hausmann, Ulrich: »Oidipus und die Sphinx«, in: *Jahrbuch der Staatlichen Kunstsammlungen in Baden-Württemberg,* Bd. IX, Stuttgart 1972
Herder, Joh. Gottfried: *Stimmen der Völker. Volkslieder nebst untermischten anderen Stücken,* eingeleitet von Josef Nadler, Stuttgart 1938, hier S. 179: »Edward«
Hetman, Frederik: *Indianermärchen aus Kanada,* hrsg. und übers. von Hans-Christian Kirsch, Frankfurt a. M. 1978 (= Fischer Taschenbuch Nr. 2806)
Jarkho, V. N.: *Zum Problem des Wissens in der sophokleischen Tragödie,* Altertum XVI, 1970, S. 89–96
Jung, Carl Gustav: *Erinnerungen, Träume, Gedanken,* hrsg. von Aniela Jaffé, Zürich u. Stuttgart 1962
Jung, Carl Gustav: »Sigmund Freud als kulturhistorische Erscheinung", in: *Charakter. Vierteljahresschrift für psychodiagnostische Studien,* hrsg. von Robert Saudek, Heft 2, 1932, S. 65–77
Keller, Werner: *Und die Bibel hat doch recht. Forscher beweisen die historische Wahrheit,* Düsseldorf 1955
Kellner, Hans-Jörg: *Urartu. Ein wiederentdeckter Rivale Assyriens,* Katalog der Ausstellung in der staatlichen Prähistorische Sammlung, München, hier S. 7–10: Vorwort und Einführung, München 1976
Kurnitzky, Paul: *Ödipus. Ein Held der westlichen Welt,* Berlin 1978 (= Wagenbach Taschenbücherei Nr. 38)
Luce, J. V.: *Homer and the Heroic Age,* London 1975
Mannoni, Octave: *Sigmund Freud in Selbstzeugnissen und Bilddokumenten,* Reinbek b. Hamburg 1971 (= Rowohlts Monographien Nr. 178)
Marinatos, Spiridon: *Kreta, Thera und das Mykenische Hellas,* München 1959[1], 1973[2]

Mathieu, Pierre-Louis: *Gustave Moreau. Leben und Werk,* mit Oeuvre-Katalog, Stuttgart, Berlin, Köln 1976
Mode, Heinz: *Fabeltiere und Dämonen in der Kunst. Die fantastische Welt der Mischwesen,* Stuttgart 1973
Neumann, Erich: *Ursprungsgeschichte des Bewußtseins,* mit einem Vorwort von C. G. Jung, Zürich 1949
Newton, Rick Marcus: *Oedipus and the Ways of Knowing,* Dissertation, The University of Michigan, Ann Arbor 1975
Nilsson, Martin Persson: *Geschichte der griechischen Religion,* 2 Bde., München 1967–1974 (= Handbuch der Altertumswissenschaft V, 2, 1.2)
Payne, Robert: *Die Griechen, das unsterbliche Volk,* München 1977 (Heyne-Buch Nr. 7014)
Pilgrim, Volker Elis: *Dressur des Bösen,* München 1974 (= Goldmann Gelbe Taschenbücher Nr. 3480)
Pilgrim, Volker Elis: *Der Untergang des Mannes,* München 1973 (= Goldmann Taschenbücher Nr. 3450)
Piotrovsky, Boris: *Early Cultures of the Lands of the Skythians,* Katalog der Ausstellung in New York 1975
Politzer, Heinz: *Hatte Ödipus einen Ödipus-Komplex?* München 1974 (= Serie Piper Bd. 86)
Preller, Ludwig: *Griechische Mythologie,* Bd. I, 4. Aufl., hrsg. von Carl Robert 1894, Bd. II gänzlich neu bearbeitet von Carl Robert unter dem Titel *Die Griechische Heldensage,* Berlin 1920–26
Radin, Paul: *The Story of the American Indian,* New York 1957
Rank, Otto: *Der Mythos von der Geburt des Helden,* Leipzig/Wien 1909, 2., wesentlich erweiterte Auflage 1922
Ranke-Graves, Robert von: *Das Goldene Vlies,* übers. von F. G. Pincus, Darmstadt und Genf, o. J.
Ranke-Graves, Robert von: *Griechische Mythologie. Quellen und Deutungen,* Hamburg 1960 (= Rowohlts deutsche Enzyklopädie Bd. 113, 115)
Renault, Mary: *Feuer vom Olymp,* übersetzt von Martin Beheim-Schwarzbach, Hamburg 1975 (= Rowohlt Taschenbuch Nr. 1809)

Richter, Gisela: *Archaic Attic Gravestones*, Cambridge, Mass. 1944
Richter, Gisela: *The Archaic Gravestones of Attica*, London 1961
Robert, Carl: *Oidipus. Geschichte eines poetischen Stoffs im griechischen Altertum*, 2 Bde., Berlin 1915
Robert, Marthe: *Sigmund Freud zwischen Moses und Ödipus. Die jüdischen Wurzeln der Psychoanalyse*, Paris 1974, übers. von Hans Krieger, München 1975, Frankfurt 1977 (= Ullsteinbuch Nr. 3393)
Rose, Herbert Jennings: *Griechische Mythologie. Ein Handbuch*, München 1955, 4. Aufl. 1974
Roux, Georges: *Delphi. Orakel und Kultstätten*, München 1971
Schefold, Karl: *Die Griechen und ihre Nachbarn*, Berlin 1967 (= Propyläen Kunstgeschichte Bd. I)
Schefold, Karl: *Frühgriechische Sagenbilder*, München 1964
Schefold, Karl: *Götter- und Heldensagen der Griechen in der spätarchaischen Kunst*, unter Mitarbeit von Luca Giuliani, München 1978
Scheibler, Ingeborg: *Die symmetrische Bildform in der frühgriechischen Flächenkunst*, Kallmünz 1960
Schottlaender, Felix: *Die Mutter als Schicksal*, Hamburg 1967 (= Stundenbücher, Sonderband 72)
Schulz, Berndt: *Sagen aus Afrika*, Frankfurt a. M. 1978 (= Fischer Bücherei 2801)
Schwab, Gustav: *Die schönsten Sagen des klassischen Altertums*, 1. Aufl. 1837, 24. Aufl., Gütersloh und Leipzig 1894 (seitdem zahlreiche Auflagen und Neuausgaben)
Simpson, William Kelly (ed.): *The Literature of Ancient Egypt. An Anthology of Stories, Instructions and Poetry*, New Haven and London, Yale University Press 1972
Simon, Erika: *Die Götter der Griechen*, München 1969
van der Sterren, Driek: *Ödipus. Eine psychoanalytische Studie*, München 1974 (= Kindler Taschenbuch Nr. 2121)
Swoboda, W. A., s. II unter Schondorff
Voltaire, Francois-Marie (Arouet): *Dictionnaire Philosophique*, Neuausgabe Paris 1964

Walter, Hans, »Sphingen«, in: *Antike und Abendland*, Bd. IX, Hamburg 1960, S. 63–72
Wapnewski, Peter: *Richard Wagner. Die Szene und ihr Meister*, München 1978 (= Beck'sche Schwarze Reihe Band 178)

Erläuterungen zu den Abbildungen

Zeichnungen

Fig. 1: Zwei Sphingen im Gespräch; von einer korinthischen Henkelvase, 630 v. Chr. München, Antikensammlungen, Inv.-Nr. 8764 (Zeichnung: Bauer-Oltsch).
Fig. 2: Idealzeichnung einer attischen Grabstele, Mitte 6. Jh. v. Chr. Nach Gisela Richter: »The Archaic Gravestones of Attica«, S. 26.
Fig. 3: »Die Sphinx und ihr Liebhaber«. Zeichnung (1892) von Alexandre Séon.

Fotos

Abb. 1: Achilleus kämpft mit Hektor um den Leichnam des Troilos, darüber zwei schreitende Sphingen in antithetischer Stellung; attische Amphora, um 570 v. Chr. München, Glyptothek (Foto: Krüger-Moessner).
Unter der Hauptbildzone Sirenen und Panther; die Namen Achilleus (links) und Hektor (rechts) sowie »Troilos« (am Boden) und weitere Namen sind angeschrieben. Das runde Gebilde vorne ist der Altar des Apollon bei Thymbra.
Abb. 2: Sphinx in sprungbereiter Stellung; auf einem attischen Skyphos-Krater, um 630 v. Chr. Athen, Kerameikos 801; Buschor, Abb. 49, H. Walter, Abb. 11 (Foto: Alfred A. Haase).
Bemerkenswert ist die sorgfältig wiedergegebene Haartracht dieser früharchaischen Sphinx mit Haarband, Stirnlocke, das Haar nach Art einer Etagenperücke herabflutend, wie es z. B. noch ein Kouros von der Mitte des 6. Jh. trägt (vgl. Abb. 3).
Abb. 3: Der »Kouros von Tenea«; um 560/550 v. Chr. München, Glyptothek (Foto: Koppermann).
Abb. 4: Zwei Paare antithetischer Sphingen mit einem Wasservogel zwischen sich; auf einer korinthischen Kanne, um

630/620 v. Chr. Leningrad, Eremitage; Demisch, Abb. 226.
Abb. 5: Die zwei Boreaden, Söhne des Windgottes Boreas, verfolgen die Harpyien, am Boden liegend eine Beschützer-Sphinx; Innenbild einer Schale aus Cerveteri, 570/560 v. Chr. Rom, Villa Giulia; Schefold: »Die Griechen und ihre Nachbarn«, Abb. 188 (Foto: Walter Hedwig).
Abb. 6: Sphingen und Tierfries; von einer protokorinthischen Kanne, um 620 v. Chr. Syrakus (Foto: Hirmer Fotoarchiv München).
Abb. 7: Bekrönende Sphinx auf der »Geschwister-Grabstele«; um 540 v. Chr. New York, Metropolitan Museum of Art; Charbonneaux. »Das archaische Griechenland«, Abb. 190. Die modisch herausgeputzte Sphinx mit Haarlocken, Diadem und langen Zöpfen gibt eine Vorstellung davon, was die Gesetzgeber im Auge hatten, als sie im Jahr 509 v. Chr. in Athen allen »Gräberluxus« verboten.
Abb. 8: Die »Sphinx der Naxier« in Delphi; Weihegeschenk der Naxier vor der Polygonmauer des Apollo-Heiligtums in Delphi, um 560 v. Chr. (Foto: Museum für Abgüsse klassischer Bildwerke, München).
Die Sphinx-Säule stand angeblich an der Stelle, wo Apollon den Python-Drachen überwunden haben soll. Von allen derartigen Monumental-Sphingen des 6. Jh. ist dies die einzige, die erhalten blieb. Die Höhe des Monuments (Säule mit Basis und Figur) betrug etwas über 12 Meter, die Säule stand unmittelbar vor der südlichen Stützmauer des »temenos« (hl. Bezirks) des Apollo-Tempels (der Alkmeoniden), der, wie das Schatzhaus der Siphnier (525 v. Chr.), Sphinx-Akroterien trug. Die Säule der Naxier war (wie höchstwahrscheinlich auch die riesige Tempelsphinx auf Ägina) ein Weihegeschenk von einer ionischen Insel. Bezeichnend ist in beiden Fällen, daß die Stifter-Gemeinde ein ionisches Kapitell als Sitz der Sphinx-Figur wählte in bewußtem Gegensatz zu der dorischen Ordnung des Tempelbaus. Die psychologische Seite dieser »Stiftungen« ist offenkundig: Die riesige Sphinx dokumentierte allen Besuchern Macht, Einfluß und Reichtum der stiftenden Polis.
Abb. 9: Sphinx von einer Grabstele auf dem Kerameikos,

dem antiken Begräbnisplatz von Athen; Mitte 6. Jh. v. Chr. Athen; Charbonneaux, Abb. 139, Gisela Richter, Fig. 34–39 (Foto: Alfred A. Haase).
Gisela Richter datiert die Stele noch etwas vor der Jahrhundertmitte. Die Figur, wohl die schönste und imponierendste Grabsphinx dieser Zeit, wurde in der Themistokleischen Mauer gefunden.
Abb. 10: Kopf der Sphinx von Abb. 9. Der Kopfputz – Stirnlocken mit einem Rosettenband, gezacktes Diadem, herabfallende Buckellocken – deutet auf die höchste Wertschätzung der Götterbotin in der Auffassung der Zeitgenossen. (Foto: Museum für Abgüsse klassischer Bildwerke, München.)
Abb. 11: Kopf der Athena-Figur vom Ostgiebel des Aphaia-Heiligtums auf der Insel Ägina aus der zweiten Bauperiode des spätarchaischen Tempels; frühklassisch, 490/485 v. Chr. München, Glyptothek (Foto: desgl.).
Die Ostgiebelgruppe auf Ägina ist von den übrigen Skulpturen des Aphaia-Tempels (Westgiebel, Akroterien) durch eine Unterbrechung der Bauzeit von ca. 10–15 Jahren getrennt. Der Athena-Kopf des Ostgiebels ist stilistisch schon »etwas weiter«. Der neue Stil drückt sich in den sensibel durchmodellierten Wangenflächen und in den behutsam individualisierten Konturen, insbesondere von Mund und Augen, aus. Demgegenüber wirkt der Kopf der Akroter-Sphinx (Abb. 12) noch etwas »archaischer«, zeitloser. Eines bleibt unverrückt bestehen: die Nähe der Sphinx zur Gottheit in Haltung, Würde und Ausdruck.
Abb. 12: Mädchenkopf der Akroter-Sphinx von der Nordwestecke des Aphaia-Tempels auf Ägina; um 500 v. Chr. München, Glyptothek (Foto: M. Schmalz).
In Abb. 14 ist es die der großen Sphinx-Säule zunächst liegende Ecke des Tempelbaus. Die Figur (Teile des Tierkörpers sind erhalten) gehört noch zu den Arbeiten kurz vor Unterbrechung des Baues zwischen 500 und 490 v. Chr. Vermutlich war das Aphaia-Heiligtum der letzte Tempelbau der vorklassischen Zeit, an dem Sphinx-Akroterien verwendet wurden. Das Münchner Stück wurde noch von

A. Furtwängler für eine »Kore« gehalten, bis die Zugehörigkeit zum Sphinx-Körper gesichert war. Ähnlich ging es mit einem in Olympia gefundenen »Hera«-Kopf, der später als Kopf einer Sphinx erkannt wurde (aus der Zeit um 600 v. Chr.): Ein volles Jahrhundert ist das Antlitz der Sphinx identisch mit dem der Gottheit.

Abb. 13: Wie Abb. 12 (Foto: Koppermann).

Das in feinen Wellen fließende Haar und das wundervoll gelegte Diadem, das natürlich in Gold zu denken ist, bekunden den göttergleichen Status der archaischen Sphinx.

Abb. 14: Das Aphaia-Heiligtum auf Ägina von Südosten; Modell nach Dieter Ohly und Raimund Wünsche in der Münchner Glyptothek (Foto: A. Kempkens). Bau des letzten spätarchaischen Heiligtums ca. 510/500 v. Chr., Fertigstellung des Ostgiebels gegen 485 v. Chr. Die große Sphinx-Säule (rechts) von fast 15 Meter Höhe war bereits Bestandteil der alten Tempelanlage vor der Jahrhundertmitte.

Mit der Aufstellung der Sphinx-Säule an der Nordwestecke des Tempelbezirks, 180 Meter über dem Meer, hatte das Symbol der Sphinx seinen höchsten äußeren Glanz erreicht. Die Sphinx war – neben ihrer religiösen Bedeutung – auch zum Wahrzeichen der aufstrebenden Handelsstädte geworden. Die Sphinx auf Ägina mußte jedes Schiff, das Piräus ansteuerte, vom Meer aus sehen. Die aufgehende Sonne vergoldete zuerst ihre Flügel, bevor sie den Giebel des Tempels erreichte. An ganz klaren Tagen sah man und sieht man noch heute die Akropolis von Athen. Den »brennenden Fleck auf der Hornhaut«, nannte Perikles die rivalisierende Handelsstadt und Seemacht Ägina. Im Jahr 431, bei Ausbruch des Peloponnesischen Krieges, wurde Ägina von den Athenern eingenommen und zerstört, die Bewohner verbannt oder in die Sklaverei verkauft. – Eine späte, vielleicht unbewußte Erinnerung an die meerbeherrschende Sphinx-Säule auf Ägina ist die Säule mit dem geflügelten Markuslöwen auf der Piazzetta San Marco in Venedig.

Abb. 15: Odysseus unter dem Widder des Polyphem; von einem Kolonettenkrater, attisch, 510/500 v. Chr. Karlsruhe, Badisches Landesmuseum (Foto: desgl.).

Abb. 16: Odysseus unter dem Widder des Polyphem; attisch, um 500 v. Chr. München, Antikensammlungen (Foto: desgl.).
Derartige Darstellungen des unter den Widdern fortgetragenen Odysseus existierten bereits seit der Mitte des 7. Jh.; ein Beispiel ist die proattische »flache Kanne« im Museum zu Ägina, die auf 650/640 v. Chr. zu datieren ist. Dieser Bildtypus ist also rund 100 Jahre älter als irgendeines der Bilder vom Typ »Sphinx macht Jagd auf junge Männer« (vgl. Abb. 17).
Abb. 17: Sphinx raubt junge Männer; von der sogenannten »Trinkschale aus Gela«, attisch, um 550 v. Chr. Syrakus; C. Robert II, Abb. 4, Demisch, Abb. 237, H. Walter, Abb. 30.
Abb.18: Zwei Sphingen über gefallenen Kriegern; von einer attischen Schale, ca. 540 v. Chr. New York; H. Walter, Abb. 29.
Diese wie die folgende Darstellung (Abb. 19) sind nicht vom Typus der Abb. 17. Sie sind vielmehr als Zustandsbilder (vgl. Anm. 9) zu verstehen; die Anwesenheit der Sphinx bezeichnet und versinnbildlicht das Los der Gefallenen.
Abb. 19: Sphingen-Paar mit einem gestürzten Mann; attische Scherbe von einer Amphora aus Athen, 540 v. Chr. Münchner Jahrbuch 1906, 4, Abb. 9, H. Walter, Abb. 27.
Abb. 20: Hermes mit Keryxstab zwischen zwei Sphingen; attische Olpe (Weinkrug) aus Nola, 580 v. Chr. London, British Museum (Foto: Museum für Abgüsse klassischer Bildwerke, München).
Abb. 21: Die Boreaden verfolgen die Harpyien durch die Luft; von einer chalkidischen Trinkschale, um 530 v. Chr. Würzburg, Martin-von-Wagner-Museum (Foto: desgl.). Vgl. dazu Abb. 5.
Die schwarzfigurige Vasenzeichnung erreicht hier, am Vorabend der klassischen Epoche, einen Höhepunkt in der Darstellung von stürmischer Bewegung und göttlich inspirierter Siegesgewißheit.
Abb. 22: Sphinx zwischen drei männlichen Gestalten; von

einer schwarzfigurigen Kanne, um 520 v. Chr. München, Antikensammlungen (Foto: Krüger-Moessner).
Merkwürdig ist die auffallende Linkswendung der Köpfe. Darstellung noch nicht gedeutet.
Abb. 23/24: Chalkidische Amphora, um 530/520 v. Chr. Stuttgart, Württembergisches Landesmuseum (Fotos: desgl.).
Links die Rückseite mit zwei monumentalen Sphingen in Gesprächshaltung. Rechts dieselbe Amphora, Schauseite: der »Weise«, umgeben von trauernden Frauen, im Gespräch mit der Sphinx. Die älteste, mit Sicherheit auf die Ödipus-Erzählung zu beziehende Darstellung eines Sphinx-Dialoges.
Abb. 25: Chalkidische Amphora, Ausschnitt aus Abb. 24. (Foto: Württembergisches Landesmuseum, Stuttgart.)
Ein interessantes Detail dieses Vasenbildes ist der »Klappstuhl«, auf dem Ödipus sitzt. Es handelt sich um einen »Okladias diphros«, einen tragbaren Feldschemel, wie er wichtigen Persönlichkeiten zu Versammlungen oder Besprechungen außer Hause nachgetragen wurde, z. B. hohen Beamten oder Feldherren zu Verhandlungen vor dem Zelt. Sogar der Träger des Stuhls hatte einen Namen: er hieß der »Diphrophóros«. Dieser Umstand besagt, daß die Begegnung mit der Sphinx auf unserem Bild nicht als ein »Überfall am Wegrand« zu denken ist, sondern als eine hochoffizielle Gelegenheit: ein vereinbartes »meeting«, eine Konferenz.
Abb. 26: Tanzende Jünglinge zwischen zwei Sphingen; chalkidische Amphora von 540/530 v. Chr. Bonn, Akademisches Kunstmuseum der Universität (Foto: desgl.).
Auffallend ist die bis in Einzelheiten gehende Übereinstimmung der Sphinxe mit denen der Stuttgarter Amphora. Dabei ist zu berücksichtigen, daß das deckende Weiß auf den Gesichtern, den Hälsen und den Flügelstreifen bei der Stuttgarter Amphora verlorengegangen ist.
Abb. 27/28: Die Jagd auf den kalydonischen Eber; von der Archikles-Glaukytes-Schale. München, Antikensammlungen (Fotos: Krüger-Moessner).
Die Szene wird flankiert von zwei Sphingen, deren an-

feuernde Zurufe auf beiden Seiten angeschrieben sind. Sie lauten dem Sinn nach: »Freut euch, nur Mut, vorwärts!«

Abb. 29: Die Sphinx greift von ihrer Säule nach einem erschreckt sich umblickenden Schüler; von einer Schale des Makron, um 480 v. Chr. Paris, Louvre; H. Walter, Abb. 34.

Abb. 30: Reifen spielender Knabe mit seinem Hund; Innenbild einer Schale des Makron, attisch, gegen 490/480 v. Chr. München, Antikensammlungen (Foto: desgl.).

Abb. 31: Theseus bezwingt den Raubmörder und Menschenquäler Sinis; von einer attischen Schale, um 490/480 v. Chr. München, Antikensammlungen (Foto: desgl.).
Ein völlig neues Bewegungs- und Körpergefühl kündigt hier die »klassische« Zeit an.

Abb. 32: Ödipus und die Sphinx; von einer rotfigurigen Trinkschale des »Ödipus-Malers«, um 470/460 v. Chr. Rom, Vatikanische Museen; H. Walter, Abb. 36, U. Hausmann, Abb. 17, Demisch, Abb. 274.
Die Sphinx sitzt auf einer Säule mit ionischem Kapitell wie schon die Sphinx der Naxier in Delphi (Abb. 14); Ödipus ist jetzt durch »Reisehut« und Knotenstock deutlich als Wanderer gekennzeichnet. Als erste aller uns bekannten Darstellungen trägt das Bild nicht nur den Namenszug Ödipus (»Oidipodes«, vgl. die Umzeichnung bei C. Robert I, S. 51), sondern auch eine Andeutung des Rätsels (»kai tripous«).

Abb. 33: Ein »Sphinx-Colloquium« vom Typus des »Versammlungsbildes«; auf einer rotfigurigen Pelike (Henkelvase) des Hermonax, um 450 v. Chr. Wien (Foto: Museum für Abgüsse klassischer Bildwerke, München); H. Walter, Abb. 35, U. Hausmann, Abb. 5–7, Umzeichnung bei Demisch, Abb. 271.
Als einziger führt der bärtige, stehende Mann (rechts) zwei Speere und einen Reisehut mit sich, die Spitze seines Schwerts lugt unter seinem Mantelsaum hervor. Die beiden Sitzfiguren haben Stöcke. Die Sphinx sitzt auf einer Säule mit Volutenkapitell, ein offenbar vom Maler gewollter »archaisierender« Zug. Die Szene läßt keinen Gedanken an

Verhängnis, Drangsal oder Heimsuchung (der Polis) aufkommen; man hat eher den Eindruck, daß die Sphinx sich zu einer »Rätselstunde« eingefunden hat.

Abb. 34: Ödipus als »Wanderer« mit Hut und Bambusstab vor der Sphinx, die auf einem Felsen hockt; ein Werk des »Achilleus-Malers«, 450/440 v. Chr. Berlin 2355, ARV 637,40 (Foto: Museum für Abgüsse klassischer Bildwerke, München).

Der Schauplatz ist, wie später allgemein, ins »Gebirge« verlegt. Auffallend ist der niedergeschlagene Ausdruck der Sphinx, die betroffen vor sich hinbrütet, während Ödipus nachdenklich, fast teilnehmend, auf sie hinabblickt. Kein Zweifel, der Maler denkt hier an die Rätselwette, welche die Sphinx soeben verloren hat, während Ödipus wie von einer bangen Ahnung ergriffen scheint. Die klassische Rätselversion des Sophokles.

Abb. 35: Ödipus vor der Sphinx-Säule; rotfigurige Strickhenkelamphora, Umkreis des Polygnot, um 440 v. Chr. München, Antikensammlungen (Foto: desgl.).

Im Gegensatz zu Abb. 34 scheint der Maler hier einen noch unentschiedenen Augenblick des Fragespiels gewählt zu haben: Die Sphinx hat ihre Frage gerade erst gestellt.

Abb. 36: Ödipus tötet die Sphinx in Gegenwart von Göttern und Heroen; bauchige Lekythos in der Art des Meidias-Malers, um 415 v. Chr. London, British Museum (Foto: desgl.); Umzeichnung bei C. Robert I, S. 50.

Ödipus holt mit seinem Speer aus, um die bereits schwer getroffene Sphinx (am Boden) restlos zu erledigen. Oder will der Maler andeuten, daß sich die Sphinx selbst von ihrer Säule gestürzt hat und Ödipus den Speer nur zu einer Triumphgeste hebt? Eine vergleichbare Darstellung aus dem 5. Jh. ist nicht bekannt. Die Assistenzfiguren sind: Athena (links, mit Schild), Apollo (rechts über der Sphinx); weitere Zuschauer: Äneas (links außen) sowie die beiden Dioskuren (stehend rechts) und Polydeukes (rechts außen).

Abb. 37: Ausschnitt mit dem speerwerfenden Ödipus auf dem Mittelfeld.

Abb. 38: Junge Frau am Grabmal sitzend, vor ihr ein jun-

ger Mann, der sie tröstet; rotfigurige Kleeblattkanne, um 430 v. Chr. Berlin, ehem. Staatl. Museen (Foto: Hirmer Fotoarchiv München).
Kleidung und Ausrüstung sind die gleichen wie auf Abb. 34 und 35. Die Darstellung läßt sich ganz allgemein als »Tröstung am Grab« verstehen, sie kann aber auch gedeutet werden als »Orestes vor der am Grabe des Agamemnon trauernden Elektra«. In jedem Fall wird das Grabmal (»Sema«, eigtl. »Zeichen«) als eine Stätte der Begegnung, der Erinnerung, des Gedenkens und der stummen Zwiesprache empfunden, eine Vorstellung, die sicher schon für das 6. Jh. Geltung hatte.

Abb. 39: Sphinx und Silen – die Umkehrung der Rätselfrage; Glockenkrater aus Santa Agatha dei Goti, paestanisch, 2. Hälfte des 4. Jh. Neapel (Foto: Hirmer Fotoarchiv München).
Vermutlich bezieht sich die Szene auf ein Satyrspiel; die Sphinx soll raten, ob Papposilenos etwas Totes oder Lebendiges in der Hand hat. Dabei verliert sie immer, denn wenn sie antwortet »lebend«, drückt der Silen den kleinen Vogel schnell tot, bevor er ihn herzeigt. Diesen Augenblick mit der verdutzten Sphinx stellt der Vasenmaler dar.

Abb. 40: »Ödipus und die Sphinx«. Gemälde (1808, Ausschnitt) von Jean-Auguste Dominique Ingres (1780–1867). Paris, Louvre; Demisch, Abb. 521.

Abb. 41: »Die Erscheinung der Ungeheuer«. Gemälde (1937/38, Ausschnitt) von Salvador Dali (geb. 1904). Chicago, Ill., Art Institute.

Abb. 42: »Die Kunst, die Zärtlichkeiten oder die Sphinx«. Gemälde (1896, Ausschnitt) von Fernand Khnopff (1858 bis 1921). Brüssel, Palais der Schönen Künste (Foto: desgl.); Demisch, Abb. 537.

Abb. 43: »Der Kuß der Sphinx«. Ölgemälde (1895) von Franz v. Stuck (1863–1928). Das Bild wurde 1896 vom Nationalmuseum in Budapest erworben.